Brigitte Boothe

Der Patient als Erzähler in der Psychotherapie

IMAGO
Psychosozial-Verlag

Brigitte Boothe

Der Patient als Erzähler in der Psychotherapie

Psychosozial-Verlag

Bibliografische Information der Deutschen Bibliothek
Die Deutsche Bibliothek verzeichnet diese
Publikation in der Deutschen
Nationalbibliografie; detaillierte bibliografische
Daten sind im Internet
über <http://dnb.ddb.de> abrufbar.

Neuauflage der Ausgabe von 1994
(Vandenhoeck & Ruprecht)

www.psychosozial-verlag.de

Umschlagabbildung: Collage von Ror Wolf,
aus: Ror Wolf, Raoul Tranchirers Mitteilungen an Ratlose,
Frankfurt a. M. 1997, Seite 32.

Umschlaggestaltung: Christof Röhl
Printed in Germany
ISBN 978-3-89806-336-4

Geleitwort

In der Abhandlung *Die Frage der Laienanalyse* antwortete Freud 1926 auf die Frage eines fiktiven unparteiischen Dialogpartners, was denn in einer Psychoanalyse geschehe, wie folgt: »Es geht nichts anderes zwischen ihnen vor, als dass sie miteinander reden. Der Analytiker verwendet weder Instrumente, nicht einmal zur Untersuchung, noch verschreibt er Medikamente … Der Analytiker bestellt den Patienten zu einer bestimmten Stunde des Tages, lässt ihn reden, hört ihn an, spricht dann zu ihm und lässt ihn zuhören.« »Die Miene unseres Unparteiischen«, fährt Freud fort, »verrät … deutlich eine gewisse Geringschätzung. Es ist, als ob er denken würde: Weiter nichts als das? Worte, Worte und wiederum Worte, wie Prinz Hamlet sagt«. Es ist das Medium der Worte, der Sprache, in welchem sich das Geschehen einer analytischen Therapie bewegt. Bereits die erste Patientin dieser Behandlungsweise, Anna O., hat dies erkannt, indem sie dieses Geschehen mit dem Namen *Talking cure* (Sprechkur) belegte.

Dass ein Gespräch Heilwirkungen entfalten kann, setzt die Sprachverfasstheit des Menschen voraus: Sprechend erfahren wir uns selbst, erfahren wir, was wir ›fühlen‹, ›denken‹, erfahren unsere ›Innenwelt‹ – sprechend erfahren wir indessen zugleich, dass wir in dieser ›Innenwelt‹ schon immer auch draußen sind, sich über Sprache ›die Welt‹ auftut und herstellt, die ein ›koinos Kosmos‹, die Welt aller ist. Soweit dies dem Menschen überhaupt möglich ist, erlaubt es die Sprache ein Stück weit zu uns selbst zu kommen, erlaubt oder verführt auch, uns in bestimmten Beziehungen »festzubeißen« – als die Sprache ›aller‹ beinhaltet sie indessen in ihrer Universalität zugleich die Öffnung einer Metaperspektive, innerhalb derer sich subjektive Epistemologien, verbunden mit den entsprechenden Daseinsentwürfen, verändern können.

Sprechend, d.h. ›erzählend‹. Das Erzählen des Patienten steht im Zentrum der Therapie. Wie sonst hätte schon Jahrhunderte vor Freud Shakespeare, diesmal nicht in *Hamlet*, sondern in *Macbeth* formulieren können: »Gib Worte deinem Schmerz:

Gram, der nicht spricht, presst das beladene Herz, bis dass es bricht.« Was hier Shakespeare Malcom zu Macduff, der ganz in Trauer und Depression erstarrt ist, sagen lässt, war nicht nur der Heilfaktor des Zursprachebringens, was er zugleich beschrieb, war eine psychosomatische Theorie.

Es waren Patienten, die an psychosomatischen Beschwerden litten, die für Brigitte Boothe den Anstoß gaben, dem nachzufragen was und vor allem wie Patienten in psychotherapeutischen Situationen erzählen. Der psychosomatisch Kranke, häufig als emotionaler Analphabeth gescholten, konnte plötzlich lebhaft werden, sobald er von seinen körperlichen Beschwerden erzählte. Es zeigte sich der Autorin, dass auf auf sprachlicher Ebene in einzelnen Episoden die Inszenierung eines dramatischen Geschehens begegnete, wobei die »Welt menschlicher Beziehungen« zunächst verdeckt blieb, obwohl sie untergründig eine entscheidende Rolle bei dieser Inszenierung spielte.

Dies gab für Brigitte Boothe den weiteren Anstoß, für diese sprachlichen Inszenierungen ein systematisches Analyseprogramm dergestalt zu entwickeln, dass in den Erzählungen »verpackte emotionale Konflikte« mehr und mehr zutage treten konnten. Erzählungen nur als kognitive Organisation zu sehen, griffe dabei zu kurz, hat doch gerade die Psychoanalyse zeigen können, dass eine fantasiegeleitete Welterfahrung »gestaltend–kreativ auf die narrative Inszenierung wirkt.« In einer immer subtiler werdenden Erweiterung und Vertiefung systematischer Detaillierung erschließt uns Frau Boothe den Erzähler und seine Erzählungen, lassen sie doch »menschliche Subjektivität als Welterfahrung Gestalt werden«. »Sprache als Weltansicht«, wie Wilhelm von Humboldt in seinem transzendentalen Ansatz Sprache begriff, findet sich jetzt bei der Autorin in vielfältiger Schattierung systematisch ausgefaltet. Dies ist umso mehr zu bewundern als es sich, mit einem anderen Philosophen, nämlich Wittgenstein zu sprechen, beim Erzählen um eine vielköpfige »Familie« kommunikativer Tätigkeiten handelt. Die Alltagserzählung beispielsweise, mit deren Analyse Brigitte Boothe einsetzt, erscheint dabei nicht einfach als ein Instrument, das Vorgefallenes quasi ablichtet, sondern als ein Medium, das sequentiell organisierte Abläufe neu entstehen lässt. Als sprachliche Inszenierung bietet sich zur weiteren Analyse das

Bild dramatischer Bühneninszenierung an, das die Autorin dann subtil ausfaltet.

Für die in diesem Kontext wichtige Frage nach dem Zusammenhang zwischen Erzählung und *erzählter* Realität finden sich wichtige Seiten, nicht minder wichtig die Darstellung der *Funktion* des Erzählens, wie Wunscherfüllung, Angstentlastung, soziale Integration, psychische Restitution und Reorganisation, »Herstellung« eigener Identität durch erzählende Verbindung von Gegenwärtigem und Vergangenem. Entwürfe neuen Lebens werden so in der Auseinandersetzung mit der *erzählten* Vergangenheit möglich.

Sehr anschaulich wird die kategorial sehr ausdifferenzierte Erzählanalyse auf die Erzählungen psychotherapeutisch behandelter Patienten angewandt, wobei das dramaturgische Gerüst der Erzählungen nicht nur psychotherapeutische Wirkfaktoren verdeutlicht, sondern nicht minder diagnostische Schlüsse erlaubt. Wie innovativ dieser Ansatz Brigitte Boothes ist, zeigt sich unter anderem bei der Erzählanalyse des berühmten Freudschen Traums von *Irmas Injektion*, den viele Leser kennen werden, oder bei der eindrucksvollen kreativ-erzählerischen Nachbereitung einer Szene am Beginn von Flauberts *Madame Bovary*. Wie essenziell für jeden Erzähler, sei er Patient oder auch nicht, das Verhältnis zum Zuhörer ist, wie es hier um einen emotional-kreativen Mitvollzug geht, wird eindrucksvoll herausgearbeitet.

Als ein am Vatikan akkreditierter französischer Diplomat gefragt wurde, was er an Johannes XXIII. besonders eindrucksvoll finde, nannte er dessen große Ohren. Dem heute zumeist säkularisierten »Seelsorger« sind solche zu wünschen, will er dem Patienten als Erzähler genuin gerecht werden können. Brigitte Boothes Buch schafft hier ideale Voraussetzungen. Dass es jetzt neu aufgelegt wurde, ist ein Glückfall.

Hermann Lang

Inhalt

Vorwort

Die Anregung, mich genauer mit der Frage zu befassen, wie Patienten in psychotherapeutischen Situationen erzählen, erhielt ich während meiner Assistententätigkeit am Konsiliardienst des Klinischen Instituts für Psychotherapie und Psychosomatik der Universität Düsseldorf. Dort war es meine Aufgabe herauszufinden, welche ungelösten Spannungen und Konflikte Personen mit sich tragen mochten, die nicht unter seelischen, sondern unter körperlichen Symptomen litten und bei denen gleichwohl psychotherapeutische Hilfe geraten schien. Es war nicht einfach, im Gespräch einen Zugang zur persönlichen Vorstellungswelt dieser Ratsuchenden zu finden. Einmal, weil sie zunächst nicht glaubten, im Psychotherapeuten den passenden Ansprechpartner vor sich zu haben – ein Organmediziner wäre willkommener gewesen –, zum andern, weil sie es ohnehin schwierig fanden, für ihr Erleben persönliche Worte zu finden. Jedoch gewannen sie eine gewisse Lebhaftigkeit, wenn sie vom körperlichen Symptom berichten konnten, von Gelegenheiten, einzelnen Episoden, in denen dieses auftrat. In diesen episodischen Schilderungen, so gewann ich zunehmend den Eindruck, inszenierte sich auf sprachlicher Ebene ein dramatisches konflikthaftes Geschehen – kreisend um Erregung, Attacke, Auslieferung, Kontrollverlust, Beeinträchtigung –, das vorläufig noch von der Welt menschlicher Beziehungen getrennt blieb, dort jedoch, den Betroffenen und Beteiligten nicht bewußt, eine entscheidende Rolle spielte. Diese Annahme gewann an Plausibilität, je stärker ich die Beziehungsangebote der Patienten und meine emotionalen Antworten darauf im Gesprächsverlauf berücksichtigte, besonders wenn ich Gelegenheit hatte, mit den Patienten in längerfristigen Kontakt zu treten.

Diesem ersten Eindruck folgend begann ich die in mündlichen Erzählungen entwickelten Modelle subjektiven Erlebens systematischer und in größerem Rahmen zu untersuchen. Frau Prof. Annelise Heigl-Evers, der ich zu besonderem Dank verpflichtet bin, gab mir Gelegenheit, Transkripte autobiographischer Interviews, die sie durchgeführt hatte, eingehend zu studieren. Material, das für mich besonders kostbar war, weil es erlaubte, sowohl erzählerische Inszenierungen derselben Person über eine lange Strecke hinweg als auch die verschiedener Personen zu vergleichen. Prof. Hans Thomä und Prof. Horst Kächele stellten mir transkribierte Stundenverläufe von Therapien aus der Ulmer Textbank zur Verfügung, so daß ich die Entwicklung der Erzähltätigkeit von Patienten im psychotherapeutischen Prozeß detailliert verfolgen konnte. Ich danke auch Prof. Ulrich Moser und der Arbeitsgruppe PEP (Psychotherapeutische Einzelfall Prozeßforschung) für zahlreiche wertvolle Anregungen und fruchtbare Kritik.

Die sprachlichen Inszenierungen, für die ich – unter vielfachsten Veränderungen und Neuformulierungen – ein systematisches Analyseprogramm entwickelte, das die in der Story verpackte emotionale Konflikthaftigkeit zu rekonstruieren sucht, stellten sich mir zunehmend als allmähliche Verfertigung einer inneren Welt beim Erzählen dar, als Haus aus Sprache.

Ohne die unermüdliche Bereitschaft von Christine Flühler, Mares Ficnar und Kathrin Kocher, Entwürfe, Vorfassungen, Umarbeitungen und die endgültige Fassung das Manuskripts zu schreiben, wäre dieses Buch in einem vertretbaren Zeitrahmen nicht entstanden. Für ihren großen Einsatz habe ich von Herzen zu danken. Agnes von Wyl hat sich des theoretischen Teils des Buches mit umsichtiger Tatkraft und scharfsinniger kritischer Unterstützung angenommen, wofür ich ihr sehr verpflichtet bin. Christine Widmer hat mir bei der Endredaktion des Anwendungsteils ausdauernd und einfallsreich zur Seite gestanden. Auch ihr danke ich herzlich. Alessandra Crivelli und Carmen Eggeler haben die Kodierung der 39 Erzählungen der psychoanalytischen Kurztherapie »Student« vorgenommen und deren redaktionelle Präsentation besorgt. Mirjam Fehr war an der Entwicklung der Endform des Glossars maßgeblich beteiligt. Barbara Schmugge und Manuel Steccanella haben bei Vorfassungen des Buches redaktionell mitgewirkt. Erwin Bernhard erarbeitete ein Skript zu meiner Vorlesung »Erzählanalyse in der Psychotherapie« im Wintersemester 1991/92, das mir von großem Nutzen war. Ihnen allen darf ich an dieser Stelle für ihre Unterstützung in Wort und Tat von Herzen danken.

Zum gegenwärtigen Interesse an Erzählungen

In den Siebzigerjahren dieses Jahrhunderts gewann der Alltag in der Öffentlichkeit hochindustrialisierter Länder neues Interesse. Die Geschichte des Alltags wurde populär, ebenso die Auseinandersetzung mit den verschiedenen gesellschaftlichen Erscheinungsweisen des ländlichen, des regionalen, des städtischen Alltagslebens. Dieses Interesse verbindet sich inzwischen mit Fragen nach Erhaltung von Lebensqualität, geschichtlicher Kontinuität, intakter Natur und unbeeinträchtigter menschlicher Vitalität.

In diesem Rahmen findet auch dargestellte Subjektivität stetige Aufmerksamkeit. So erlebt die alltägliche Biographie und Autobiographie seitdem Höhepunkte des Erfolgs auf dem Buchmarkt und in den Bildmedien. Die Alltagsliteratur gewinnt ihr Publikum weit über den bloß akademischen Bereich hinaus. Das gilt besonders für jene Literatur des authentisch Erlebten, deren Interessenbindung ins Auge fällt, und zwar so kraß, daß entsprechende Erzeugnisse unter Diffamierungsverdacht geraten. Man denke etwa an den enormen Erfolg der Bekenntnisse einer heroisch-verzweifelten Mutter, die ein moslemisches Land nicht ohne ihre Tochter zu verlassen wünschte.

Das öffentliche Interesse an dargestellter Subjektivität hat viele Quellen. Bei sexueller und/oder aggressiver Akzentuierung der Thematik wird es vom voyeuristischen Vergnügen gespeist, das sich im Mantel der Aufklärung und/oder der gerechten Empörung anbietet. Dies ist freilich nur *eine* Quelle. Eine andere ist Hunger nach gemeinsam geteiltem Leben, ein Wunsch nach Aufhebung von Isolation, nach Verbundenheit in Erfahrungen, die transparent und verstehbar sind, so daß durch Gemeinsamkeit ein – wenngleich nur vorübergehender – Eindruck der Nähe entsteht.

Das Miterleben des als »authentisch« Mitgeteilten, dessen, was sich scheinbar »tatsächlich«, »im wirklichen Leben« eines »wirklichen Menschen« ereignet hat, schafft den flüchtigen Eindruck einer Überwindung von Getrenntheit und Vereinzelung, auch wenn für diese »Erfahrungen« nur ein Surrogat zur Verfügung steht. Dabei ist die scheinbare Echtheit und Ursprünglichkeit des autobiographischen Massenprodukts gewöhnlich nur Ergebnis rhetorischer Kunstfertigkeit, Effekt des Einsatzes sprachlicher Figuren, mit deren Hilfe der Eindruck von Authentizität hergestellt werden soll. Die Herstellung des Jargons der Authentizität ist eine Arbeit der Darstellung. Der Sprecher muß verbales und nonverbales Vermögen einsetzen, um bestimmte Effekte der Natürlichkeit, Lebendigkeit, Aktualität, Glaubwürdigkeit, Erlebnisnähe zu erreichen. Und es muß ihm – dies ist für die Resonanz der autobiographischen Präsentation sehr wichtig – gelingen, Sympathie zu erzielen; das heißt genauer: Der Darsteller muß die Zuhörer- bzw. Leserschaft für den eigenen Darstellungs- oder Erzählerstandpunkt gewinnen. Die eigene Perspektive muß nachvollziehbar, glaubwürdig und gerechtfertigt scheinen.

Der Hunger nach Teilhabe an der Erfahrungswelt des Nebenmenschen, der als Symptom der (RIESMANschen) Einsamkeit der Masse beeindruckt, wird ersatzweise durch den Konsum verfertigter »Authentizität« gestillt. Freilich handelt es sich hier vor allem um die erfolgreiche Vermarktung, Ausbeutung und künstliche Überreizung kommunikativer Techniken, deren sich jeder mündliche oder schriftliche Autobiograph zwangsläufig bedient, wenn er erzählend von sich selbst berichtet: Keine autobiographische Selbstpräsentation offeriert schlicht »Erfahrung«, sondern fällt notwendig zurück auf Versionen der Selbst- und Weltsicht. Solche Schilderungen und Selbstschilderungen sagen folglich mehr darüber aus, was als wahr beeindrucken soll, als darüber, was tatsächlich wahr ist. Erlebtes wird neu modelliert, und diese Form der Materialbearbeitung bedient sich der Mittel narrativer Rhetorik, um Wirkung zu erzielen. Zu diesen Mitteln gehören bestimmte Darstellungsschablonen und -schemata, bestimmte Strategien zur Herstellung einer ganzheitlichen, in sich abgerundeten Form, die in der Literatur der Erzählforschung ausführlich beschrieben werden. Diesem Befund haben wir zu entnehmen, daß Rezipienten von Geschichten sich vor Naivität hüten müssen; ja, daß kritische Reflexion und skeptische Distanz geraten sind. Das Verstehen von Geschichten im Alltag und in institutionellen Zusammenhängen setzt sowohl eine identifikatorische als auch eine distanzschaffende Kompetenz voraus; erstere als kreative Mitmodellierung der vom Erzähler gestalteten narrativen Bilderfolge, letztere als kritische Durchdringung der rhetorischen Strategien des Erzählentwurfs. Narrative Darstellungen erweisen sich somit geradezu als prototypische Exempel eines Umgangs mit faktisch Gegebenem, der durchdrungen ist von interpretativen Vorentscheidungen und subjektiven, interessegeleiteten Vorannahmen.

Dieses Charakteristikum macht die Erzählung für den psychologischen Zugang zunächst einmal interessant als sogenannte *kognitive Organisation*. Denn innerhalb der sogenannten kognitiven Orientierung in der Psychologie wird die handlungsleitende und handlungsstrukturierende Bedeutung subjektiver Vorannahmen, Einstellungen und Überzeugungsmuster erforscht. Auch im Bereich der Klinischen Psychologie hat dieser Denkansatz längst viele Früchte getragen. Am bekanntesten sind zweifellos die kognitiven Depressionstheorien und -therapien, die sich in jedem Lehrbuch der Klinischen Psychologie dargestellt finden. Auch psychoanalytische Psychotherapie und Psychotherapieforschung fokussieren beispielsweise sogenannte pathogene Überzeugungsmuster (»pathogenic beliefs« nach WEISS u. SAMPSON 1986) und erarbeiten wichtige Zugangswege zu subjektiven Überzeugungs- und Argumentationsmustern als Aspekten psychischer Störungen (WEISS u. SAMPSON 1986).

Freilich tendiert die kognitive Orientierung zu rationalistischer Einseitigkeit. Es bleibt wenig Spielraum für stark phantasiebestimmte Bereiche subjektiver Vorstellungswelt. Zur Untersuchung phantasiegeleiteter Verarbeitung von Welterfahrung bieten Theorie und Methodik der Psychoanalyse ein reiches Angebot, dessen Möglichkeiten der Anwendung und Weiterentwicklung bisher bei weitem nicht erschöpft sind. Ein psychoanalytischer Zugang zur narrativen Welterfahrung würde nicht nur die kommunikativen Strategien narrativer Persuasion beschreiben, nicht allein die kognitive Organisation narrativer Darstellung erforschen, sondern auch das subjektive Phantasieleben erschließen, das gestaltend-kreativ auf die narrative Inszenierung wirkt.

Ein derartiger Zugang soll hier im ersten Ansatz skizziert werden und zur Anwendung kommen. Es geht um Formen verbaler Selbstmitteilung, die subjektive Welt- wie Selbstentwürfe herstellen, und zwar in einer spezifischen Situation. Es handelt sich um alltägliche, mündliche autobiographische Ereignisdarstellungen, die Ratsuchende und Patienten in psychotherapeutischen Sitzungen erzählen. Solche kurzen episodischen Stories kommen üblicherweise in Beratung und Therapie vor. Sie thematisieren jeweils die persönliche Sicht des Erzählers. Das intensive Studium dieser subjektiven Weltsichten ist in theoretischer wie praktischer Hinsicht aufschlußreich. Bei einer differenzierten Analyse werden nicht nur persönliche Ideologien und Versionen deutlich, sondern auch phantasiegeleitete persönliche Muster psychischer Konfliktverarbeitung und psychosozialer Kompromißbildung als Ergebnisse des wiederholten Versuchs, angst-, schuld- und schambesetzte Vorstellungsinhalte zu umgehen und Handlungsabsichten zu unterdrücken. Die psychoanalytische Praxis ist mit dieser Form der Selbstdarstellung bestens vertraut, denn es handelt sich dabei um sprachliche Bauformen des Szenischen, das früh schon in der psychoanalytischen Beziehungstheorie eine Schlüsselrolle spielte und seither differenziert weiterentwickelt wurde (ARGELANDER 1970a; GÖRLICH 1988; LORENZER 1970, 1974, 1977, 1983, 1983a, 1985; PASSWEG 1992).

Freilich intendiert der psychoanalytische Dialog die Dekonstruktion (FISCHER 1989) dieser Kompromißbildungen, um selbstgemachtes neurotisches Unglück im Dienst größerer innerer Freiheit zu verringern und vermehrte Liebes- und Arbeitsfähigkeit zu ermöglichen. Ob und in welcher Weise sich eine derartige Zunahme an liebesfähiger Vitalität vollzieht, läßt sich, wie HABERMAS (1981) betont hat, auch – wenngleich keineswegs ausschließlich – verdeutlichen an der Art und Weise, wie der Analysand über das, was sich in seiner Welt ereignet, Rechenschaft ablegt. Dies fordert gerade die Bereitschaft, Selbstentwürfe in Frage zu stellen, die Sicherheit gewohnter Selbstverständigung immer wieder aufzugeben; ein Weg, der über die Technik der freien Assoziation zugänglich wird. Die Dekonstruktion der Selbstverständigung führt zur Auflösung bestehender narrativer Muster, zum Aufbau neuer und anderer Erzählformen. Im Idealfall könnten Erzählungen von Analysanden zum Spiegel eines Bemühens um Wahrhaftigkeit werden, als einer Anstrengung, anderen und sich selbst Gerechtigkeit widerfahren zu lassen (dazu auch LEUZINGER-BOHLEBER 1990, S. 115, die auf die Veränderung der selbstreflexiven Bewertungsprozesse in Richtung größerer innerer Freiheit aufgrund eines milderen, reiferen Über-Ich verweist). Diese innere

Freiheit wird gewöhnlich unter Mühen erkämpft. Die subversive, infragestellende Arbeit des freien Assoziierens wird gerade im Anfangsstadium der Behandlung als fremd, befremdlich, belastend, verwirrend, peinlich und peinigend erlebt; denn hier fügt sich das Subjekt gerade nicht – wie in der Erzählung – zu einem szenischen Ganzen zusammen, im Gegenteil: Das Subjekt erscheint als aufgebrochen, aufgesprengt. Eben dieser Arbeit der *Destabilisierung* galt das zentrale Interesse, weniger jener Nachzeichnung des kunstvollen Baus narrativer Selbstdarstellungen, die FREUD in der »Traumdeutung« gar als »Nußschalen« erachtete, die man wegwerfen könne.

Diese »Nußschalen« indessen sind – wie spätestens seit ERIKSON (1955) bekannt – so nutzlos nicht, wenn man sie in ihrem Inszenierungscharakter sorgsam würdigt. Dann offenbaren sie ihren wunsch- und konfliktorganisierenden Charakter und ihre enorme suggestive Kraft, den Hörer in die eigene subjektive Sicht der Dinge zu verwickeln. Diese Überlegung hat sogar direkte praktische Implikationen. Die Gefahr – nicht nur für den Hörer, selbst wenn er professionell geschult ist, sondern auch für den Sprecher selbst – , einer erzählerischen Selbstdarstellung als einer subjektiven Erklärungs-, Rechtfertigungs- und Begründungsversion aufzusitzen, ist weder im Rahmen der klinischen Tätigkeit noch der theoretischen Reflexion innerhalb der Psychoanalyse gering. Denn das identifikatorische und zu unmittelbarer emotionaler Parteinahme bereite Engagement, das wir als Mitglieder der Sprachgemeinschaft aufbringen, wenn wir erzählen und wenn wir zuhören, – dieses emotionale Engagement verleitet zur unreflektierten Übernahme der Version und daher zum rationalisierenden Mitvollzug oder aber zur desinteressierten Verwerfung der Haltung des Erzählers. Dieses Phänomen unreflektierter Übernahme, verborgen zum Beispiel in einer entwicklungsdynamischen Hypothese, findet sich nicht einmal innerhalb der psychoanalytischen Literatur selten. Ein berühmtes und noch heute kontroverses Beispiel stellt FREUDS (1914; dazu auch ZEPF et al. 1986) initiale Akzeptanz und spätere partielle Distanzierung von jenen narrativ vermittelten Kindheitserinnerungen als hysterisch diagnostizierter Patientinnen dar, die von sexuellen Belästigungen, Bedrängungen und Mißbräuchen durch Väter und Onkel in der Vergangenheit handelten. FREUD begründete seine spätere skeptische

Distanz durch die in der Interaktionserfahrung mit Patient(inn)en gewonnenen Einsicht, die er in folgender berühmter Formulierung zusammenfaßt:

»Wenn die Hysteriker ihre Symptome auf erfundene Traumen zurückführen, so ist eben die neue Tatsache die, daß sie solche Szenen phantasieren, und die psychische Realität verlangt neben der praktischen Realität gewürdigt zu werden. Es folgte bald die Einsicht, daß diese Phantasien dazu bestimmt seien, die autoerotische Betätigung der ersten Kinderjahre zu verdecken, zu beschönigen und auf eine höhere Stufe zu heben, und nun kam hinter diesen Phantasien das Sexualleben des Kindes in seinem ganzen Umfange zum Vorschein« (FREUD 1914, S. 56).

FREUD bringt in dieser kompakten Stellungnahme mehrere Dinge zum Ausdruck. Zunächst bekundet er, eine feste Überzeugung gewonnen zu haben, daß die sogenannten Hysteriker nicht selten in der erzählerischen Darstellung ihrer kindlichen Vergangenheit etwas erfinden. Welche Belege bringt er dafür bei? Er führt im gleichen Textzusammenhang als Argumente die Unwahrscheinlichkeit eines derart gehäuften Auftretens von Verführungssituationen und Mangel an Übereinstimmung mit nachweislichen Fakten an. Diese summarische Angabe kann kaum befriedigen. Es mußte ja zunächst einmal Gründe geben, überhaupt am objektiven Wahrheitsgehalt der Erzählungen zu zweifeln; und diesbezüglich können wir nur mutmaßen, daß Aspekte der erzählerischen Darstellung selbst Anlaß zur skeptischen Distanz gaben.

Der Schluß, daß diese Erzählungen nicht ohne weiteres als Informationen über tatsächlich Vorgefallenes behandelt werden können, führte jedoch nicht zum Beiseitelegen dieses Materials, sondern zur vertieften Beschäftigung mit seiner Funktion, subjektives Erleben darzustellen. Bei dieser Untersuchung gewannen Strategien der Erzählrhetorik FREUDs Aufmerksamkeit: Erzählrhetorik in stabilisierender und identitätssichernder Funktion.

FREUDs Wendung in Fragen der Verführungserzählungen ist bis heute umstritten. Von ihr ausgehend nimmt jedoch jene erwähnte, noch keineswegs voll entfaltete Neuorientierung von großer Tragweite ihren Ausgangspunkt: die Auseinandersetzung mit Selbstmitteilung als erzählender und handelnder Inszenierung. Hatte FREUD ursprünglich an die Möglichkeit geglaubt, prägendes und pathologisierendes Material aus der individuellen Vergangenheit zu gewinnen, indem er mehr oder weniger direkt, mehr oder weniger suggestiv die Aufmerksamkeit seines Patienten in die gewünschte Richtung lenkte und als Störung erachtete, was sich dieser zielgerichteten Unternehmung in den Weg stellte, so wurde jetzt die subjektive Inszenierung, die Fakten herstellende und subjektive Wahrheit schaffende *Leistung der Person* zum Gegenstand des Interesses. Diese Leistung der Person war im psychoanalytischen Prozeß zugänglich über die Beziehungsangebote des Patienten, die man als *Übertragungsphänomene* bezeichnet. Nur über die Entfaltung und die Analyse der Übertragung (sowie der Gegenübertragung) im dialogischen Prozeß, so war man fortan überzeugt, kann der psychische Konflikt einer Person allmählich transparent werden. Dennoch sind die Konsequenzen für die Verstehensarbeit des praktizierenden Psychoanalytikers unstrittig: Denn zu den wichtigsten Konsequenzen dieser Orientierung gehört der Umgang mit Selbstmitteilungen des Patienten. Als elementare Bausteine selbstinszenierender Leistungen sind sie primär nicht in ihrem Informationswert, sondern in ihrer Funktionalität für den seelischen Haushalt zu würdigen (dazu beispielsweise Wegner u. Henseler 1991).

So selbstverständlich die Übertragungsperspektive in der Psychoanalyse heutzutage erscheinen mag, so wenig scharf bleibt sie im einzelnen und so unausgelotet bleibt ihre Verknüpfung zum Szenen- und Inszenierungskonzept. Dazu ein Beispiel: Schildert ein Patient Ereignisse und Situationen aus seinem aktuellen oder vergangenen Leben, so sind diese Schilderungen als *narrative Argumentationen* zu behandeln. Wenn es darum geht, den semantischen Gehalt der narrativen Argumentationen auszuloten, so sind diese sprachlichen Sequenzen im Detail und als unreduzierte Gestalt zu erfassen. Denn es handelt sich um subjektive Inszenierungen, die aus sprachlichen Bausteinen zum Ganzen gefügt sind, die nicht ohne Entstellung ausgetauscht oder weggelassen werden können. Ein Musterbeispiel für die Detailanalyse der unreduzierten Gestalt einer szenischen Präsentation, die zum Ritual wurde, findet sich bei Freud (1916-1917, S. 268-271). Eindrucksvoll ist die Systematik der argumentativen Verknüpfungen, die im Bauplan der Szene aufgewiesen werden; eindrucksvoll die identifikatorische Leistung der dramatischen Gestalterin; eindrucksvoll der szenisch implizierte Beziehungsentwurf zu einem ambivalent geliebten Objekt, dem Ehemann; eindrucksvoll schließlich die Rollenzuweisung an ein konkretes Gegenüber, in diesem Fall das Stubenmädchen. Heutzutage würde man darüber hinaus jenem Umgang mit der Szene Beachtung schenken, der die Beziehung zwischen Analytiker und Patientin betrifft: Diese Dame präsentiert sich dem Analytiker gegenüber gänzlich als Regisseurin, als Herrin – oder als Herr? – des Geschehens, als diejenige von beiden, die über die Autorität des Wissens verfügt, als die Patientin, die den Arzt aufklärt. Sie hat sich nicht nur in der Szene mit dem Mann identifiziert und seine Schwäche repariert, sondern auch mit dem »wissenden Arzt« und dessen »diagnostische Schwäche« beseitigt. Das Beispiel bei FREUD:

Eine nahe an 30 Jahre alte Dame, die an den schwersten Zwangserscheinungen litt, und der ich vielleicht geholfen hätte, wenn ein tückischer Zufall nicht meine Arbeit zunichte gemacht hätte – vielleicht erzähle ich Ihnen noch davon –, führte unter anderen folgende merkwürdige Zwangshandlung vielmals im Tage aus. Sie lief aus ihrem Zimmer in ein anderes nebenan, stellte sich dort an eine bestimmte Stelle bei dem in der Mitte stehenden Tisch hin, schellte ihrem Stubenmädchen, gab ihr einen gleichgültigen Auftrag oder entließ sie auch ohne solchen und lief dann wieder zurück. Das war nun gewiß kein schweres Leidenssymptom, aber es durfte doch die Wißbegierde reizen. Die Aufklärung ergab sich auch auf die unbedenklichste, einwandfreieste Weise unter Ausschluß jedes Beitrages von Seiten des Arztes. Ich weiß gar nicht, wie ich zu einer Vermutung über den Sinn dieser Zwangshandlung, zu einem Vorschlag ihrer Deutung hätte kommen können. So oft ich die Kranke gefragt hatte: Warum tun Sie das? Was hat das für einen Sinn? – hatte sie geantwortet: Ich weiß es nicht. Aber eines Tages, nachdem es mir gelungen war, ein großes, prinzipielles Bedenken bei ihr niederzukämpfen, wurde sie plötzlich wissend und erzählte, was zur Zwangshandlung gehörte. Sie hatte vor mehr als zehn Jahren einen weitaus älteren Mann geheiratet, der sich in der Hochzeitsnacht impotent erwies. Er war ungezählte Male in dieser Nacht aus seinem Zimmer in ihres gelaufen, um den Versuch zu wiederholen, aber jedesmal erfolglos. Am Morgen sagte er ärgerlich: Da muß man sich ja vor dem Stubenmädchen schämen, wenn sie das Bett macht, ergriff eine Flasche roter Tinte, die zufällig im Zimmer war, und goß ihren Inhalt aufs Bettuch, aber nicht gerade auf eine Stelle, die Anrecht auf einen solchen Fleck gehabt hätte. Ich verstand anfangs nicht, was diese Erinnerung mit der fraglichen Zwangshandlung zu tun haben sollte, da ich nur in dem wiederholten Aus-einem-Zimmer-in-das-andere-Laufen eine Übereinstimmung fand und etwa noch im Auftreten des Stubenmädchens. Da führte mich die Patientin zu dem Tisch im zweiten Zimmer hin und ließ mich auf dessen Decke einen großen Fleck entdecken. Sie erklärte auch, sie stelle sich so zum Tisch hin, daß das zu ihr gerufene Mädchen den Fleck nicht übersehen könne. Nun war an der intimen Beziehung zwischen jener Szene nach der Brautnacht und ihrer heutigen Zwangshandlung nicht mehr zu zweifeln, aber auch noch allerlei daran zu lernen.

Vor allem wird es klar, daß sich die Patientin mit ihrem Mann identifiziert; sie spielt ihn ja, indem sie sein Laufen aus einem Zimmer ins andere nachahmt. Dann müssen wir, um in der Gleichstellung zu bleiben, wohl zugeben, daß sie das Bett und Bettuch durch den Tisch und die Tischdecke ersetzt. Das schiene willkürlich, aber wir sollen nicht ohne Nutzen Traumsymbolik studiert haben. Im Traum wird gleichfalls sehr häufig ein Tisch gesehen, der aber als Bett zu deuten ist. Tisch und Bett machen mitsammen die Ehe aus, da steht dann leicht eines für das andere.

Der Beweis, daß die Zwangshandlung sinnreich ist, wäre bereits erbracht; sie scheint eine Darstellung, Wiederholung jener bedeutungsvollen Szene zu sein. Aber wir sind nicht genötigt, bei diesem Schein Halt zu machen; wenn wir die Beziehung zwischen den beiden eingehender untersuchen, werden wir wahrscheinlich Aufschluß über etwas Weitergehendes, über die Absicht der Zwangshandlung erhalten. Der Kern derselben ist offenbar das Herbeirufen des Stubenmädchens, dem sie den Fleck vor Augen führt, im Gegensatz zur Bemerkung ihres Mannes: Da müßte man sich vor dem Mädchen schämen. Er – dessen Rolle sie agiert – schämt sich also nicht vor dem Mädchen, der Fleck ist demnach an der richtigen Stelle. Wir sehen also, sie hat die Szene nicht einfach wiederholt, sondern sie fortgesetzt und dabei korrigiert, zum Richtigen gewendet. Damit korrigiert sie aber auch das andere, was in jener Nacht so peinlich war und jene Auskunft mit der roten Tinte notwendig machte, die Impotenz. Die Zwangshandlung sagt also: Nein, es ist nicht wahr, er hatte sich nicht vor dem Stubenmädchen zu schämen, er war nicht impotent; sie stellt diesen Wunsch nach Art eines Traumes in einer gegenwärtigen Handlung als erfüllt dar, sie dient der Tendenz, den Mann über sein damaliges Mißgeschick zu erheben.

Dazu kommt alles andere, was ich Ihnen von dieser Frau erzählen könnte; richtiger gesagt: alles, was wir sonst von ihr wissen, weist uns den Weg zu dieser Deutung der an sich unbegreiflichen Zwangshandlung. Die Frau lebt seit Jahren von ihrem Mann getrennt und kämpft mit der Absicht, ihre Ehe gerichtlich scheiden zu lassen. Es ist aber keine Rede, daß sie frei vom ihm wäre; sie ist gezwungen, ihm treu zu bleiben, sie zieht sich von aller Welt zurück, um nicht in Versuchung zu geraten, sie entschuldigt und vergrößert sein Wesen in ihrer Phantasie. Ja, das tiefste Geheimnis ihrer Krankheit ist, daß sie durch diese ihren Mann vor übler Nachrede deckt, ihre örtliche Trennung von ihm rechtfertigt und ihm ein behagliches Sonderleben ermöglicht. So führt die Analyse einer harmlosen Zwangshandlung auf geradem Wege zum innersten Kern eines Krankheitsfalles, verrät uns aber gleichzeitig ein nicht unansehnliches Stück des Geheimnisses der Zwangsneurose überhaupt. Ich lasse Sie gern bei diesem Beispiel verweilen, denn es vereinigt Bedingungen, die man billigerweise nicht von allen Fällen fordern wird. Die Deutung des Symptoms wurde hier von der Kranken mit einem Schlag gefunden ohne Anleitung des Analytikers, ...

Man ist sich einig in der psychoanalytischen Fachdiskussion, daß sprachliche Inszenierungen in ihrem semantischen Gehalt so prägnant als möglich auszuloten sind; aber es besteht keineswegs programmatischer Konsens über regelhafte Implikationen der Verstehensarbeit im strategischen Detail, trotz ARGELANDERS (1979) ausdrücklicher Empfehlung zur Rekonstruktion szenischer Gestaltbildungen. Noch immer fehlen »nachvollziehbare ... Vorschriften zur Bestimmung« klinischer Formulierungen im Sinne von Methoden wenigstens partiell kontrollierbarer Extraktion und Interpretation kommunikativen Materials (LUBORSKY u. KÄCHELE 1988, S. 83; auch LÖW-BEER u. THOMÄ 1987, S. 13). Zur Bedeutung dieser Frage eine kurze Veranschaulichung: »Ein Traum der Patientin zeigte an, daß sie zum Täter und ich zu ihrem Opfer geworden war: ›Sie sind eine Frau, einen Kopf kleiner als ich, mit einer schwarzen Perücke, und Sie sind mir ausgeliefert‹« (KÖGLER 1991, S.207).

KÖGLER faßt das Wesentliche der Traumerzählung als Darstellung einer Täter-Opfer-Konstellation zusammen. Auf den ersten Blick scheint klar, was er damit meint. Gleichwohl handelt es sich um eine sprachliche Sequenz, die nur im unveränderten Wortlaut offenbart, was sie in sich trägt. Geht man in dieser Haltung an die narrative Sequenz heran, dann würden wir sie etwa in folgender Differenzierung aufnehmen:

Der Therapeut – offenbar KÖGLER selbst –, den die Erzählerin aus ihrer Behandlung kennt, wird gleich eingangs als Frau eingeführt; diese stellt sich der Körpergröße nach im Vergleich zur Ich-Figur unterlegen dar; sie wird versehen mit einem Prothesen- oder Verkleidungsrequisit. Die kurze, gänzlich statische Sequenz wird abgeschlossen durch eine Konstellationsbestimmung: Die Frau befindet sich in bezug auf die Ich-Figur in einer Position der Auslieferung.

Die Geschichte enthält keinerlei Aktivität; sie blendet nach der »Regieanweisung« unmittelbar aus. Diese »Regieanweisung« beschränkt sich darauf, die »Therapeuten«-Figur auszustaffieren, und zwar mit Attributen der Degradierung; – wobei an dieser Stelle offen bleiben muß, ob auch die Verwandlung in eine Frau als Erniedrigung gemeint ist. Die sprachliche Inszenierung besteht hier also ausschließlich in einer neuen Positionenverteilung, und zwar so, daß einer der beiden Partner nunmehr in einer unterlegenen, abhängigen Lage ist. Im besprochenen Fall beeindruckt, daß gerade kein Täter in Erscheinung tritt, daß ausschließlich Positionsbestimmungen vorgenommen werden und daß die Szene ausblendet, sobald gehandelt werden könnte. Diese Besonderheiten deuten weniger auf Attacke und eine damit verknüpfte Aggressions- und Beherrschungsthematik, als vielmehr auf phantasierte Positionsumkehrung durch Entwertung. Hier ist eine Selbstwertthematik angesprochen: In der Phantasie hebt sich eine Selbstentwertung auf und verkehrt sich in einen Überlegenheitstriumph.

Dieses Beispiel sollte einen ersten Eindruck davon vermitteln, in welcher Art eine detaillierte Rekonstruktion sprachlicher Inszenierungen zur Klärung und Spezifizierung klinischer Hypothesen über subjektive Konflikthaftigkeit beiträgt. Interpretationen verlieren an Validität häufig dadurch, »daß sie das, was sie zu erklären hätte(n), nicht richtig beschreib(en)« (LÖW-BEER u. THOMÄ 1987, S. 21; Klammern B.B.). Systematische Detaillierung ist für das Verstehen sprachlicher Inszenierungen unverzichtbar.

Die Popularität narrativer Selbstmitteilungen entspricht einem Wunsch nach Verbundenheit, nach identifikatorischem Miterleben, nach Aufhebung von Isolation. Erzählungen berühren und faszinieren, weil sie menschliche Subjektivität als Welterfahrung Gestalt werden lassen. Wir leben uns häufig unmittelbar in ihre Dramaturgie ein. Beide – die »subjektive Wahrheit« wie unsere Verstrickungsbereitschaft – lassen Erzählungen zum bedeutsamen

Untersuchungsgegenstand für die psychoanalytische Forschung werden. Sie sind als szenische Selbstentwürfe zu betrachten, deren Bauplan als rekonstruktive Darstellung Aufschluß über die subjektive Wunsch- und Angstwelt des Erzählers verspricht.

Einführung

Autobiographische mündliche Erzählungen sind der Gegenstand dieses Buches. Psychoanalyse, Autobiographie und Erzählforschung sehen autobiographisches Erzählen als Modellierung im Dienst der Selbstverständigung; denn sie schreiben dem Prozeß der Aneignung und Integration persönlicher Erfahrung nicht kontemplativen, sondern dynamisch-verändernden Charakter zu. FREUD (1899) hat bereits in seiner Studie über »Deckerinnerungen« auf einige Merkmale autobiographischer Erzählungen hingewiesen, die auch im folgenden von zentraler Bedeutung sind: die Umarbeitung des in der Realität vorfindlichen Materials zu einem narrativen Ganzen, das nachträglicher egozentrisch-interessengeleiteter Dramaturgie unterliegt, und die Indienstnahme der dramaturgischen Präsentation für eine kompakte Ausfüllung mit in der Vergangenheit angelegter und noch lebendiger subjektiver Konflikthaftigkeit. Bemerkenswert ist darüberhinaus FREUDS Umgang mit jenen Merkmalen der autobiographischen Story – analysiert im Text über Deckerinnerungen (und später prägnant beschrieben in der »Traumdeutung«, 1900) –, die der Erzählung besondere Intensität und Wichtigkeit für den Autor verleihen, wie etwa Farbigkeit, Deutlichkeit, Lebhaftigkeit und Detailgenauigkeit. Solche Gestaltungsmerkmale einer Erzählung bewegen dazu, sie für besonders echt, für besonders wahr zu halten. Bildliche Ausprägung, Farbigkeit und Frische lassen den Erzähler selbst glauben, das Geschilderte sei gerade so und nicht anders vorgefallen und bewahre seit langem – oder gewinne bei neu oder plötzlich aufsteigender Erinnerung – eine getreue und unveränderliche Darstellung. Man denke nur an jenen sprichwörtlichen Duft der Madeleines, der die Vergangenheit Prousts eben nicht zu einer verlorenen Zeit werden ließ. Dieser Trugschluß von der Prägnanz gehört zu den ubiquitären Erscheinungen des Alltagslebens. Er bildet eines der bekanntesten Muster der Selbsttäuschung: eine bloß narrative Gewissheit des So-war-es. Interessanterweise – auch dies führt FREUD aus – muß die Erzählung dabei keineswegs von angenehmen oder glücklichen oder gut endenden Dingen handeln; im Gegenteil, sie mag belanglos erscheinen, auch bizarr oder unangenehm.

Die erzählerische Thematisierung persönlichen Erlebens gleicht der Errichtung einer Probebühne, auf welcher der Erzähler, auftretend als Ich-Figur, aktualisierend nachinszeniert, was ihm als Schritt, Station oder Etappe auf dem bisher zurückgelegten Lebensweg gilt. Dieser Prozeß autobiographischer Selbstdarstellung vollzieht sich durch die im Alltag gebräuchliche Form des autobiographischen Sprechens: die Erzählung, und zwar die mündlich vorgebrachte Alltagsgeschichte, deren Hauptfigur der Erzähler und deren Gegenstand ein Ereignis, ein Vorfall, eine Begebenheit aus der fernen oder nahen persönlichen Vergangenheit des Erzählers ist. Episodische Stories sind Knotenpunkte der Inszenierung einer Autobiographie. Erzählend vergewissert sich der Sprecher vor seinem teilnehmenden und kritischen Publikum (hier dem Therapeuten) der eigenen Kontinuität als Person.

Die in Linguistik, Literaturwissenschaft und kognitiver Psychologie beheimatete Erzählforschung (Narrativik) mit ihren Wurzeln im russischen Formalismus (PROPP 1982) und im französischen Strukturalismus (BRÉMOND 1964; GREIMAS 1965; TODOROV 1966, 1974) bemüht sich etwa seit den 70er Jahren um die Aufbau- und Gestaltungsprinzipien alltäglicher Erzählungen (BONHEIM 1975; CHATMAN 1978; VAN DIJK 1972, 1973, 1974, 1976; EHLICH 1980; GRAESSER 1981; GÜLICH u. RAIBLE 1977; RUMELHART 1975; THORNDYKE 1975; VAN DIJK u. PETÖFI 1977), die Art, wie sie erinnert und resümiert werden (CHARNIAK 1972; KINTSCH 1974, 1977; MANDLER 1978; MANDLER u. JOHNSON 1977; MEYER 1975; MINSKY 1975; SCHANK u. ABELSON 1977; Übersicht bei WIEDEMANN 1986), und auch um die Erschließung dessen, wie Erzähler darin persönliche Erfahrung verarbeiten und zum Ausdruck bringen (BAACKE u. SCHULZE 1984; BROOKS 1984; HOLYACK 1982; LABOV u. FANSHEL 1977; LABOV u. WALETZKY 1967; LUBORSKY 1977; LUBORSKY u. KÄCHELE 1988; QUASTHOFF 1980a; SCHÜTZE 1976; STEMPEL 1980). Die Untersuchung mündlicher Erzählungen von Patienten aus dem eigenen Leben gilt als Möglichkeit, dem therapeutischen Zuhörer Zugang zu den »Konstruktionsmodi« ihrer Erfahrungswelt zu verschaffen, wie EDELSON formuliert (1977: zitiert nach TELLER 1988, S.163; s. auch LEHMANN 1983; SCHAFER 1979, 1980; SCHELLING 1983;

SPENCE 1982, 1982a, 1983). Man kann mit LUBORSKY (1977), erwarten, daß autobiographische mündliche Erzählungen, die Patienten ihrem Therapeuten unterbreiten, als kompakte Formulierungen emotional bedeutsamen Selbst- und Beziehungserlebens behandelt werden können (STRAUB 1989) und daß sich gerade das psychoanalytische »Bühnenmodell« sehr gut eignet, dieses Selbst- und Beziehungserleben aufzuschließen (LÖW-BEER u. THOMÄ 1987, S. 28ff.; THOMÄ u. KÄCHELE 1985, S. 96ff.).

Solche Erzählungen kommen daher in Psychotherapien und Psychoanalysen regulär vor. Man darf mit WALTER (1986, S. 153) bedauern, daß die Psychoanalyse, bei allem grundsätzlich geäußerten Interesse und wichtigen Ausführungen zur Thematik (beispielsweise ARGELANDER 1979; KÖRNER 1990; LORENZER 1984, S. 125), noch keine Erzähltheorie mit klinischer Relevanz begründet hat. Freilich gibt es interessante Ansätze: Ähnlichkeiten zwischen »play, myth, theater, and psychoanalysis« veranlaßen immerhin GROLNICK (1984, S. 247) dazu, in diesem Bereich sogar die Fundierung der Psychoanalyse als Wissenschaft anzusiedeln. Viel Beachtung findet auch der Ansatz einer psychoanalytischen Narratologie von FLADER und GIESECKE (1980), ebenso die theoretische Durchdringung des Narrationskonzepts bei SCHAFER (1980, 1985) und SPENCE (1982). Schließlich ist die pragmatisch ausgerichtete, auf mündlich vorgetragene »Beziehungsepisoden« angewandte Methode zur Erfassung des »zentralen Beziehungskonflikts« von LUBORSKY (1977; LUBORSKY u. KÄCHELE 1988) zu erwähnen, der von der diagnostischen Aussagekraft narrativer Inszenierungsarbeit ausgeht. Meines Erachtens fehlt gleichwohl ein integratives psychoanalytisch elaboriertes Konzept der autobiographischen Alltagserzählung, wie sie im therapeutischen Kontext erscheint.

Ein derartiger Entwurf sollte (mit ARGELANDER 1970, 1979; LORENZER 1970, 1984) vom verbindenden Konzept der Inszenierung ausgehen und damit vom Interesse des autobiographischen Erzählers an der Herstellung subjektiver Selbstverständigung. Faktisches wird dabei thematisch organisiert, das heißt, im Interesse subjektiver Aneignung dargestellt. Faktisches wird aus Identifikationen des Erzählers mit seinen Figuren, besonders der Ich-Figur, dargeboten, und dieses Zeigen und Sich-Selbst-Zeigen bedeutet zugleich ein Spektrum von Identifikationsangeboten für den/die Hörer. In dieser doppelten – subjekt- und objektgerichteten – identifikatorischen Funktion liegt das Charakteristikum der Erzählform begründet, zugleich ein Allgemeines und ein Subjektiv-Persönliches zu repräsentieren.

Die Ordnung vergangener Faktizität ist thematisch; das heißt, die Erzählung stellt einen mehr oder weniger differenzierten Kosmos dar, in dem sich bestimmte Anliegen des Erzählers als episodisches Modell entwickeln. Diese thematische Organisation liegt keineswegs immer offen zutage, sondern muß häufig erschloßen werden.Die thematische Dynamik kann im aristotelischen Sinn gekennzeichnet werden als Spannung zwischen »Start« und »Ziel« (siehe auch BRÉMOND 1964, S. 205; PROPP 1968, S. 195ff.; und andere Strukturalisten; zitiert und Seitenangaben bei GÜLICH u. RAIBLE 1977; außerdem WERLING 1989). Für Psychoanalytiker sind Alltagserzählungen ihrer Patienten von besonderem Interesse, weil sich in ihr innere Anliegen modellieren, und zwar im Sinn einer je exemplarischen »sequentiellen Struktur« (PROPP 1968, zitiert nach GÜLICH u. RAIBLE 1977, S. 202), die einen Start- mit einem Zielzustand über einen Spannungsbogen verbindet.

Die Spannungsorganisation zwischen Start und Ziel kann als eine Art *erzählerische Kombinatorik* dargestellt werden. Im folgenden wird eine Übersicht über idealtypische Spannungsverläufe oder charakteristische Spannungsorganisationen gegeben: S steht für Start, DM für destabilisierendes Moment oder – erzählgrammatisch formuliert – Komplikation, Z für Ziel. Die thematische Dynamik als Spannungsorganisation zwischen Start und Ziel entfaltet sich in der folgenden Darstellung gleichsam eindeutig, und so, als entsprächen Erzählverlauf und Anliegen des Erzählers einander vollständig. Dies ist aber nur sehr bedingt der Fall, und daher könnte die simplifizierende Präsentationsweise irreführend sein: Wenn eine konkrete autobiographische Alltagserzählung einem der dargestellten Baupläne folgt, sind wir über das Anliegen des Erzählers noch keineswegs sicher informiert; dazu bedarf es weiterer Interpretationen der Erzählung. Beginnen wir mit drei Grenzfällen erzählerischer Verlaufsmuster:

Kontinuität

Das destabilisierende Moment tritt als solches gleichsam nicht in Erscheinung; hergestellt wird ein statisches Bild, kaum unterscheidbar von Bericht oder Schilderung. Mit diesem Grenzfall gestaltete Samuel Beckett in freilich höchster künstlerischer Vollendung einige seiner Prosatexte. Hier ein Beispiel:

»Das Gesicht empfängt wieder die letzten Strahlen. Ohne das Geringste von seiner Blässe einzubüßen. Von seiner Kälte. Den Horizont berührend, unterbricht die Sonne ihren Untergang für die Dauer dieses Bildes. Das heißt, die Erde ihr Purzeln. Die dünnen Lippen scheinen sich nie wieder lösen zu müssen. Hervorlugend aus ihrem Spalt eine Spur von Pulpa. Kaum wahrscheinlicher Schauplatz einst von gegebenen und empfangenen Küßen. Oder nur gegebenen. Oder nur empfangenen. Vor allem einzuprägen der kaum sichtbare Aufschwung der Mundwinkel. Ein Lächeln? Ist das möglich? Schatten eines ehemaligen, endlich ein für allemal gelächelten Lächelns. So der schlecht halb gesehene Mund im Licht der letzten Strahlen, die ihn plötzlich verlassen. Vielmehr er verläßt sie. Wieder ins Dunkel, wo ewig Lächeln. Wenn es sich denn um Lächeln handelt« (1983, S. 87ff).

Klimax

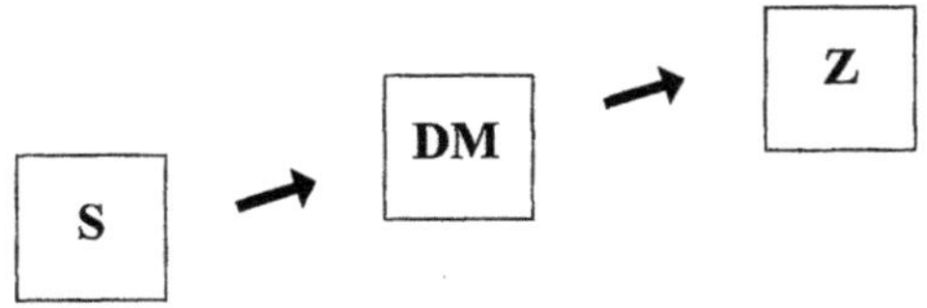

Erzählt wird hier ein Stufenprozeß der Optimierung, des Wachstums, eine Gradation fortschreitenden Aufstiegs. Es handelt sich um einen Grenzfall, weil bloße Gradation ohne Wechselfälle spannungsmindernd wirkt. Naive pädagogische Beispiele von Musterschülern und braven Kindern bedienen sich gelegentlich dieses Musters, wie auch Erfolgsstories des Typus »Vom Tellerwäscher zum Millionär«.

Antiklimax

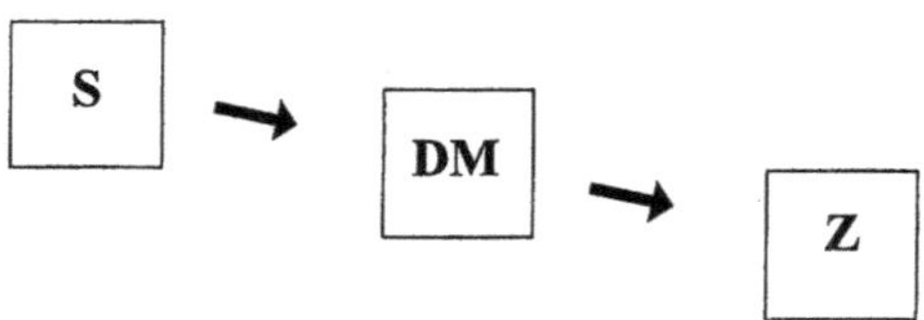

Begreiflicherweise findet sich als Grenzfall auch das Komplement zur Klimax: der Stufenprozeß des Abstiegs. Naive pädagogische Abschreckungsbeispiele – etwa vom fürchterlichen Ende böser Buben – bedienen sich gelegentlich dieses Musters erzählerischer Schuldbekenntnisse mit Bestrafungsausgang, ebenso anklagende Opfergeschichten.

Das Aufgeben eines gradlinigen Verlaufs führt hingegen zu echten erzählerischen Spannungsbildungen:

Restitutio ad integrum (nach Desintegration)

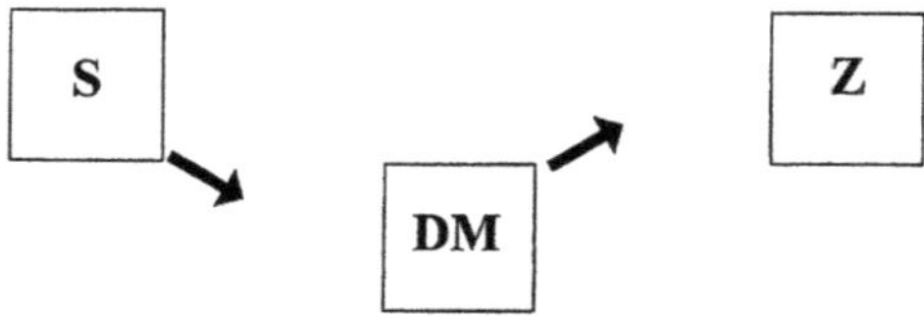

Nach einer »unerhörten Begebenheit« im negativen Sinne normalisiert sich das Leben wieder, findet eine Rückkehr zu den normalen Verhältnissen statt. Etwas Außergewöhnliches erzwingt Aufmerksamkeit, bis die Sensation wieder verebbt. Solche Erzählungen gestalten beispielsweise Begebenheiten wie »Rettung aus Gefahr«, »Überwindung eines Schreckens«.

Restitutio ad integrum (nach Klimax)

Nach einer »unerhörten Begebenheit« im positiven Sinne normalisiert sich das Leben wieder, findet eine Rückkehr zu den gewöhnlichen Verhältnissen statt. Die Sensation erzwingt Aufmerksamkeit, bis die Spannung verebbt. Hierzu gehörende erfreuliche Vorgänge und Abwechslungen, wie etwa ein Festtagsumzug durch die Stadt.

Approbation

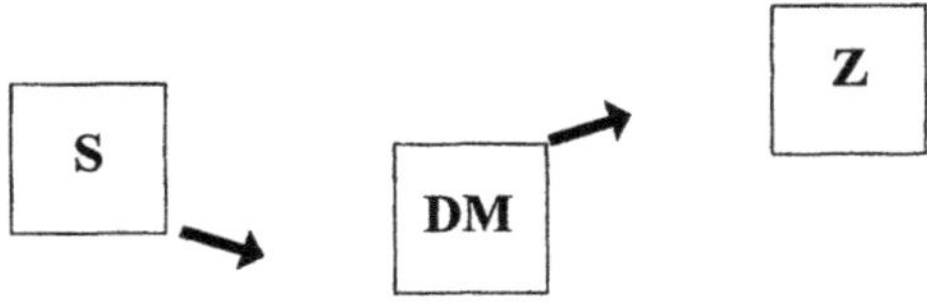

Hier handelt es sich um das Modell der bestandenen Probe, der erfolgreich abgelegten Prüfung, der Erhöhung nach Erniedrigung. Das Muster findet sich in ausgeprägter Form bei Volksmärchen, die bestandene Proben inszenieren, wie beispielsweise »Frau Holle«.

Frustration

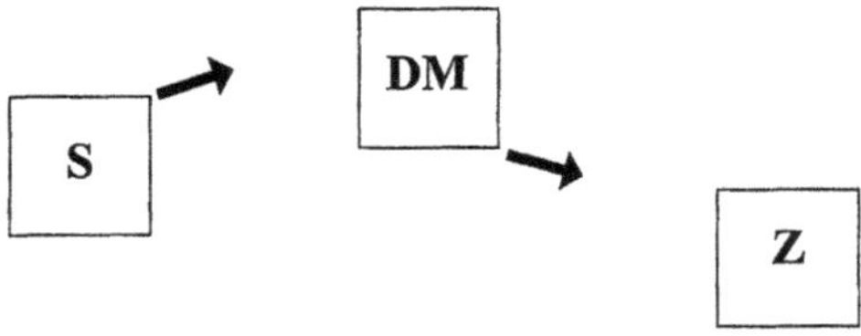

Die hier repräsentierte Verknüpfung von Gradation und Degradation findet sich typischerweise in Geschichten von erlittener Beschämung oder Desillusionierung. Auch Rachegeschichten des Typus »Tiefer Fall nach ungerechtfertigtem Triumph« entsprechen diesem Muster.

Chance

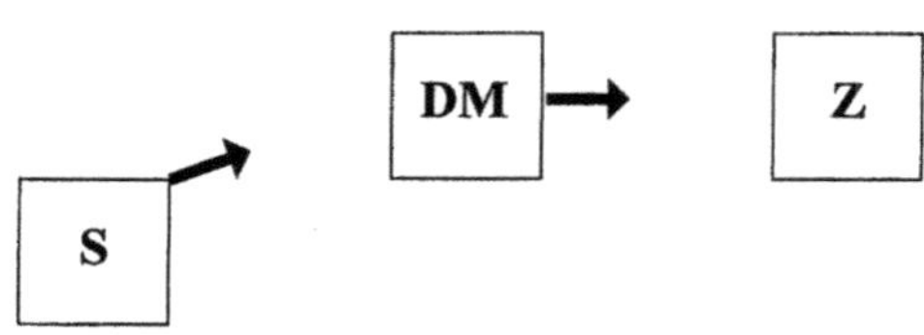

Dies ist der Typus der Bewährungsgeschichte, der Geschichte von günstigen Umständen, denen sich ein Akteur anpassen kann, indem er sich positiv stabilisiert, der genutzten Gelegenheit zum Aufstieg, dem gedeihlichem Umschwung zur Förderung (z. B.: Kind mit Schulängsten erhält Vertrauen, geht spontan ohne Widerstand zur Schule und bleibt den ganzen Vormittag dort).

Antichance

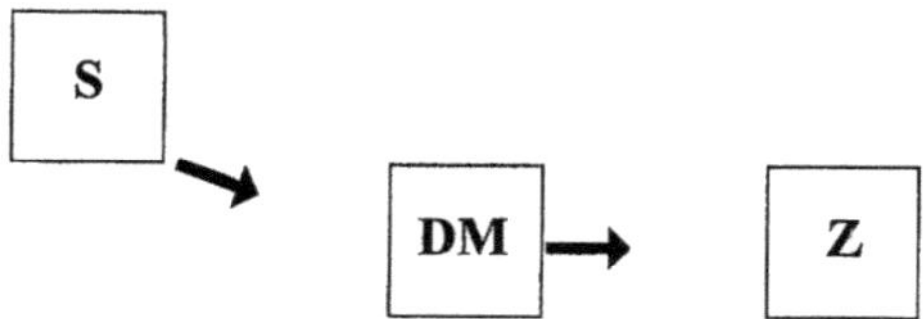

Dies ist der Typus der Geschichte von den ungünstigen Umständen, an die angepaßt ein Akteur sich negativ stabilisiert (z. B.: Akteur gerät in Drogenszene und entwickelt Dealverhalten).

Unerklärliche Wendungen

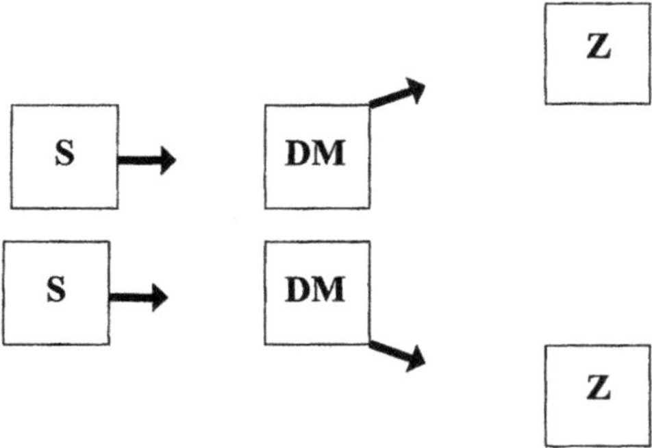

Diese beiden Muster der unerklärlichen Wendungen stellen Sonderfälle dar, die Normalitätserwartungen an ein durchschaubares Erzählprodukt zuwiderlaufen können. Denn hier kommt es zu einem »Zielzustand«, ohne Bezug zu einer verändernden Bewegung, welche in die entsprechende Richtung weist. Freilich kommen diese Sonderfälle durchaus vor, etwa als Geschichten von unerklärlichen, verblüffenden Begebenheiten, die einer ungewöhnlichen Aufklärung harren mögen. Auch in Psychotherapiesituationen sind diese enigmatischen Muster nicht selten. Das Beispiel vom Fleck auf der Tischdecke war, mit gewissen Einschränkungen, zunächst als enigmatische Story angelegt.

Die Alltagserzählung als sprachliche Inszenierung

Erzählen im Alltagssprachgebrauch

Erzählen ist im Alltagssprachgebrauch ein offenes Konzept (BAUSINGER 1980): Erzählen kann im geschmeidigen alltagssprachlichen Verständnis die verbale Darbietung mehr oder weniger loser Bilderfolgen in thematischer Verknüpfung bedeuten. »Ich erzähle euch mal vom Betrieb, damit ihr euch ein Bild machen könnt« oder »Ich will euch mal erzählen, wie ich eure Mutter kennenlernte. Das war nämlich gar nicht so einfach...«. Offensichtlich zielt eine so entstehende Bilderfolge nicht auf verbale Produktionen, die sich durch Verbindlichkeit formaler Gestaltungsmerkmale auszeichnen. Man verwendet das Wort »erzählen« im Alltag nicht ausschließlich dann, wenn es darum geht, einem auf Zuhören eingestellten Publikum eine Geschichte zu erzählen. Ebenso lose ist der Gebrauch des Wortes in Beispielen wie diesen: »Ach, wir haben uns erzählt, was hier die letzte Woche Neues los gewesen ist«, oder: »Ich habe ihm von dir erzählt«. Niemand erwartet, daß die Plaudernden beziehungsweise der »Botschafter« des letzten Beispiels in irgendeinem Sinn Texte produzieren wie die Damen und Herren aus Boccaccios Decamerone.

Die kommunikative Tätigkeit des Erzählens und das kommunikative Produkt Erzählung stehen offenbar nicht in einfachem Objektergänzungsverhältnis zueinander wie »Fragen« und »Frage«: Die Tätigkeit des Fragens ist durch die Frage – das Stellen der Frage – erfüllt, die Tätigkeit des Erzählens aber nicht durch die Erzählung: Nicht jeder, der erzählt, produziert dabei eine Erzählung. Das bedeutet, daß die Tätigkeit des Erzählens als Konzept mit offenem Erfüllungsbereich angesehen werden muß. Die Tätigkeit des Erzählens kann als kommunikative Situation vielgestaltig sein. Ebensowenig ist der alltagssprachliche Begriff der »Erzählung« eng festgelegt. Man wendet das Wort »Erzählung« auf kommunikative Produkte mit vielen Variationsmöglichkeiten im formalen und im inhaltlichen Bereich an. Ein langer Roman kann als »Erzählung« tituliert werden, aber auch die Geschichte, die das Kind von seinem Besuch im Zoo mitteilt; der Witz ist eine Erzählung, ebenso die »schön geschriebene« Anekdote aus der Rubrik eines Werbeblattes. Der Traum wird in der Form einer Erzählung präsentiert; der Therapeut lockt Erzählungen hervor, wenn er in der diagnostischen Anfangsphase nach Kindheitserinnerungen fragt; der Patient sucht seinem Therapeuten erzählend ein Bild der eigenen Person zu vermitteln.

Das Erzählen von Geschichten erfüllt zahlreiche Aufgaben innerhalb der Strategien des Alltagslebens – Meldung »unerhörter Begebenheiten«, »Leidensgeschichten« (Rehbein 1980) – »warnende Beispiele«, »Rechtfertigungsstories« – und gestattet zahlreiche Befriedigungen (Aktualisierung und Vergegenwärtigung von Episoden eigenen Triumphs, der Freude, Beschämung oder Niederlage sowie Verarbeitung und Bewältigung erlebter Situationen im Nachhinein).

Erzählregeln, Erzähltext und Deutung

Das Erzählen bildet also eine durchaus vielköpfige »Familie« (Wittgenstein 1967) kommunikativer Tätigkeiten. Die sprachlichen Tätigkeiten lassen sich durch regel- und konventionsgeleitete Interaktionszüge in sozialen Situationen näher bestimmen, die mit den Methoden der Diskurs- und Konversationsanalyse herausgearbeitet werden (unter anderem Kallmeyer u. Schütze 1976; Labov u. Fanshel 1977; Schütze 1982, 1984). Analysiert man das Erzählen als Familie kommunikativer Tätigkeiten, so steht die spezifische Erzählsituation als regulierende Basis für die sich organisierenden Kommunikationsmuster im Zentrum des Interesses. In dieser Perspektive werden beispielsweise die kommunikativen Züge erfaßt, welche die an der Erzählsituation beteiligten Partner verwenden, um sich ein jeweiliges Rederecht zu sichern oder um den/die Gesprächspartner als Publikum für die Plazierung beispielsweise einer Anekdote zu gewinnen. Für die Gesprächs- und Konversationsanalyse steht der kommunikative Akt des Erzählens als durch Sprach- und Interaktionskonventionen bestimmte Tätigkeit im Zentrum des Interesses. Der inhaltliche Aspekt dessen, was erzählt wird, ist zweitrangig.

Geht es nicht um die Tätigkeit des Erzählens, sondern um die Erzählung als sprachliche Form, so wird als Basis der Analyse meist der *Text* bestimmt, der in der modernen Sprachwissenschaft oft als allgemeines oder textsortenspezifisches (textlinguistisches) »Textmodell« reflektiert wird (siehe die bei GÜLICH u. RAIBLE 1977, S. 192ff. erläuterten Textmodelle). Linguisten wenden Textmodelle häufig auch auf mündliche Erzählungen im Alltag an. Das gilt beispielsweise für die »Erzählgrammatiken«, wie sie etwa LABOV und WALETZKY (1967), RUMELHART (1975) oder VAN DIJK (1972) entworfen haben. Man hofft unter anderem, mit Hilfe solcher Grammatiken »Komplexitätsgrade von Erzählungen (zu) differenzieren«, welche wiederum »als Maßstab für die kognitive Komplexität der Organisation eines bestimmten Erfahrungsbereichs ...« dienen könnten (WIEDEMANN 1986, S. 146f.).

Die poetologische und hermeneutische Tradition der Textanalyse verpflichtet sich der Auslegung oder Deutung (bewußt oder unbewußt) intendierten Sinns. Diese Tätigkeit bindet sich an das Ganze eines verfügbaren Textes, der als Botschaft (Gottes an die Menschen) zu entschlüsseln ist. Der Text ist eine Verkündigung, der Textdeuter der Experte, der die Botschaft ihren Adressaten verständlich darbietet (etwa Hermes, der Götterbote). Analyse von Erzählungen als hermeneutische Disziplin entspricht der Auslegung intendierten Sinns, der Beschäftigung mit der Frage, welche symbolische Botschaft die Erzählung transportiert. Diese Fragestellung paßt zwanglos zum religiösen Gleichnis oder zur literarischen Parabel.

Paßt sie aber auch ohne größeren theoretischen Aufwand zur *mündlichen* Sprachverwendung? Sind *Text*konzepte für mündlich Mitgeteiltes überhaupt geeignet? Die systematische Flüchtigkeit mündlichen Sprachgebrauchs ermöglicht Verstehen im sozialen Kontext ja häufig durch Mittel, die vom Schriftlichen mehr oder weniger stark abweichen (RATH 1979). Denken wir an den Gebrauch der Evaluation in der Alltagserzählung: Alltagserzählungen enthalten gewöhnlich evaluative Elemente, häufig auch eine explizite »Moral« (etwa bei VAN DIJK, nach GÜLICH u. RAIBLE 1977, S. 267). Die »Moral« einer Alltagserzählung kommt zum Beipiel in Wendungen wie diesen zum Ausdruck: »Und so ungerecht behandelt meine Mutter mich immer«, oder »Daran kannst du sehen, wie schnell man mit ihm Krach kriegen kann«. Die Botschaft von der Ungerechtigkeit der Mutter als intendierte Botschaft der Erzählung zu bezeichnen, wäre aber kurzschlüssig; vielmehr versteht sich die »Moral« als Konsequenz, die der Erzähler aus der mitgeteilten Erfahrung zieht. Sie ist nicht Ergebnis der Interpretation der vorangegangenen Erzählung, könnte nicht einmal als Ergebnis der Interpretation der Situation gesehen werden, auf welche die Geschichte Bezug nimmt. Sie hat vielmehr Beschlußcharakter: Der Erzähler beschließt (vor, während oder nach der Erzählung), das dramaturgisch Präsentierte mit dem eigenen Standpunkt zu versehen, ihm gleichsam einen Stempel aufzudrücken, der das persönliche Fazit festhält.

So kommen wir zu einem ersten Résumée: Der Untersuchungsgegenstand *mündliche Alltagserzählung* als sprachliche Form wird durch eine kommunikative Analyse der Erzählsituation mit ihren Regeln und Konventionen nur unzureichend erfaßt, da für diese der Inhalt nur von marginaler Bedeutung ist. Andererseits sind von Textmodellen abgeleitete Erzählungsschemata zu starr, um die eher offenen Gestaltungsvariationen von Alltagserzählungen zu erfassen. Bei der hermeneutischen Perspektive schließlich bleibt fraglich, ob es sinnvoll ist, Alltagserzählungen als zu entschlüsselnde Botschaft zu betrachten.

Von der Erzählung als Handlungsbeschreibung zur Erzählung als sprachliche Inszenierung

Gewisse Schwierigkeiten könnten überwunden werden, wenn der Blick sich darauf richtet, daß der Inhalt von Erzählungen gewöhnlich mit Handlungen zu tun hat. So fundiert beispielsweise VAN DIJK (1974, 1974-75) seine Analyse von Erzählungen nicht mehr textgrammatisch, sondern inzwischen handlungstheoretisch; Erzählungen seien »eine Form natürlicher Handlungsbeschreibungen« (zitiert nach GÜLICH u. RAIBLE 1977, S. 260). Die zentrale Funktion des »narrativen Handlungsdiskurses« (GÜLICH u. RAIBLE 1977, S. 264) sei die Beschreibung zurückliegender Handlungen; diese Beschreibung werde verknüpft mit raum-zeitlichen

Orientierungen, mit der Erwähnung von Emotionen und von Handlungsmotiven: Die sequentielle plangeleitete Organisation des Handlungsablaufs werde in der Erzählung wiedergegeben. Die handlungstheoretische Fundierung VAN DIJKs ordnet die Erzählung (im Sinne der Sprechakttheorien von AUSTIN 1972; SEARLE 1971) als Illokutionsakt des Behauptens oder Feststellens ein. Die Erzählung informiere über zurückliegende Handlungsabläufe und könne diese Informationsfunktion mit zusätzlichen Funktionen, vor allem der »praktischen« (»Erfahrungsmodell« für künftiges Handeln) und der emotionalen (Hervorrufung emotionaler Resonanz beim Hörer), verknüpfen.

Der Nachteil einer zu strikten texttheoretischen Einengung des Konzepts der Alltagserzählung ist mit diesem Untersuchungsansatz überwunden und durch eine Orientierung an der Alltagsepisode selbst ersetzt, der Alltagsepisode als sequentiell organisiertem interaktionalem Ablauf. Das Problem liegt darin, daß die Erzählung keine Handlungsbeschreibung ist, auch keine zweitklassige. Sie stellt zwar sequentiell organisierte Abläufe her, die in der Vergangenheit plaziert werden, aber nicht mit dem Zweck der Feststellung, Behauptung und Information. Vielmehr ist (a) das gestaltende Ordnungsprinzip für Alltagserzählungen egozentrisch. (b) Die in der Erzählung erwähnten Sachverhalte werden nicht grundsätzlich und nicht durchwegs auf Erinnerungstreue überprüft. Im Gegenteil, bestimmte Erzählungskonventionen wie zum Beispiel die (für jeden Hörer offensichtlich fiktive) Wiedergabe wörtlicher Rede setzen sich über den Maßstab der Erinnerungstreue explizit hinweg. (c) Die Detailgenauigkeit der Alltagserzählung richtet sich nach dem Detaillierungsinteresse des Erzählers, nicht nach einer sprecherunabhängigen Forderung nach Detailgenauigkeit der Situationserfassung (wie es bei der Sprachform des »Berichts« notwendig wäre; siehe REHBEIN 1980, S. 82ff.). (d) Die sprachliche Architektur der Alltagserzählung folgt nicht notwendig einem einfachen, relativ gleichförmigen Bauplan und muß keineswegs die Sequenz eines natürlichen Ablaufs spiegeln. (e) Die Alltagserzählung geht nicht aus einer Beobachtungsleistung, sondern aus personal-emotionaler Involviertheit des Erzählers hervor. (f) Die reale Situation, auf welche die Erzählung Bezug nimmt, wird nicht notwendig transparent. Deutlich werden eher persönliche Perspektive und emotionale Involviertheit des Sprechers (und zwar mehr oder weniger direkt und deutlich, je nach Grad seiner Bereitschaft, die emotionale Beteiligung kenntlich werden zu lassen). (g) Und schließlich sollte noch darauf hingewiesen werden, daß nicht nur Handlungssituationen im engen Wortsinn als Gegenstände von Erzählungen in Betracht kommen, sondern auch sequentiell organisierte Abläufe anderer Art wie Naturereignisse oder Veränderungen emotionaler Zustände.

Die Alltagserzählung setzt demnach Sprache nicht als Medium ein, das Vorgefallenes wiedergibt, sondern als Medium, das sequentiell organisierte Abläufe neu entstehen läßt. Diese Funktion soll als *sprachliche Inszenierung* bezeichnet werden. Der Ausdruck »sprachliche Inszenierung« wird hier abstrakt so festgelegt, daß er den Gebrauch von Sprache als Akt der Herstellung einer Veränderungsbewegung in effigie bezeichnet.

Dramaturgischer Sprachmodus

Die Erzählung erscheint als Spezialfall der sprachlichen Inszenierung. Ein Handlungs- oder Geschehensablauf wird dramaturgisch-sprachlich inszeniert. Die narrative Sprachverwendung fällt mit Bühler (1976, S. 81ff.) in den Bereich der sprachlichen Darstellungsfunktion. Die narrative Darstellung ist darüber hinaus durch Dramatik gekennzeichnet. Sprecher und Hörer schaffen gemeinsam einen imaginären szenischen Ablauf (Bühlers »deixis am Phantasma«, nach Flader u. Giesecke 1980), eine dramatische Bühneninszenierung (Goffman 1977; Walter 1986) mit Hilfe sprachlich-gestischer Mittel, die sich als multiperspektivische, identifikatorische und implizite Rollenübernahme etabliert. Das erzählend Gezeigte und erzählend neu inszenierte Geschehen bildet eine geordnete Ganzheit mit intern aufeinander verweisenden und intern voneinander abhängigen Teilelementen. Erzählendes Zeigen ist nicht zu verstehen als Fall von »Hindeuten«, hier auf etwas Imaginäres; es handelt sich vielmehr um ein sprachliches Zeigen durch Evokation: Vorgänge, Szenen und Objekte werden für den Autor und Hörer in die spezifische aktuelle Situation »gerufen«, und zwar mittels geeigneter Verbalisierungen.

Flader und Giesecke (1980) haben, ausgehend von Bühlers

Konzept der »deixis am Phantasma«, eine Spezifität dessen, was ich als *dramaturgischen Sprachmodus* bezeichnen möchte, hervorgehoben: die kommunikative Leistung der »Versetzung« (S. 214ff.). Im dramaturgischen Sprachmodus versetzt der Sprecher den Hörer aus der aktuellen Umgebungssituation in einen imaginären Zusammenhang. Die Mittel der Sprache schaffen eine Art imaginäre dramatische Bühne, auf der Rollenträger und Umgebungselemente (Requisiten und Kulissen) angeordnet werden. ANDEREGG (1973, S. 36) spricht von der Ausschaltung des aktuellen Bezugsfeldes zugunsten des sprachlich konstituierten, wobei er dies freilich nur für fiktionale Erzählungen gelten lassen will, was mir nicht einsichtig erscheint.

Wie soll man sich diese »imaginäre Bühne« denken? Mit BÜHLER sprechen FLADER und GIESECKE (1980) von einem sprachlich hergestellten »gemeinsamen Wahrnehmungsraum« (S. 214); aber diese Kennzeichnung könnte etwas irreführend sein. Sie legt das verbreitete Mißverständnis nahe, etwas Sehen und sich etwas Vorstellen seien eng verwandte Dinge, nur sei ersteres ein Akt der Wahrnehmung der äußeren, letzteres ein Akt der Wahrnehmung der inneren Welt. Ein Mißverständnis, das RYLE (1969) erkenntnistheoretisch analysiert hat. Er schreibt pointiert:

»Gewiß ist einer, der sich sein Kinderzimmer vorstellt, in einer gewissen Weise jemandem ähnlich, der es sieht, aber die Ähnlichkeit besteht nicht darin, daß er wirklich ein wirkliches Abbild eines Kinderzimmers ansieht, sondern darin, daß er das Kinderzimmer selbst wirklich zu sehen scheint, während er es nicht wirklich sieht. Er ist nicht der Beschauer einer Imitation seines Kinderzimmers, sondern er ist die Imitation eines Beschauers seines Kinderzimmers« (S. 339).

Der Akt des Sehens und die Arbeit der Herstellung einer imaginären Bühne sind also in einer wesentlichen Hinsicht sehr verschieden. Der »Dramaturg« zeigt als imaginäre Bühne ein Modell. Er geht daher nicht von Eindrücken aus, sondern stellt mit dramaturgischen Mitteln für sich selbst und den Kommunikationspartner Eindrücke her. Diese dramaturgische Modellierung ist erfolgreich, wenn es dem Sprecher gelingt, seine Mittel der Modellbildung (sprachliche Mittel in der Erzählung) zeigend zu gebrauchen. Um dies kurz am Beispiel der wörtlichen Rede in der Erzählung zu veranschaulichen: Sie gibt meist nicht wieder, was an der betreffenden Raum-Zeit-Stelle tatsächlich geäußert worden ist, sondern der Erzähler verwendet die Technik der »wörtlichen Rede« als modellierendes Element seiner imaginären Bühne. Das, was er seine Bühnenfigur wörtlich sagen läßt, dient ihrer Charakterisierung. Diese durch Zeigen stattfindende Charakterisierung dient zugleich der lebendigen Konturierung des imaginären Raums. Sie versetzt den Hörer in die Position eines unmittelbar Beteiligten. Der Erzähler als Dramaturg verschafft ihm durch Herstellung einer lebendigen Szenerie Eindrücke (in vergleichbarer, wenn auch keineswegs identischer Weise thematisieren bekanntlich GOFFMAN 1977, S. 143ff.; HABERMAS 1981, I, S. 135 ff.; sowie BRISSETT u. EDGLEY 1990, die dramaturgischen Funktionen des Sprachgebrauchs). Die dramaturgischen Möglichkeiten des Erzählers machen diesen nicht nur zum Schöpfer der imaginären Bühne; sie erlauben ihm zugleich, diese dramaturgische Modellierung *im Eigeninteresse* herzustellen.

Die spezifische Gestalt der Erzählung ist motiviert. Sie erscheint in der egozentrischen Perspektive ihres Autors. Gemeint ist damit, daß der in der Erzählung entstehende Mikrokosmos auf den Autor als Zeigenden, auf den Autor als Mittler (die Erzählung als »Medium der Mittelbarkeit« nach STANZEL 1988) zurückverweist. Die Erzählung zeigt eine »schöpferzentrierte« Realität. Dabei kann die Orientierung des Erzählers sowohl zentripetal als auch zentrifugal sein. Das heißt, die Erzählung kann, im Sinne HERNARDIS (1980-1981), der »Selbst-Bestätigung« (zentripetal) wie auch der »Selbst-Transzendenz« (zentrifugal) – oder wenn man so will der wahrhaftigen Selbstvergewisserung – dienen. Anders ausgedrückt: Sie kann primär den Interessen an Lust, Kontrolle, Sicherheit und Befriedigung dienen; sie kann aber andererseits auch primär darauf gerichtet sein, sich selbst und dem Objekt, als einem getrennten Gegenüber, gerecht zu werden. Nur im zweiten Fall ist damit zu rechnen, daß die Erzählung (im Therapieprozeß) auf Veränderung hinarbeitet. Denn erst differenzierte Selbstplazierung sowie die Plazierung eines getrennten Gegenübers in der Erzählung fordern eine Handlungs- und/oder Geschehensentwicklung als Veränderungsbewegung zwischen Start- und Ergebnissituation der Erzählung, die ein offenes, konfliktreiches, differenziertes Aushandeln zwischen divergierenden Interessen und Positionen artikuliert. Die egozentrische Perspektive vertritt in doppelter Richtung die Intentionalität des Autors. Die Organisation einer Erzählung ist von beiden Tendenzen bestimmt, und eben diese doppelte Organisation macht ihre essentielle Spannung aus. Eine Erzählung lebt also von gegenläufigen Bewegungen, die sich auf ein spannungsvolles Zentrum orientieren, von dem aus sich in der Darstellung ein von der jeweiligen Thematisierung abhängiger Status quo als Schlußpunkt ergibt.

Die narrative Sprachverwendung gehört in den größeren Bereich der zeigenden (mit WITTGENSTEIN) oder der darstellenden (mit BÜHLER) Sprachfunktion. Das zeigende Sprechen stellt mit Worten ein Bild her, verwendet die Sprache evokativ. Sinn und Zweck darstellender Äußerungen ist die Herstellung gemeinsamer (nicht notwendig gleicher) Reaktionen, Handlungen und Urteile in einer sprachlich hergestellten Situation. Wir verstehen sprachlich hergestellte Situationen durch Versetzung in partizipativen Mitvollzug. Die narrative Sprachverwendung ist darüberhinaus inszenierend: Mit Worten wird eine Veränderungsbewegung in effigie hergestellt. Der Sprecher entwirft im Erzählprozeß das dramaturgische Gerüst, das zum Mitvollzug des Ablaufs notwendig ist, wir nehmen als Hörer in der identifikatorischen Übernahme wechselnder Rollen teil. Der Umstand, daß erzählende Inszenierungen dramatischen Charakter haben, ein über Rollenzuweisungen und Veränderungsabläufe sich entfaltendes Sprecher-Hörer-Verhältnis schaffen, gestattet, das Erzählen als Beispiel für den dramaturgischen Sprachmodus aufzufassen. Das heißt, die Erzählung ist darstellender Natur; versetzt in eine sprachlich hergestellte Situation, verstrickt in einen sprachlich hergestellten Bewegungsablauf, der sich in partizipativ-identifikatorischer Sprecher-Hörer-Gemeinschaft vollzieht. So gesehen sind Erzählungen, die ein Patient seinem Therapeuten im diagnostischen Prozeß und im Behandlungsverlauf mitteilt, unverzichtbar: Sie sind für den Therapeuten der Schlüssel zur emotionalen Welt seines Gegenübers; Gemeinsamkeiten und Differenzen im Erleben beider Partner werden hier zum Ereignis.

Thematisierung von Subjektivität in der autobiographischen Alltagserzählung

Erzählung und Realität

Erzählungen verdeutlichen subjektive Wirklichkeit. Durch die Erzählung entsteht zwischen den beteiligten Partnern der kommunikativen Beziehung ein gemeinsames Drittes, das, in Freiheit des Urteils beider, inspiziert und argumentativ kontrovers gewürdigt werden kann. Hier liegt, wie es scheint, eine besondere »Verlockungsprämie« der Erzählung (um diesen von FREUD geprägten Ausdruck zu gebrauchen), sowohl für deren Autor als auch für den Hörer: Etwas aus dem offenen Fluß abgelaufener Zeit erscheint als sinnfällig geordnete interpunktierte Sequenz mit Ausgangsbasis und Ergebnis. Die Erzählung ist eine »Geistesbeschäftigung« (JOLLES 1974), die in der Gestalt des Episodischen Erfahrung schafft (SCHÜTZE 1976). Diese kognitive Fähigkeit, den Geschehensfluß als prägnant eingegrenzten historischen Ablauf zu interpunktieren und neu herzustellen, wird früh erworben. Das Erzählen erlebter Episoden ist eine sprachliche Gestaltungsform, die das sprachfähige Individuum im Alltag von früher Kindheit an in einem rituellen, teilweise quasi-rituellen, Ablauf einübt. Die Mutter oder eine andere Bezugsperson erzählt ihrem kleinen Kind zunächst Geschichten (gewöhnlich über lange Strecken mit den immer gleichen einfachen Worten, im gleichen rhythmischen Singsang), in denen das Kind sich regelmäßig entzückt als Hauptperson und Mittelpunkt wiederfindet. Die aktive Übernahme von Autorschaft durch das Kind beginnt dadurch, daß das Kind zum Miterzähler der ihm gut bekannten Geschichte wird, bis es schließlich selbst den Vortrag übernimmt, Varianten der Geschichte erfindet und dann die bereitstehende Form verwendet, um eigenes vergangenes Erleben zu interpunktieren, – um endlich die Form selbst aktiv zu variieren und umzugestalten.

Die Erzählung ist eine Präsentation von Erfahrung, die das emotionale Engagement des Hörers, seine Rollenübernahme im Mitvollzug suggestiv fordert, ja voraussetzt. Aber sie erwirkt nicht notwendig dessen Zustimmung zur jeweiligen Sichtweise des Erzählers. Der Hörer bleibt in seinem Urteil frei (LABOV u. FANSHEL 1977). Er hat beispielsweise die Freiheit, auf Nebentöne in der Erzählung zu achten, eine als lustig angekündigte Geschichte eher befremdlich zu finden, sich über Lücken und Auslassungen zu wundern (SCHÜTZE 1976).

Auch Patienten in psychodiagnostischen Gesprächen oder psychotherapeutischen Behandlungen bedienen sich üblicherweise des »narrativen Modus«; er ist ein erwartbarer Bestandteil ihrer verbalen Aktivität (LABOV u. FANSHEL 1977). Während einer psychodiagnostischen oder psychotherapeutischen Sitzung berichtet der Patient meist Episoden aus seinem Leben, in denen er entweder selbst eine Hauptrolle spielt, oder solche, in denen Menschen und Dinge erscheinen, mit denen er in Beziehung steht. Da die Mitteilung der Episoden getragen ist von bestimmten kommunikativen Persuasionsaufgaben, – zum Beispiel den Patienten als Leidenden zu zeigen oder als Schuldzerknirschten oder als Sieger oder als treusorgenden Vater –, bedient sich der Erzähler gestalterischer Mittel, den dramatischen Ablauf des in der Erzählung vergegenwärtigten Geschehens so zu formen, daß der Hörer in identifikatorischer Beteiligung die Erzählung in der gewünschten Weise auffaßt (LEHMANN 1983). Der Analytiker als Zuhörer ist somit einerseits identifikatorisch am erzählten Handlungsablauf beteiligt und hat so in einer Art Probehandeln Zutritt zur erlebten Welt des Erzählers, und er ist andererseits als Zuhörer in Beobachterdistanz gesetzt.

Die Erzählung präsentiert eine subjektive Welt. Aber freilich unterscheiden wir mit guten Gründen reine Phantasieerzählungen von solchen, die eine faktische Grundlage haben. Wie aber sieht diese faktische Grundlage aus? In welchem Verhältnis steht das faktisch Gewesene zum Erzählten? Gibt es so etwas wie einen der Erzählung zugrunde liegenden Handlungsablauf, und wenn, in welchem Verhältnis stehen realer und erzählter Handlungsablauf? Oder findet eine Strukturierung der Handlung erst durch die Erzählung statt? Inwieweit können »per se strukturierte Handlungsabläufe als Substrate für Erzähltexte angenommen werden ... und inwieweit (werden) Strukturen von Handlungsabläufen erst durch die sprachliche Formulierung, die ja eine Auswahl und eine Interpretation darstellt, als solche sichtbar?....« (GÜLICH u. RAIBLE 1977, S. 263; siehe auch S. 57).

Es gibt für ein einzelnes Aktivitätsereignis keine ausgezeichnete oder allgemein gültige Handlungsbeschreibung. Erst die Einbindung des Ereignisses in einen spezifischen, durch Regeln strukturierten Kontext, gibt ein Gliederungsgerüst vor, das die Bestimmung der einzelnen Aktivitätselemente als Erfüllungen dieses Kontextes erlaubt.

Um das genauer zu verstehen, ist es wichtig, zwischen *Funktion* und *Vollzug* zu unterscheiden. Ich will dies an einem Beispiel erläutern: Das *Spiel* Fußball ist definiert durch seine Regeln. Die Spielzüge stellen Funktionen des Spiels dar. Das heißt, jeder, der aktiv oder passiv am Spiel teilnehmen will, muß die Regeln kennen und die Spielzüge als Funktionen des Spiels verstehen. Die Beschreibung eines individuellen Spielereignisses aber kommt keineswegs mit der aneinanderreihenden Aufzählung dessen aus, wie das Spiel seine Funktionen erfüllt hat; – es sei denn, ein Kenner nutzt die Aufzeichnung eines speziellen Spiels als Muster, um die Regeln einem Neuling zu demonstrieren. Normalerweise aber schildert man einen Spielverlauf, indem man den individuellen Vollzug verdeutlicht, also wie sich die Begegnung der Spieler als Interaktion ereignet hat.

Voraussetzung für die erzählende Darstellung eines individuellen Spielverlaufs als geschichtliches Ereignis (Vollzug) ist die Kenntnis der Regeln (Funktionen), das heißt, die Fähigkeit, das Geschehen im Rahmen der Regeln zu sehen. »Karl schießt ein Tor«, »Franz schlägt mit dem Hammer einen Nagel in die Wand« sind Mitteilungen über Aktivitätsereignisse, die wahr oder falsch sein können, indem Beobachteraussagen dafür oder dagegen sprechen. Bestimmt man aber den Funktionsrahmen, in den man die Aktivitätsereignisse einbettet, jeweils anders, so treffen oder verfehlen andere Mitteilungen auf dem Hintergrund anderer Beobachteraussagen die Situation. Die verschiedenen Rahmen können dabei unter bestimmten Umständenin ein Konkurrenzverhältnis zueinander treten.

Eine erzählende Darstellung von Aktivitätsereignissen bestimmt sie als spezifische Situation oder als spezifisches Situationsgefüge, indem der Sprecher einen bestimmten (oder mehrere bestimmte) Funktionsrahmen wählt und diese(n) durch die Wahl seines darstellenden Vokabulars kennzeichnet. In der Wahl des darstellenden Vokabulars und damit in der Bestimmung des Funktionsrahmens ist der Erzähler zugleich begrenzt und frei: Begrenzt durch das Kriterium der Erzählbarkeit, das heißt, er muß sich einer Sprachlogik bedienen, die einen Ablauf in der Zeit kenntlich macht, und zwar einen solchen, der geeignet ist, emotionale Bedeutung zu tragen. Frei aufgrund des Umstandes, daß das Aktivitätsereignis, an das die jeweilige sprachliche Darstellung anknüpft, in bezug auf die Erzählung Materialcharakter hat und als Material in einen Bauplan plastisch eingefügt werden kann.

Das gilt auch für solche »Material«-Bereiche, denen man zunächst eine Sonderstellung zuschreiben möchte: etwa erzählerischen Mitteilungen des eigenen Erlebens. Sie sind nicht unmittelbar, nicht treuer bezüglich des faktisch Gegebenen als andere erzählerische Mitteilungen. Man würde das nur annehmen, wenn man den Sprachgebrauch von »Gefühlsausdruck« (Ausdrucksfunktion nach BÜHLERs Organonmodell) und »Gefühlsmitteilung« (Darstellungsfunktion nach BÜHLER) vermischt. WITTGENSTEIN (1967, Paragraphen 243-315) hat den systematischen Unterschied zwischen der Logik des »Gefühlsausdrucks« (= expressiv) und der Logik der Gefühlsmitteilung (= deskriptiv) hervorgehoben: Nur für letztere gilt, daß die Formulierung des Emotionalen Bezug auf ein Geschehen nimmt, das als unabhängig von dieser Verbalmitteilung gedacht wird. Der Zugriff auf jenes Geschehen ist aber wiederum sowohl frei als auch begrenzt im zuvor skizzierten Sinn. BIERI (1981) schreibt:

> »Das heißt, daß wir Erlebnisse ... unter bestimmte Beschreibungen bringen. Beschreibungen aber sind ... Ausdruck von Meinungen. Introspektion ist keine von allen Meinungen und allen Theorien unabhängige Instanz. In der Introspektion reproduzieren sich einfach die Meinungen über mentale Phänomene, die wir ohnedies haben, und da diese Meinungen sich ändern können, können sich auch die Ergebnisse introspektiver Untersuchungen ändern« (S. 24).

Das Verhältnis des historisch Gewesenen zum autobiographisch Erzählten ist kompliziert. Im gegebenen Zusammenhang interessiert, ob eine etwas eingehendere Charakterisierung möglich ist.

Denn der autobiographische Erzähler verlangt für seine Geschichte ja nicht Würdigung seines subjektiven Erlebens oder (nur) seines ästhetischen Könnens, sondern daß sie geglaubt werde. Wenn der Erzähler nicht lügt, sondern aufrichtig in seinen Mitteilungen ist, so ist sein Anspruch, ihm möge geglaubt werden, durchaus gerechtfertigt; übrigens auch dann, wenn die Geschichte nicht glaubwürdig, das heißt, wenig wahrscheinlich klingt oder wenn dem Erzähler kein ausreichendes Urteilsvermögen unterstellt wird wie einem kleinen Kind oder einem Betrunkenen.

Denn die Erzählung läßt sich charakterisieren als eine *Antwort.* Die Erzählung antwortet auf einen Vorfall. Der Vorfall trifft den späteren Erzähler, engagiert, beunruhigt ihn, – kurz: destabilisiert ihn in angenehmer oder unangenehmer Richtung; eine Stabilisierung soll herbeigeführt werden durch den aktiven Versuch, dem destabilisierenden Moment durch eine Antwort zu begegnen.

Die Antwort anhand der Erzählung gibt dem Erlebten Gestalt, nimmt die Spannung auf, die der Vorfall im Erlebenden auslöste, und führt die Situation einem Abschlußpunkt zu. Der Erzähler verleiht dem Vorfall, der den Bezugspunkt für seine Geschichte bildet, Aufforderungscharakter. Er behandelt ihn so, als habe dieser ihm eine Aufgabe gestellt; genauer gesagt: *Er reformuliert den Vorfall als Aufgabe, die ihm persönlich gestellt ist*, und diese wird im Erzählungsablauf einer Lösung zugeführt (HOLYACK 1982, S. 110; BLACK u. POWER 1980, zitiert nach HOLYACK).

Diese Sicht auf die erzählerische Gestaltungsleistung eröffnet einen Zugang zum narrativen Wahrheitsanspruch: Ob eine Erzählung wahr ist, entscheidet sich daran, in welchem Ausmaß der Aufforderungscharakter, mit dem der Erzähler das Gegebene auskleidet, als Spannung zwischen Selbst und Objekt in der Erzählung transparent wird. Diese Formulierung eines Wahrheitsanspruchs verknüpft sich freilich mit der Idee einer idealen Erzählung, welche die Spannung zwischen der Widerständigkeit des Gegebenen und den Interessen des Selbst nicht egozentrisch-illusionär überspringt, sondern sichtbar werden läßt.

An dieser Stelle sei noch einmal an HERNARDI (1980-81) erinnert: Die erzählende Inszenierung von subjektiver Geschichte zielt einerseits auf Selbst-Bestätigung, andererseits auf Selbst-Transzendenz. »Tendenz zur Selbst-Bestätigung« meint, daß eine im Sprecher schon vorbereitete Perspektive auf das Erlebte und Erfahrene sowie eine schon vorbereitete Version des Verstehens bestätigt wird. »Tendenz zur Selbst-Transzendenz« meint im vorliegenden Zusammenhang eine Form der Organisation und Bündelung autobiographischer Daten dergestalt, daß das Erlebte und Erfahrene in der erzählenden Selbstvergewisserung in seinem widerständigen Charakter zur Darstellung kommt, und daß Versionen des Verstehens revidierbar und veränderbar sind.

Selbst-Bestätigung und Selbst-Transzendenz können in Spannung zueinander stehen. Je entschiedener einer der beiden Tendenzen Genüge getan werden soll, desto entschiedener bleibt die jeweils andere auf der Strecke. Je deutlicher eine Geschichte zum Beispiel ihren Bestätigungscharakter verrät, umso bruchloser wird sie gestaltet sein und umso weniger Einlaß bietet sie der Möglichkeit, etwas am dargestellten prozessualen Ablauf oder an den darin verwickelten Personen in Frage zu stellen. Je eindeutiger eine Geschichte andererseits der Tendenz zur Selbstüberwindung entgegenkommt, umso mehr Raum für Verzweigungsstellen wird sie anbieten, umso mehr Raum für Frag-Würdiges wird sie zur Verfügung stellen.

Erzähler und Zuhörer

Die Präsentation der Erzählung, schreibt KLOTZ (1982, S. 331), ist »ein zukunftsoffener, ein buchstäblich raum- und zeitgreifender Prozeß«. Es handelt sich um einen Vorgang, »der als erzählter wie als erzählender Ablauf die Vergangenheit hinter sich zurückläßt«. Die erzählerische Darbietung ist kein Selbstzweck und findet »aus bestimmtem Anlaß und in bestimmtem Interesse vor bestimmten Leuten« statt.

Erzählungen sind als Gestaltungsformen eines emotionalen Sprecherengagements und ihrer Tendenz, den Hörer emotional einzubeziehen, suggestiv. Der suggestive Charakter der Erzählung tendiert zu einer Sprecher-Hörer-Vereinigung, einer Aufhebung von Trennung (FLADER u. GIESECKE 1980) in einem gleichsinnig mitvollziehenden emotionalen Engagement. Die Sprecher-Hörer-Vereinigung geschieht im gemeinsamen Durchlaufen einer durch Handeln oder Geschehen gegliederten Sequenz. Dieses Handlungsgerüst bildet das Vehikel der Vereinigung von Sprecher und Hörer als Spannung zwischen Startsituation und Ergebnis.

Diese vom Erzähler gewünschte Vereinigung zwischen Sprecher und Hörer wird gewöhnlich nicht umstandslos erzielt. Dazu bedarf es suggestiver Techniken seitens des Sprechers, um die gewünschte Wirkung betroffenen und selbstbetroffenen Einklangs zu erzielen. Der Erzähler bedient sich also »erzählstrategischer« zum Teil rhetorischer Mittel, um sein Zielpublikum »zur Übernahme der (in der Erzählung) angelegten ... (Rollen) und der vom Erzähler suggerierten Wertvorstellungen zu bewegen« (KLESCEZWSKI 1982, S. 387). Die egozentrische Perspektive der Erzählung verschafft sich mithin nicht wie von selbst Wirkung auf das Gegenüber. Der Erzähler hat vielmehr Leistungen zu erbringen, um diese Wirkung durch Strategien »semantische(r)..., stilistische(r)... und erzähltechnische(r)« Verführung zu erreichen (KLESCEZWSKI 1982, S. 387). So erhält das Gegenüber Rollenangebote und den Anreiz, Resonanz auf das in der Erzählung entworfene Modell einer komplexen inneren Beziehungs- und Handlungsorientierung zu zeigen.

Der suggestive Charakter der Erzählung wird hervorgehoben, um die besondere Stellung der egozentrischen Perspektive zu verdeutlichen: Wichtig ist, daß die egozentrische Perspektive sich nicht gleichsam von selbst vermittelt, sondern im sprachlichen Zeigen werbende, verführende und kämpferische Aktivität aufzubringen ist, um das Gegenüber zu erreichen und mit ihm Vereinigung herzustellen. Damit erweist sich der Erzähler sowohl als fähig, sein Gegenüber zum Zuhörer zu machen und diesen für die eigene Perspektive zu gewinnen.

Nicht alle Personen verfügen über diese beiden Möglichkeiten in gleicher Qualität und in gleichem Umfang. Es gibt sogenannte gute und schlechte Erzähler. Ein guter Erzähler kann Spannung herstellen und meisterlich unterhalten, ein schlechter ist nicht in der Lage, Interesse für seine Story zu erwecken, zügig bei der Sache zu bleiben, auf Abschweifungen und Umständlichkeiten zu verzichten oder auch nur ein nachvollziehbares erzählerisches Ganzes zustandezubringen.

Erzähler werden nach ihrem Unterhaltungswert beurteilt und nach dem Grad, in dem sie Aufmerksamkeit für ihre Geschichte herstellen können. Unabhängig vom Publikumserfolg können

Menschen sehr unterschiedlichen Gebrauch vom Erzählen machen. Für einzelne scheint diese Form, Erfahrungen mitzuteilen, gar nicht zu existieren. Das gilt vor allem für Personen, die keine Neigung oder kein Talent haben, sich anzuvertrauen. Andere überschütten ihre Mitmenschen unterschiedslos mit Geschichten, und die Zuhörer können sich kaum loswinden. Die Alltagserzählung bildet Muster aus, die beispielsweise den subjektiven Bedürfnissen nach Anklage, nach Anerkennung eines Opferstatus, Vergebung von Schuld oder nach Selbstrechtfertigung Rechnung tragen. Die Erzählmuster weisen auch weitgehende Unterschiede auf, gemäß ihren jeweiligen Adressaten. Dem Therapeuten erzählt man zum Beispiel Erfolgserlebnisse eher selten; Problemdarstellungen mit unvorteilhaftem oder rätselhaftem Ausgang sind hier charakteristisch. In feucht-fröhlichen Kneipenrunden müssen pointenreiche knappe Stories geliefert werden. Vor einer Autorität kann man sich das Rederecht zum Erzählen einer Geschichte überhaupt nur nehmen, wenn diese ein entsprechendes Signal erteilt. Die erzählerische Selbstmitteilung inszeniert somit einerseits institutionelle Rahmenbedingungen, erfüllt also beispielsweise im klinischen Rahmen die psychotherapeutische *Problematisierungsnorm*, andererseits werden eben diese Rahmenbedingungen der privaten Vorstellungswelt des Erzählers übereignet, der ihnen die Züge seiner subjektiven Leidenserfahrung und seiner persönlichen Heilungserwartung aufdrückt (dazu BUCHHOLZ 1993).

Erzählen ist eine *Interaktionskompetenz* von besonderem Wert. Sie erlaubt Selbstmitteilung und Selbstenthüllung nur mit einem teilnehmenden Gegenüber, das Resonanz spendet und dem Erzähler gestattet, sich selbst zum Mittelpunkt zu machen. Das Fehlen dieser Kompetenz bezeichnen FLADER und GIESECKE (1980, S. 212) als eine »soziale Krankheit«.

Zu Recht wird in der Erzählforschung betont, daß die Fähigkeit, sich erzählend mitzuteilen, Rückversicherung der eigenen Identität im Angesicht partizipierenden Publikums anstrebt, und zwar als Resonanz auf die Selbstpräsentation des Erzählers, der sich mit seiner sprachlichen Inszenierung identifiziert. Über das hörende Zielpublikum als Resonanzkörper eignet sich der Erzähler subjektive Geschichte als emotional bedeutungsvoll an. Diesem durch Resonanz des Objekts vermittelten subjektiven Identifizierungsprozeß liegt als einfaches Modell die frühere Erzählsituation zwischen der Mutter als Erzählerin und dem mitvollziehenden Kind zugrunde. In der Erzählsituation zwischen Erwachsenen übernimmt das Publikum die Rolle der resonanzspendenden Mutter, und der Erzähler hat die Rolle des Vortragenden aktiv inne. Wenn diese Form der Bestätigung von Identität gelingt – was keineswegs damit gleichzusetzen ist, daß der Erzähler stets Applaus oder Zustimmung erntet! –, so wird dies gern als nicht unwesentlicher Aspekt »sozialer Gesundheit« apostrophiert. Psychodrama und Gestalttherapie machen sich bekanntlich das gesamte Spektrum der Rollenangebote zunutze, um den Erzähler – im Sinn einer JUNGschen Deutung dieser Rollenangebote auf der Subjektstufe (sämtliche Rollenträger verkörpern jeweils den Erzähler selbst, in jeweils unterschiedlichen Aspekten) – alle Rollen, soweit diesem erträglich, verkörpern zu lassen.

Halten wir also fest, daß der Erzähler sich mit seiner Erzählung im Angesicht der »Mutter« identifiziert. Andererseits kann diese identifikatorische »Interaktionskompetenz« informellen Beobachtungen zufolge bei Personen nicht (oder zumindest lange Zeit nicht) wirksam werden, deren Erfahrungshintergrund durch schwerste Traumatisierungen gekennzeichnet ist. Sie bleiben dem Erlittenen gegenüber oft sprachlos, scheinen außerstande, es erzählend neu zu gestalten. Zu diesem Personenkreis gehören auch viele Menschen mit einem psychosomatischen Störungsbild. Traumatisierte Personen können über längere Zeiträume jede Zuversicht verlieren, Resonanz beim Gegenüber zu finden; dadurch fehlt eine entscheidende Voraussetzung dafür, sich erzählend mitzuteilen. Sie versuchen im Gegenteil, Abstand zum Trauma durch Tabuierung seiner Thematisierung zu erreichen (FREUD 1920; PERREN 1990; RITTER VON BAEYER et al. 1964). Sie vermeiden, erzählend daran zu rühren, bekanntlich mit dem Argument, dem Erzählen des traumatischen Geschehens emotional nicht gewachsen zu sein, durch seine Aktualisierung und Wiederbelebung überwältigt zu werden. So bleibt das traumatische Geschehen innerhalb der subjektiven Geschichte der Person als dissoziierte Zone (PERREN 1990) ausgegrenzt. Die Ausgrenzung ist offensichtlich notwendig, mindestens über einen gewissen Zeitraum, was keineswegs als pathologisch zu qualifizieren ist. Die Dissoziation muß nicht endgültig sein, sie ist prinzipiell aufhebbar durch einen Prozeß sukzessiver Aneignung, mündend in ein erzählerisches Produkt, das mit egozentrischer Perspektive, Rollenzuweisung und Akzentuierung der Geschehensentwicklung alle Merkmale einer voll entwickelten erzählerischen sprachlichen Inszenierung trägt.

Wunscherfüllung und Angstbewältigung

Die Identifikation mit den jeweiligen Rollen und dem dargestellten Verlauf des Geschehens schafft für den Sprecher (aber auch – different oder gleichsinnig – für den Hörer) die Suggestion von Befriedigungen und Bestätigungen auf der Ebene von Wünschen, narzißtischen Sehnsüchten und Selbstbestrafungs- oder Selbsterniedrigungstendenzen. Erzählungen von Patienten stellen keine Ausnahme dar. Sie entwerfen Rollenangebote und Beziehungskonstellationen, die für das Verständnis der psychischen Situation und des psychotherapeutischen Prozesses Schlüsselbedeutung haben und darüberhinaus Hinweise für zu erwartende Übertragungsangebote enthalten.

Für den Ansatz einer psychoanalytischen Systematik der Analyse von Patienten-Erzählungen in Psychotherapien sind drei Merkmale von entscheidender Bedeutung:

- daß die Erzählung eine egozentrische Perspektive hat,
- daß sie das Modell einer inneren Beziehungskonstellation und Handlungsorientierung inszeniert,
- daß sie, in egozentrischer Perspektive und als dramaturgisches Modell einer Beziehungskonstellation, Facetten eines Übertragungsentwurfs auf den Therapeuten darstellt.

Die Erzählung als Prozeß, als spezifischer Ablauf in der Zeit, läßt sich zwar nicht durch eine Reihenfolge bestimmen, die genau einzuhalten wäre, aber die sprachliche Herstellung eines Startzustandes, einer Veränderung sowie des Resultats einer Veränderung sind konstituierend. Die Erzählung bewirkt eine differenzierte Stabilisierungsleistung im Sinn einer Antwort: Aufhebung von Trennung, emotionale Entlastung, Konfliktmodellierung, Rückversicherung von Identität. »Destabilisierung« ist für den hier wesentlichen Verständigungszusammenhang zu begreifen als psychische Reaktion des Verlusts sozialer Verbundenheit, emotionalen Drucks, konflikthafter Entgleisung und der Beeinträchtigung des

Identitätsgefühls. Solche Momente einer Destabilisierung haben dranghaften, antwortsuchenden Charakter. Dieses Erleben, wie unterschiedlich im einzelnen es immer sein mag, veranlaßt den Erzähler, den subjektiv bedeutsamen Vorfall mit Aufforderungscharakter auszukleiden, ihn als Aufgabe zu reformulieren.

Die Alltagserzählung ist psychologisch im Nachhinein als verbal produzierte Inszenierung zu bestimmen, die einen Zustand der Destabilisierung aufzuheben sucht. Dieses Destabilisierung bewirkende und bisher nicht abgearbeitete Erleben soll durch die Konstruktion einer spezifischen, aber immer auch veränderbaren episodischen sequentiellen Struktur, welche Erleben im Sinne eines Lösungs- oder Bewältigungsvorschlags zur Darstellung bringt, mindestens punktuell repariert werden.

Es ist selbstverständlich, aber zur Vermeidung von Mißverständnissen notwendig zu ergänzen, daß die narrative Inszenierungsform verwendet werden kann, um zu dramatisieren. Das heißt, durch den Prozeß des Erzählens kann Destabilisierung gleichsam künstlich erzeugt und gegebenenfalls durch einen pointierten Schluß glanzvoll aufgehoben werden. Künstlich erzeugte Destabilisierung erfolgt regulär beim identifizierten Zuhörer sowie selbstverständlich auch beim Hörer oder Leser fiktionaler Erzählungen.

Die Gegebenheiten der Realität, an welche die Erzählung anknüpft, bilden eine vom Erzähler zu interpunktierende und zu gliedernde Materialgrundlage für die kreativ gestaltete sprachliche Form. Die sprachliche Form ist ein Verarbeitungsprodukt. Der Bezug zur Realsituation kann über zahlreiche Zwischenschritte sprachlicher Formung verstellt sein, aber selbstverständlich auch durch jene Verschiebungen und Verlagerungen, die den Ausgangspunkt des Bearbeitungsprozeßes letztlich oft unzugänglich machen und die FREUD (1899) als Deckerinnerung bezeichnet hat.

Von psychoanalytischem Interesse ist die Erzählung wegen dieser Wunscherfüllungs- bzw. Angstentlastungsbasis: Destabilisierung erfolgte in der konkreten Lebenssituation als psychische Reaktion auf einen wahrgenommenen Situationsaspekt, der ein persönlich wichtiges Wunscherfüllungsmotiv oder ein persönlich wichtiges Sicherheits- oder Angstentlastungsmotiv in positiver oder in negativer Richtung ansprach. Ist die Richtung positiv, so sind Erzählungen zu erwarten, die von besonders erfreulichen oder erfolgreichen Begebenheiten handeln. Ist die Richtung negativ, so sind Erzählungen zu erwarten, die frustrierende, enttäuschende, beschämende, angsterregende Ereignisse zum Inhalt haben. Dies gilt natürlich nur höchst eingeschränkt, da weder Wunsch- noch Sicherheitsmotiv bewußt sein müssen und auch die Destabilisierung als solche unabhängig von der Erzählung keine Erlebnisqualität haben muß. Zur Vielschichtigkeit, Verwobenheit und Überlagerung der verschiedenen Motive MOSER et al. (1987, S. 49):

»Das Prinzip der Stabilisierung der Selbstregulierung ist ...auch in der imaginären Relation jenem der Aktualisierung eines Wunschelements in einer Relation übergeordnet. Es kann darum im Falle eines neurotischen Konflikts keine einfache Wunscherfüllung in der Phantasie geben. In der imaginären Relation wird die ganze Konfliktivität des Wunschelement-Aktualisierungsprozeßes mitentfaltet«.

»Fantasien sind« – schreibt VOLKART (1989, S. 19) – »keine beliebigen oder zufälligen Produkte, sondern enthalten immer implizite Aussagen über den aktuellen Regulierungszustand eines Individuums«.

Unter diesem psychoanalytischen Gesichtspunkt läßt sich die Erzählung folgendermaßen eingrenzen: Der Erzähler als Dramaturg bedient sich im Sinne der Wunscherfüllung in effigie beziehungsweise der Sicherheitsgewinnung in effigie zunächst der Externalisierung. Die emotionalen Motive werden in einem äußeren Geschehen plaziert und dort als konfliktäres Geschehen organisiert. Dieses äußere Geschehen ist als im interpunktierbaren Ablauf eingeschlossen überschaubar. Der Erzähler erreicht Kontrolle durch Überblick. Diese Kontrolle entspricht aber keineswegs einer emotionalen Dämpfung. Im Gegenteil, der Erzählvorgang selbst mobilisiert, entfesselt Emotionalität als Beteiligung an einem präsentierten Geschehen. Die Motive der Wunscherfüllung und Sicherheitsgewinnung sind für Sprecher und Hörer eingebettet in eine Szenerie, die Realgeschehen nachstellt, denn die sequentielle Organisation als dramatische Szene verlangt Berücksichtigung konventioneller Darstellungstechniken und »realistischen« Materials (und zwar wesentlich stärker, als der Traum das tut), um vor mitvollziehenden Hörern erfolgreich zu sein. Indem die vergangene Erfahrung zur Materialbasis wird, aus der man sich mit Akteuren, Requisiten und Kulissen versorgt, wird der Regisseur zum Steuermann, der auf der Grundlage eines mehr oder weniger bewußt entwickelten, mehr oder weniger klar intendierten Erzählplans in effigie Kontrolle über die Situation ausübt.

Der Erzähler hat die Freiheit, sein Material »zweckmäßig« – das heißt, situativen Zwecken angepaßt – zu präsentieren. Die Erzählung verlangt zugleich die Bereitstellung von Identifikationsangeboten für den Hörer, das heißt, von Rollenangeboten, die tatsächlich genutzt und ausgekleidet werden können, sowie die Durchführung eines Spannungsbogens von Start- und Zielzustand über die Auseinandersetzung mit einer zu lösenden Aufgabe. Zentrale Annahme ist, daß der Erzähler, wenn er diese Inszenierungsarbeit vollzieht, aus Ressourcen schöpft, die aus seinen inneren Konfliktlagen, seinen inneren Objektbeziehungen und Bewältigungsstrategien stammen.

Die Aktivität der Herstellung einer mehr oder weniger deutlich umrissenen Figur begründet sich in der Tendenz, Unlust zu vermeiden; hier orientiere ich mich an einem – wenn auch durchaus umstrittenen – psychoanalytischen Kernpostulat[1]. Dieser Tendenz entsprechend weicht man dem, was Unbehagen macht, nach Möglichkeit unmittelbar aus. Die Konservierung dessen, was Lust oder Behagen macht, ist in dieser Sicht als sekundäre Leistung zu wür-

---

1 Das Konzept der Vermeidung von Unlust als menschliche Grundmotivation erfuhr nie ungeteilte Akzeptanz; G.S. KLEIN (1976; auch LEVINE u. SLAP 1985) beispielsweise moniert wie viele andere Kritiker die Entferntheit von der Phänomenologie subjektiven Erlebens und die bloße Reduktion des motivationalen Geschehens auf rein physiologische Bedingungen. Sinnfällige Alternativen werden aufgrund dessen zum Beispiel in der Konzeptualisierung primärer Bindungs-, Zuwendungs- oder »pleasure-seeking«-Motivationen gesehen. Freilich ist auch bei der Diskussion derartiger psychologisierender Alternativen kritische Prüfung angezeigt, denn hier werden dem menschlichen Individuum in der vorsprachlichen Zeitphase seiner Entwicklung differenzierte Absichten unterstellt, von denen es gute Gründe gibt anzunehmen, daß sie nicht unabhängig von der Sprachkompetenz gedacht werden können, im Gegensatz zur ursprünglichen Kausalverkettung von Unlustreiz und Abwehrreaktion, die im übrigen – und dies ist ein höchst konsequenzreicher Unterschied – nicht in Termini der Physiologie, sondern des lebendigen Körpers (oder Leibes) zu beschreiben ist.

digen; sie entspricht in ihrer ursprünglichen Form der strategischen Abwehr unlustvoller Spannung durch das, was FREUD (1900, S. 570ff.) als »halluzinatorische Wunschbefriedigung« kennzeichnete: Die Neudefinition der Situation mit den Mitteln des Phantasierens, und zwar so, daß der Unlustcharakter der realen Befindlichkeit durch die Kreation entspannender Vorstellungen wenigstens vorübergehend aufgehoben wird. Auf dieser Basis markieren sich die individuell je besonderen Lust-Unlust-Bezirke subjektiven Erlebens, als Aktivität des Unterschiede-Herstellens, die den Raum des Psychischen entfaltet. Diese Arbeit der Interpunktion und Gestaltgebung soll mit TAYLOR (1985; siehe auch LÖW-BEER 1990) als *Artikulation* bezeichnet werden. Auch die autobiographische Alltagserzählung ist im hier dargelegten Verständnis eine Artikulation, und zwar eine solche mit Anspruch auf eine spezielle Charakterisierung. Hier konstituiert sich die Person als geschichtliches Individuum. Die Erzählerperson erschafft rekonstruktiv die Dramaturgie ihres Lebens; das heißt, dramaturgische Konstellationen mit Ereignischarakter werden in thematisch verknüpftem Zusammenhang für einen real vorhandenen oder vorgestellten Hörer zur Darstellung gebracht. Sprecher und Gesprächspartner verstehen den thematischen Zusammenhang durch kreative Ausführung der dramaturgischen Anweisungen. Autobiographische Erzählungen erfüllen, auf der Basis der bereits erwähnten Lust-Unlustregulation, emotionale Bewertungsfunktionen. Denn der thematisch organisierte dramatische Ablauf stellt eine Sequenz dar, die sich unmittelbar zum partizipativ-mitgestaltenden Engagement anbietet, indem sie einen Spannungsbogen modelliert zwischen einer Startsituation und ihrer Entwicklung auf ein Ergebnis oder eine Endsituation hin. Diese Modellierung lädt zu kreativem Engagement ein, weil sie das Interesse an Unlustvermeidung bzw. Lustgewinn thematisch trifft, indem die narrative Sequenz einen derartigen Prozeß exemplarisch gestaltet: Jeder Alltagserzähler und jeder Alltagshörer gewinnt emotionales Engagement im Erzählprozeß durch das Interesse an befriedigender Abrundung der Sequenzentwicklung, orientiert an der Ausgangslage, die sich im einfachsten Fall als Interesse am Happy End ausdrückt.

Freilich bietet gerade das Erzählen Gelegenheit zur Ausdifferenzierung und Elaboration des einfachen Lust- Unlust-Bewertungsmaßstabs: Denken wir etwa an die erzählerische Leistung der Selbst-Transzendenz, so handelt es sich hier um einen Verarbeitungsprozeß, der eine fortgeschrittene Über-Ich-Entwicklung voraussetzt, so daß der Erzähler Lust daraus bezieht, Über-Ich-Maßstäben Genüge zu tun.

Narratives Modellieren

Der Erzähler modelliert eine Situation. Die vergangene Situation wird im Prozeß aktiver Bearbeitung zum organisierten Ganzen, das die Gestalt eines Handlungsablaufs annimmt. Alltagsgeschichten haben eine Verarbeitungsfunktion, die sich im Handlungsablauf und in der Rollenstruktur der Erzählung realisiert. Die Geschichte lebt von der gestalterischen Entscheidungsfreiheit, eine Situation im Nachhinein zu modellieren.

Erzählen im Alltag ist eine elementare Kommunikationsform, die Aufgehobensein in der sozialen Gemeinschaft herstellt, und zugleich persönliche Individualität sichtbar macht und bestätigt. Ohne weiteres lassen sich Funktionen dieser Kommunikationsform im Situationskontext näher bestimmen, beispielsweise orientiert nach Sprecher-, Hörer- oder Kontextbedeutung (WALTER 1986, S. 158ff.; QUASTHOFF 1980a)[2]. Hier sollen vier Modellierungsleistungen der Erzählung im einzelnen gesichtet werden, die im Blick auf den Antwort- und Aufgabencharakter der Erzählung als zentral bestimmt werden und besonderes psychoanalytisches Interesse beanspruchen dürfen.

Erzählen im Dienst der eigenen sozialen Integration

Das Bedürfnis nach Aufgehobensein in der sozialen Gemeinschaft veranlaßt den Erzähler, seine »story« möglichst effektvoll zu präsentieren. Es geht ja darum, Interesse zu wecken und für die eigene Darbietung zu gewinnen. So modelliert der Erzähler seine Ge-

---

2 Das sehen unter anderem Psychoanalytiker (z. B. BITTNER 1984; CREMERIUS 1981; Freud 1909; LOCH 1976; SANDLER 1981; SCHAFER 1970, 1980; SCHELLING 1983), dezidierter jedoch psychoanalytisch orientierte Kommunikationsforscher wie FLADER und GIESECKE (1980).

schichte, gestaltet nicht etwa Realität, sondern sozusagen aus dem Material der Realität ein effektvolles Ganzes, im Dienste der Integration in die eigene soziale Zielgruppe. Diese Leistung der Erzählung können wir als Modellierung im Dienst der Konturierung sozialer Identität bezeichnen. Es geht hier um die Fähigkeit, für die eigene Story ein *bestätigendes Echo* vom bedeutsamen sozialen Gegenüber zu erhalten. Dieses Interesse macht Geschichtentypen verständlich wie zum Beispiel Schauer-, Wunder-, Erfolgs-, Opfer-, Rechtfertigungsstories.

Wer erzählt, der hat Zuhörer. Wer seine Autobiographie schreibt und darin von sich erzählt, rechnet mit Lesern. Man erzählt oder schreibt auf ein Publikum hin. Die zur Illustration aufgezählten Befriedigungsmöglichkeiten, die im Erzählen liegen, beziehen ein Gegenüber ein. Der Erzähler versucht, sein Publikum durch seine spezifische Dramaturgie zu gewinnen, zum Beispiel durch die Gestaltungseffekte des Lustigen, Schauerlichen, Unheimlichen und Schlüpfrigen. Die darstellende Person präsentiert etwas, das auf eine partizipierende Hörergemeinschaft gerichtet ist und deren Anerkennung finden soll.

Erzählen im Dienst psychischer Restitution

Die zweite Modellierungsleistung, die besondere Aufmerksamkeit verdient, entspringt dem Interesse an psychischer Restitution. Darunter ist ein Interesse an der *Korrektur des Gewesenen* in Richtung auf das *Wünschbare* zu verstehen. In diesem Sinne steht die Erzählung im Dienst eines Interesses an *nachträglicher Befriedigung*. Dieses Interesse ist nicht auf die soziale Umgebung gerichtet. Es entspringt einer konflikthaften Wunsch-Abwehr-Situation. Vergleichen wir dies mit den Darstellungsformen des Traums. Die Gestaltungselemente des Traums entstammen dem Typus der halluzinatorischen Wunschbefriedigung. Unmittelbarkeit der Darstellung des erfüllten Wunsches ist im Traum möglich, wird aber eingeschränkt oder vollständig verhindert durch Angst oder durch Abwehrprozesse, die die Gefahr aus der Konfrontation mit dem Gewünschten bannen sollen. Wer träumt, kann aus Furcht vor der Konfrontation mit dem Gewünschten die Gestalt des Traums ins Unkenntliche verändern. Die Traumerzählung verlangt keine Verarbeitung in Richtung auf ein Publikum.

Anders bei der Erzählung: Zwar impliziert auch sie den Wunsch, ein selbsterlebtes Ereignis der Vergangenheit im Sinne einer Wunscherfüllung umzumodeln. Der Erzähler ist hier aber nicht nur konfrontiert mit den der Wunscherfüllung entgegenstehenden Abwehrfunktionen, sondern auch mit dem Publikum, das die Erzählung positiv aufnehmen soll. Das bedeutet, daß der Erzähler Techniken einsetzen muß, die Wunscherfüllung dem sozialen Gegenüber schmackhaft zu machen. Es geht also darum, die in die Erzählung eingewebte Wunscherfüllung so zu präsentieren, daß konsumierbar wird, was wiederum bedeutet, daß die Wunscherfüllung als solche für Erzähler und Publikum nicht kenntlich werden muß, gelegentlich auch nicht kenntlich werden darf; wenn es sich etwa um sozial anrüchige oder verpönte Wünsche handelt. Denn »... das wünschende Wesen« existiert »in einer Welt von Verboten«, schreibt von Matt (1983, S. 10); die Möglichkeit zu erzählen bleibt diesem Wesen als festlicher Tummelplatz für den Ausdruck seiner Wünsche.

Erzählen im Dienst der Reorganisation

Bei der dritten zentralen Modellierungsleistung geht es um Angstbewältigung, um narzißtische Reorganisation im Medium des Erzählens. Als reorganisierende Leistung wird die Bewältigungsstrategie bezeichnet, erlittene Erschütterung, psychische Destabilisierung in negativer, traumatisierender oder in positiver, euphorisierender Richtung im Nachhinein durch wiederholtes Erzählen zu integrieren. Denn Erzählen als elementare Technik der Selbstvergewisserung verhilft häufig zu psychischer Reorganisation durch Zuhilfenahme der Bewältigungsform der Verwandlung von Passivität in Aktivität (Freud 1920): Die aktive Gestaltungsleistung, die in der erzählenden Rekonstruktion eines traumatisierenden oder euphorisierenden Geschehens liegt, trägt zur *Erregungssenkung* und *Stabilisierung* bei; so daß nachträglich die Situation als dargestellter Geschehenszusammenhang *kontrollierbar* erscheint.

Erzählen im Dienst der Vergegenwärtigung

Als vierte Modellierungsleistung der Erzählung ist etwas Selbstverständliches zu erwähnen: die Leistung der *Aktualisierung* oder

Vergegenwärtigung. In der Erzählung wird gelebte Vergangenheit präsent. Die Aktualisierungsleistung der Erzählung kann nicht ohne Bezug auf die übrigen Modellierungsleistungen gesehen werden. Die Kontrolle destabilisierenden Erlebens im Nachhinein funktioniert nur auf der Basis der Überzeugung von Gegenwärtigkeit, worin zugleich die Chance und die Gefahr der Traumaverarbeitung durch Nachstellen der Situation mittels der Sprache liegt. Die Aktualisierungsleistung in bezug auf den Restitutionscharakter der Erzählung unterstreicht die von FREUD betonte Zeitlosigkeit der auf Erfüllung drängenden Wünsche. Ausrichtung auf das soziale Gegenüber verlangt die Anerkennung der erzählenden Person als verbunden mit einer Selbstrepräsentation, die den Identitätsentwurf der Person aktuell bestimmt.

Das psychoanalytische Interesse an der Erzählung

Betrachten wir also noch einmal die vier skizzierten Modellierungsleistungen der alltäglichen Erzählung im Zusammenhang:

- Die Erzählung modelliert eigene Identität vor dem sozialen Gegenüber (soziale Integration).
- Sie modelliert Situationen im Licht einer spezifischen, meist konfliktären, Wunscherfüllungstendenz (Lustprinzip).
- Sie repariert Desintegration und Destabilisierung in Richtung auf ein organisiertes verfügbares Ganzes (Verwandlung von Passivität in Aktivität)[3].

---

3 Um Mißverständnisse zu vermeiden, möchte ich an dieser Stelle nochmals ausdrücklich darauf hinweisen, daß schwere Traumatisierungen dem Erzähler bekanntlich meist für längere Zeit, gelegentlich gar nicht, zugänglich sind. Die Aktualisierungsleistung der Erzählung konfrontiert den Betroffenen aufs Neue mit der Überwältigung, die auch im Nachhinein nicht integrierbar ist. Erst allmählich kann das Erlebte durch wiederholtes Erzählen in Sprache gebannt werden, gewinnt dann aber eine zentral wichtige Bewältigungsfunktion, sowohl durch die Verwandlung von Passivität in Aktivität als auch durch die identitätssichernde Funktion des Erzählens, die das durch die Traumatisierung bewirkte Herausgerissensein aus der sozialen Gemeinschaft allmählich aufzuheben vermag.

– Sie aktualisiert Vergangenes und stellt damit Verbindung zur gegenwärtigen Situation her (Erinnerung).

Diese vier Modellierungsleistungen haben gemeinsam organisierende Funktion in jeder Erzählung, wenn auch in unterschiedlicher Gewichtung. Für autobiographische Geschichten gilt in besonderem Maße, daß es sich um Erzählungen handelt, die nicht den Aneignungs- und Selbstdarstellungsmotiven ihrer Autoren verpflichtet sind. Ihre systematische Analyse könnte Aufschluß geben über die Art und Weise der Selbstpräsentation vor den sozialen Zielgruppen, über Wunschmotive, über Formen der Verarbeitung desintegrierenden Erlebens und über Formen der Aneignung von Vergangenheit als gegenwärtig Lebendiges.

Das autobiographische Erzählen bringt – geleitet von unterschiedlichen Interessen nach Selbstinszenierung (SLOTERDIJK 1978), nach »Selbststilisierung«, »nachträglicher Rechtfertigung« – »die Ordnung hervor, die sie zu beschreiben vorgibt« (WIEDEMANN 1986, S. 108). Der Erzähler realisiert diese Interessen im Prozeß des Erzählens in Beziehung zum Gegenüber. Grundsätzlich ist festzuhalten, daß der Erzähler aus einer Situation selbstinteressierten Engagements heraus spricht. Die Modellierungsleistung der Identitätssicherung vor dem sozialen Gegenüber spielt gerade bei einer schriftlich verfertigten Autobiographie als Lebensrückblick eine zentrale Rolle. Wichtig ist dabei auch das Verlangen nach Integration, nach dem persönlichen Eindruck, aktiver Initiator und Gestalter der eigenen Erfahrung gewesen zu sein.

Diese Arbeit der Strukturierung, Konturierung und Integration artikuliert sich im Fluß der Rede in unterschiedlicher Intensität und Form. Der Erzählende kann beispielsweise Stimmungsbilder zeichnen, Personen charakterisieren, die eigene Beziehung zu anderen darstellen, er kann sich auch intellektuell distanziert Betrachtungen und Reflexionen hingeben; er kann bestimmte Situationen und Vorgänge überblicksartig zusammenfassend darstellen, kommentieren und erläutern; er kann das Gewöhnliche, das Alltägliche, das zur Gewohnheit Gewordene thematisieren. Die autobiographische Selbstpräsentation wird aber nur dann zur Erzählung, wenn echte Erzählvorgänge eingebaut werden. Dies geschieht mit der Darbietung von Stories. Die »Story als Schilderung einer Begebenheit, einer Situation, die sich für den Erzähler und seinen emotionalen Bezug« als besonderes Ereignis heraushebt (WIEDE-

MANN 1986, S. 48), schließt sich »zusammen zur narrativen Einheit ... mit Anfang, Mitte und Ende« (STIERLE 1979, S. 115). Die Story hat dramatischen Charakter: Sie präsentiert »ein zeitlich, räumlich und situativ charakterisiertes Erzähl-Ganzes des Handelns« (WIEDEMANN 1986, S. 50). Diese muß als Lebenselement jeder Erzählung gelten; wir würden die Rede sonst etwa als Kommentar oder als reine Gefühlsäußerung auffassen.

Diese dramatischen Stories verdienen besondere Aufmerksamkeit, wenn wir uns für die vielschichtige und spannungsreiche Subjektivität des Erzählers interessieren, handelt es sich doch bei ihnen um die Kernstücke des Erzählvorgangs (STANZEL 1988). Wir wollen sie daher eingrenzen als Textpassagen, mit denen der Erzähler eine bestimmte, räumlich und zeitlich eingegrenzte oder eingrenzbare Begebenheit, an der er selbst beteiligt war (oder die unmittelbar zu seiner eigenen Geschichte gehört), erzählend wiedergibt.

Solche Stories sind gewöhnlich kurz und in ihrem sequentiellen Charakter überblickbar. Interaktionen zwischen handelnden Figuren auf bestimmten Schauplätzen sind meist ihr Inhalt. Nicht nur der Traum – VON ZEPPELIN und MOSER (1987) –, sondern auch die dramatische Szene, etwa die Schilderung einer Kindheitserinnerung, hat den Charakter der Sequentialität, die Episodisches verknüpft.

Bestandteile dieser »sequentiellen Struktur« oder Story sind also in der Sprache der Bühne Akteure, Requisiten und Kulissen. Im Raum der Bühne spielen sich Interaktionen und Handlungen ab. Stories laden dazu ein, sie daraufhin zu untersuchen, welche Figuren der Erzähler auftreten läßt? Ob es sich beispielsweise um menschliche oder nichtmenschliche Wesen handelt? Wie er seine Episoden mit Requisiten und Kulissen ausstattet und um welche besonderen Requisiten und Kulissen es sich handelt? Man kann auch fragen, welche spezifischen Aktionen in besonderer Weise vortreten oder vernachläßigt werden.

Es ist festzuhalten, daß die Story nicht als Mitteilung eines Faktums interessiert, sondern als szenische Struktur, als besondere Form der Inszenierung von Handeln und Geschehen: Die Story hat einen »Helden«, eine »Heldin«; sie »verkündet« etwas und ist die Nachricht von einer »außerordentlichen Begebenheit«.

Wir lernen in der Story die Person durch ihre Handlungen kennen und durch die Art und Weise, wie sie ihre Handlungen präsentiert. Das kunstvolle wie das alltägliche Erzählen und das kindliche Spiel leben von der möglichst lebendig inszenierten Darstellung dramatischer Begebenheiten[4]. Dabei kleiden sich die vier Modellierungsleistungen in eine »folgerichtige und zusammenhängende Geschichte« (SHARPE 1978, S. 62), wobei Motive der Reorganisation wie der nachträglichen Wunscherfüllung in eine möglichst wohlgestaltete Story eingebaut werden. Dieser Beziehungszusammenhang kann in der Analyse der dramatischen Struktur, zumindest ansatzweise, rekonstruiert und sichtbar gemacht werden (dazu BOOTHE 1991a, 1992, 1992a).

---

4 BACHELARD (1975) schlägt ganz allgemein bezüglich dessen, was Menschen erzählen, was sie als ihre Erinnerungen und was sie aus ihrer jetzigen Lebenssituation berichten, ein phänomenologisches Studium menschlicher Rede vor, dem er die Bezeichnung »Topo-Analyse« (S. 40) gibt und das er als »systematische(s) psychologische(s) Studium der Örtlichkeiten unseres inneren Lebens« (S. 40) versteht. Diese »Örtlichkeiten unseres inneren Lebens« – Landschaften, Pflanzen, Tiere, Düfte, Häuser, Zimmer, Gärten, Winkel, Möbel, Speisen, Menschen usw. – sind lebendig bleibende Gegenstände unseres Fühlens, Wollens, Wünschens, Handelns. Wir unterhalten von Beginn unseres Lebens an zum Teil sehr differenzierte und subjektiv sehr wichtige Beziehungen zu ihnen (BOESCH 1983). Denn es handelt sich um Erscheinungen, die wir von Beginn an – wenngleich sich mit der Entwicklung unserer Erfahrungsorganisation verändernd – als Auslöser, Botschafter, Begleiter spezifischer Gemütsbewegungen erfahren. Diese durch Fühlen, Wollen und Handeln mit dem erlebenden Ich verbundenen Objekte in ihrer subjektiv-intimen Bedeutung zu würdigen, gilt seit jeher als höchst aussagekräftig im Hinblick auf eine spezifische Persönlichkeit (z. B. ANDERMATT 1988).

Sprachliche Organisation

Die Erzählung als externalisierende Modellierungsleistung hat als Hauptaufgabe, Destabilisierung aufzuheben, die als Verlust von Verbundenheit, Beeinträchtigung des Identitätsgefühls, aus einer Wunsch- und Konfliktaktualisierung entstanden war. Um das zu erreichen, setzt sie den Erzähler als Regisseur ein, das heißt als zentrale Steuerungs- und Kontrollinstanz.

Der Erzähler als Regisseur stellt Übersicht und Ordnung her. Aus dem ungegliederten Fluß des Geschehens wird ein gegliederter Spannungsbogen (Gewinn an Kontrolle durch Herstellung einer überschaubaren Situation). Der Erzähler als Regisseur ist zugleich emotionaler Mittelpunkt der Ereignisse, selbst dann, wenn er sich für die Darstellung der eigenen Person in der Erzählung nur eine periphere Rolle vorbehalten mag (egozentrische Perspektive). Als emotionaler Mittelpunkt verleiht der Erzähler dem Geschehen Präsenz (dadurch erfährt es emotionale Aufladung). Der in der Erzählung hergestellte gegliederte Spannungsbogen umfaßt Elemente, die eine Ausgangslage, eine Veränderungsbewegung oder das Resultat eines derartigen Prozesses bestimmen.

Damit ist ein Ablaufmuster hergestellt, das der sequentiellen psychischen Organisation des Wunsches in psychoanalytischer Sicht (LAPLANCHE u. PONTALIS 1972) oder aber dem Aufforderungscharakter der Angst[5] entspricht. Der Wunsch verlangt nach Aktivitäten zur Veränderung der unbefriedigenden Lage, bis die Situation eintritt, welche der Befriedigung des Wunsches entgegenkommt. Beim Bedrohungserleben ist der Ausgangspunkt der Motivierung von Aktivität die Herstellung einer Situation, die Sicherheit und Entlastung bedeutet (vgl. dazu die Bestimmung von thematischen Einheiten nach THOMÄ 1988).

Alltagserzählungen stellen eine emotionale Antwort im Verständigungsprozeß dar. Sie geben dem Erlebten nachträglich Form.

---

5 Das sequentiell organisierte Ganze macht das Erleben gewissermaßen »transportabel«. Erzählungen mit einem ausreichenden Grad an Entindividualisierung und einem hohen Identifikationswert finden losgelöst von ihrem Autor Verbreitung.

Das Erlebte entfaltet sich in der Erzählung als *sequentieller Prozeß*. Dieser Prozeß organisiert emotionale Spannung, die von einer Sprecher-Hörer-Gemeinschaft getragen wird.

Der sequentielle Prozeß ist in charakteristischer Weise organisiert:

(1) Für die erzählten Ereignisse stellt der Erzähler einen Bezugspunkt der Vergangenheit her (»das war damals, als Peter in die Schule kam«, »1953, als Vater das Haus kaufte ...«).

(2) An den erzählten Ereignissen sind gewöhnlich in dominanter oder peripherer Position Rollenträger beteiligt, die sich in Aktion begeben.

(3) Erzählungen markieren eine Ausgangssituation und steuern ein Ziel oder mehrere Ziele an. Zwischen Start und Ziel liegt eine verändernde Bewegung (dazu GÜLICH 1976, S. 225; ebenso RATH 1982, S. 34ff.) Start und Ziel müssen nicht immer sprachlichem Anfangspunkt und Endpunkt der Geschichte entsprechen. Die verändernde Bewegung hat jeweils ein Ergebnis. Dieses Ergebnis fällt, gemessen am Ziel der verändernden Bewegung, mehr oder weniger »gut« aus.

Die erzählerische sprachliche Inszenierung leistet also dreierlei: Sie plaziert ein Ereignis (gibt einem interpunktierten Geschehen ein Raum-Zeit-Maß); dieses Ereignis wird konstelliert als Rollendrama (meist mit belebten oder Mitwirkenden); die Rollenträger werden in eine mehr oder weniger deutlich zielorientierte Bewegung gesetzt.

Der Psychoanalytiker im narrativen Prozeß

Wie stellt sich der Analytiker zur Erzählung ein? Was in seiner Wahrnehmung Kontur gewinnen soll, ist das Erleben des Patienten, die besondere Art, wie sein Denken und Fühlen im Erzählvorgang Gestalt annimmt. Hier ist der Analytiker nicht nur wie ein Interviewer, der Geschick darin beweist, die persönliche Sichtweise des Befragten hervorzulocken und deutlich werden zu lassen; sein Interesse gilt – anders als im Alltag – nicht nur den Mitteilungen, sondern vor allem der Art, wie der Befragte sich sprachlich verhält. Diese besondere professionelle Wahrnehmungsperspektive »beinhaltet die Distanzierung von der umgangssprachlich vermittelten Bedeutung der Aussage, die Trennung des Themas von dem umgangssprachlich gemeinten Zusammenhang und seine Verknüpfung mit einem neuen ›thematischen Feld‹ ... Diese Form der Einstellungsveränderung führt zu einer neuen spezifischen Bedeutung des umgangssprachlich vermittelten Themas« (ARGELANDER 1979, S. 37).

Man hat von der Lyrikerin Droste-Hülshoff gesagt, es habe »die Wortwahl für sie die Bedeutung einer sinnlichen Vergegenwärtigung« (HESELHAUS 1984, S. 791). Wenn es erlaubt ist, den Ausdruck »sinnliche Vergegenwärtigung« von seinem poetischen Bezugsrahmen zu lösen und auf das unbedachte Sprechen zu übertragen, so soll das hier anschaulich machen, wie die Wahl eines individuellen Wortausdrucks einen sinnenhaft erfahrbaren Eindruck weckt, dem der Analytiker systematisch nachgeht. Als »sinnliche Vergegenwärtigung« präsentiert sich im Beispiel dem zuhörenden Analytiker das Wort »fließen«, dessen konkret-körperliche Bedeutung im Verlauf der Behandlungsstunde er als sinnfällig eingebettet in eine kindliche Szenerie von Beziehungen darstellen kann. Es gelingt dem Analytiker durch Anhäufung, Kombination und kontinuierliche Prüfung des Materials, das neue thematische Feld einer kindlichen Beziehungssituation nach und nach aufzuzeigen und den Patienten die Situation in Zusammenhang und Verlauf der ganzen Stunde als Erlebnisszenerie sehen zu lassen, die in einen kindlichen Interaktionsrahmen paßt. Dieses neue thematische Feld eines am Material der Stunde und der aktuellen Beziehung zwischen Patient und Analytiker interpretativ herausgearbeiteten kindlichen Interaktionskontextes soll ein geprägtes emotionales Erfahrungsmuster des Patienten modellieren.

Für unseren Zugriff auf die Erzählung als sprachliche Inszenierung ist die spezifische Wortwahl ein zentrales Element. Es macht in dieser Auffassung einen wichtigen Unterschied, ob ein Erzähler beispielsweise äußert: »Ich konnte diese Arbeit nicht unerledigt liegenlassen«, oder ob er sagt: »Ich wollte das angestrebte Ziel, auch unter Widerständen, erreichen«. Möglicherweise gleichen sich beide Sprecher einander sonst im beobachtbaren Verhalten stark, sind womöglich beide leistungsorientiert und erfolgreich und befinden sich vielleicht in ganz ähnlichen Lebensumständen. Dennoch wird die Leistungssituation spezifisch unterschiedlich modelliert: Im ersten Fall wird mit Arbeit zunächst ein Nicht-Können verknüpft, ein Scheitern bezüglich eines Drangs, von dem man nicht lassen kann. Im zweiten Fall wird ein Wollen, entschiedene Orientierung auf das Ziel hin, sprachlich inszeniert. Wenn beide Äußerungen eingebettet sind in jeweils eine episodische Sequenz, dann läßt sich detailliert untersuchen, wie sich anhand der Wahl der Verben und Verbausdrücke für die Entwicklung des dramatischen Prozesses das thematische Feld der Arbeits- und Leistungssituation auf der inneren dramatischen Bühne ausgestaltet. Dieses die inhaltliche Wortwahl stark akzentuierende Vorgehen hat Ähnlichkeit mit der Metaphernanalyse nach LAKOFF (1987; LAKOFF u. JOHNSON 1980; JOHNSON 1987).

Es handelt sich um ein Hören von Mitteilungen im Modus der sinnlichen Vergegenwärtigung. Diese Art des Hörens ist im psychoanalytischen Alltag gebräuchlich, wenn es um die Modellierung der inneren Welt des Patienten geht. Man sollte aber darüberhinaus fragen, ob die subjektive Sprachgestaltung von Patienten in systematischer Form in den Blick genommen werden kann. Dies soll anhand der Vorstellung einiger Bausteine zur Konstruktion eines erzählanalytischen Verfahrens veranschaulicht werden. Unter »Erzählanalyse« verstehe ich *die semantische Analyse solcher sprachlicher Inszenierungen, die einen individuellen Handlungs- oder Geschehensverlauf wiedergeben, der als bestimmtes, raumzeitlich festgelegtes Ereignis vom Sprecher gekennzeichnet wird.* Die Analyse erarbeitet organisierende Merkmale der Erzählung, die als dramaturgische Modellierung eines emotionalen Verarbeitungsprozesses verstanden wird (BOOTHE 1992a).

Patienten bedienen sich in der psychotherapeutischen Behandlung kleiner mündlicher Erzählungen, um ihr Leben zu veranschaulichen. Es empfiehlt sich, diese leicht zugängliche und ihrer Bauart nach relativ übersichtliche sprachliche Form für die Psychotherapieforschung und Psychotherapieprozeßforschung fruchtbar zu machen (Vgl. GILL u. HOFFMANN 1982; LUBORSKY 1977; LUBORSKY u. KÄCHELE 1988; LUBORSKY et al. 1992). Solche Erzählungen in systematisierter Form zu untersuchen, bietet mehrere Vorteile:

– Man bezieht sich auf Datenmaterial, das nicht durch einen

Dritten vorinterpretiert, sondern in seiner ursprünglichen Form gegeben ist; abgesehen von interpretativen Einflüßen bei der Transkribierung.

- Die »Widerspenstigkeit« des empirisch Gegebenen (LAMNEK 1988, S. 89) wird nicht vorgängig geglättet.
- Man hat es mit einer übersichtlichen Datenmenge zu tun, die auch über den gesamten Therapieverlauf untersucht werden kann.
- Es besteht die Möglichkeit, an ein und demselben Material verschiedene Auswertungsverfahren zu erproben und zu überprüfen.
- Es besteht die Chance interdisziplinärer Zusammenarbeit (in Gestalt soziologischer, linguistischer, literaturwissenschaftlicher Verfahren zur Narrativik).

Der Ablauf der Erzählanalyse wird zunächst durch die Wahl der sprachlichen Dimensionen und sodann durch einige ausgewählte Auswertungsschritte vorgestellt. Eine vollständige und ausgearbeitete Präsentation des Instruments wäre an dieser Stelle zu umfangreich. Ein revidiertes umfangreiches Manual wird derzeit fertiggestellt.

Der dramatische Ablauf

Die hier gewählte Zugangsebene richtet den Fokus auf die geschilderten Handlungsabläufe als Zentralelemente der Erzählung und faßt alles übrige verbale Erzählmaterial als Umgebung dieser Handlungsabläufe auf. Diese Zugangsebene stilisiert die Erzählung gewissermaßen zu einer »platten«, bloß reihenden Abfolge von Handlungs- und Umgebungselementen. Sie läßt deren Bauplan damit weitgehend unberücksichtigt. In dieser Sichtweise setzt sich eine Erzählung zusammen aus szenischen, narrativen, deskriptiven, kommentierenden und interaktiven Redeformen. Die narrativen und szenischen Passagen werden als Zentralelemente verstanden, die deskriptiven, kommentierenden und interaktiven Passagen als Umgebungselemente.

Zentralelemente oder Kernstücke der Erzählung sind narrative und szenische Redeformen. Sie beinhalten den Ablauf einer Aktivität als individuelles Ereignis (dazu CLARKE 1982). Die Kernstücke des Erzählvorgangs werden somit begrifflich dadurch bestimmt, daß sie den Ablauf einer Aktivität als individuelles Ereignis darbieten. Der Erzähler stellt eine Situation oder ein Situationsgefüge her, in dem er durch die Wahl seiner sprachlichen Formulierung die Einzelheiten des Ereignisablaufs als einen spezifischen Vollzug bestimmt und sie damit in einen spezifischen Funktions- oder Bezugsrahmen stellt (Kontextualisierung). Auf diese Weise entwirft der Erzähler eine spezifische dramatische Verkettung beziehungsweise Verknüpfung von Zentral- und Umgebungselementen. Freilich ahnt jeder, der sich schon einmal mit Problemen der Erfassung alltagserzählerischer Bauelemente befaßt hat, die letztlich unüberwindbar bleibenden Schwierigkeiten, die sich beim Versuch einer Entwicklung möglichst eindeutiger Zuordnungsregeln mit Aussicht auf reliable Anwendung ergeben. Auszeichnendes Merkmal erzählerischer Baupläne ist gerade ein mehr oder weniger hohes Unbestimmtheitsmaß, das eine Bandbreite von Verstehensversionen zuläßt. Dementsprechend kommt es darauf an, die eigene Verstehensvision auf einer prüfbaren Basis explizit zu machen. Der Umstand, daß es sich beim Ausgangsmaterial vor allem um nicht-schriftliche Dokumente der Alltagssprache handelt, birgt weitere Komplikationen.

Etwa die Möglichkeit des Analysierenden im Gegensatz zum Hörer im Alltag, »... die gesprochenen Texte beliebig oft zu hören und zu lesen. Es besteht dabei allerdings die Gefahr, die Texte insofern zu mißdeuten, als ihnen an ›indirekten‹ Informationen – zum Beispiel über die Textgliederung – mehr entnommen wird, als der Hörer ihnen entnehmen kann und der Sprecher ihnen tatsächlich mitgegeben hat. Diese – gleichsam hermeneutische – Gefahr birgt jede Methode, die bei Rekonstruktionen auf die Interpretation sprachlicher Erzeugnisse angewiesen ist.« (RATH 1979, S. 35)

Es geht in der hier zu entwickelnden Analyse von Erzählungen darum, die subjektive Wortwahl des jeweiligen Erzählers, die Art und Weise, festzuhalten, wie er im sprachlichen Prozeß seine »Meinungen« artikuliert (BIERI 1981). Dieses »Festhalten« ist interessegeleitet. Festzuhalten ist die subjektive sprachliche Wahl als spezifische Bestimmung einer Situation im Sinn eines jeweiligen dramatischen Prozeßelements. Diese versucht stärker zu differenzieren als die im Bereich der Handlungstheorie bekannte Unterscheidung von »doings« – »states« – »happenings« (z. B. VAN DIJK 1980), oder »action« – »state« – »process« nach PATTON und MEARA (1987, S. 282). Ausgangspunkt ist also die Überlegung, welche Folge von dramatischen Prozeßeinheiten durch die in der erzählerischen Darstellung festgelegte Ereignisverkettung im Detail repräsentiert wird.

Auf dieser Einteilung basierend soll ein Analyseansatz entwickelt werden, der sozusagen »in Großaufnahme« verfolgt, wie der Erzähler, auf der von ihm selbst errichteten Bühne, im Detail Aktivität von Rollenträgern abwickeln läßt. Einleitungsmarkierungen bestehen gewöhnlich aus Raum-Zeit-Angaben (Erzähleinstieg), Ausleitungsmarkierungen bestehen aus Ereignisabschlüssen, die aber selbst noch in direktem Anschluß kommentiert (bewertet) werden können. Eine Erzählung kann ihrer Thematik nach mehrere Handlungsabläufe (»Episoden« oder »Szenen«) umfassen; im Strukturmodell von VAN DIJK (1980) ist es häufig relativ gut möglich, den Erzählungsumfang und die Erzählungsgrenzen über mehrere Episoden hinweg sinnvoll zu bestimmen. Bei dem hier vorgetragenen Ansatz der Abfolgen von Handlungsabläufen ist das weniger einfach. Entsprechend gehe ich bei der Bestimmung der Erzählungseinheit zunächst nicht von der Gestalt der ganzen Erzählung als Kette potentiell vieler Handlungsabwicklungen aus (da sie ohnehin nicht ihren Bildungsregeln nach bestimmt wird), sondern von der Einheit der einzelnen Erzählung oder narrativen »Episode«.

Bausteine einer dramaturgischen Erzählanalyse

Zweck der Erzählanalyse

Der erzählende Aneignungsprozeß des Gegebenen (Bredella 1980) zeigt die »Welt als Schöpfung« durch ein »Medium der Mittelbarkeit« in einem Prozeß retrospektiver Kategorisierung, der sich einerseits am Interesse an »Selbst-Bestätigung«, andererseits an »Selbst-Transzendenz« orientiert. Diese Interessen können in der Gestaltung der Erzählung vielschichtig und divergent miteinander verwoben sein.

Die rekonstruktive Analyse dieses erzählenden Aneignungsprozesses verspricht Aufschluß über Konflikte, damit verknüpfte Bewältigungsstrategien, Abwehrformen und Erlebnisweisen von Patienten, wie sie sich dem diagnostizierenden und die Beziehungssituation mitgestaltenden Therapeuten darstellen. Geleitet von der eigenen diagnostischen Einschätzung dieser Verhältnisse erarbeitet der Analytiker seine verbalen Interventionen, die als Marksteine im Verstehensprozeß Bedeutung haben sollen. Das setzt voraus, daß der Therapeut sich in der diagnostischen Phase wie im Therapieverlauf über die psychische Situation seines Patienten Rechenschaft ablegt und sie als zusammenhängende Organisation zu verstehen sucht (Argelander 1979). Im allgemeinen dokumentiert er seine Ergebnisse in einem diagnostischen Bericht. Dieser leidet freilich häufig an undurchsichtigem Materialbezug, Heterogenität der Präsentation und fraglicher Validität.

Empfehlenswert sind daher Wege der für ein psychodynamisches Verständnis relevanten diagnostischen Materialpräsentation und Materialanalyse, die (a) sich am Material des Patienten orientieren, (b) in ihrem Bauplan strukturiert sind und (c) Validität erreichen können.

Entschließt man sich auf der Suche nach solchen Möglichkeiten, von der verbalen Ebene des Materials auszugehen, so wäre eine Form der Darstellung zu fordern, die – im Therapieverlauf wiederholt eingesetzt – auch erlauben würde, *Veränderungen* festzustellen. Ein Ausgangspunkt für die Entwicklung eines Programms verbaler Materialanalyse für die Zwecke eines psychodynamisch relevanten »valid summary« (LAFFAL 1987) kann eine konzeptuelle rekonstruktive Analyse der mündlichen autobiographischen Erzählungen von Patienten sein.

Bei solchen Erzählungen und episodischen Selbstdarstellungen des Patienten handelt es sich einerseits um ritualisierte, auf kommunikative Wirkung zielende Formen; andererseits verdeutlichen sie die konflikthafte psychische Verfassung des Sprechers. Sie präsentieren Modelle sequentiell geordneten, zielgerichteten Handelns oder Geschehens aus der engagierten Sicht des Sprechers. Diese Modelle bauen auf mißlungenen oder gelungenen, mit Wünschen, Absichten, Zielen verknüpften Erfahrungen auf und lassen sich auf wesentliche Züge der Erfahrungsorganisation hin rekonstruktiv erschließen und im Therapieprozeß vergleichend weiterverfolgen.

Die Analyse der sequentiell organisierten Verlaufsform der Erzählung als sprachliche Inszenierung, die einen Spannungsbogen von Startzustand bis zum (gegebenenfalls veränderten) Ergebniszustand bildet, rekonstruiert über eine detailgenaue Erfassung von auftretenden Figuren (Objekten), sich vollziehenden Aktionen sowie von Umgebungselementen die erzählte Episode als Modell einer Konfliktbewältigung. Die zentrale Bedeutung der Verknüpfung von Objekten und Aktionen im dramatischen Ablauf gab Anlaß zur Wahl des Namens für die hier vorgestellte Form einer Erzählanalyse: Sie trägt den Namen JAKOB (BOOTHE 1991).

Der Erzähltext wird also in folgender Perspektive wahrgenommen: Die erzählende Person inszeniert eine Episode. Sie ist als Erzählerin die Regisseurin der Inszenierung. Sie läßt als Figuren Personen, aber auch nicht-menschliche Akteure auftreten und interagieren. Sie plaziert die Figuren räumlich, staffiert sie aus, umgibt sie mit Objekten, schafft für die Figuren und ihre Interaktionen Hintergründe. Für die Erzählregie gilt jedoch das Prinzip der Gegensatztoleranz: Auch der Verzicht auf Hintergründe, Ausstattungsstücke oder auch ein nur sparsamer Einsatz von Aktivitäten, oder die Interaktion zwischen Tieren oder unbelebten Objekten ist unter bestimmten Bedingungen möglich. Wenn versucht wird, mit Hilfe erzählanalytischer Kategorien den Text als dramaturgisches Modell zu rekonstruieren, geht es darum, Inszenierungsaspekte hervorzuheben. Der Aufbau des Erzählprodukts soll kenntlich gemacht werden.

Dabei wird aus dem gesamten Spektrum dessen, was untersucht werden könnte, eine Auswahl getroffen: Es geht um eine Erfassung des »Bühnen-Personals« sowie der »Ausstattungselemente« der imaginären »Bühne«, um ein Kenntlichmachen der »Positionen«, in denen sich die Figuren und Dinge im Verhältnis zueinander befinden; und im Zentrum der Aufmerksamkeit steht die detaillierte Aufschlüsselung des Repertoires an Möglichkeiten, welche die Verbformen der Sprache bieten, um zu zeigen, auf welche spezifischen Arten Figuren in Verbindung miteinander treten, wie sich auf der »Bühne« der »dramatische Prozeß« abspielt.

Leitender Gedanke ist, daß die im Erzähltext vorkommenden Verbausdrücke so wenig als möglich interpretierend angewandt, sondern nach Möglichkeit lexikalisch zugeordnet werden sollen.

Jedoch soll es gelingen, einen Verbausdruck komplex zu bestimmen, ihn nach verschiedenen Sinnaspekten aufzugliedern und diese Aspekte durch eine komplexe Bestimmung zu berücksichtigen. Für die Bestimmung der Figuren, Ausstattungselemente, Positionen und Aktivitäten oder Aktionen sowie für bestimmte zentrale Aspekte der Regieführung ist ein differenziertes Kodierschema entwickelt worden. Häufig wird der Zuordnungsprozeß nicht ganz eindeutig sein; hier spielt dann die subjektive Sicht des Beurteilers eine besondere Rolle; freilich durchaus keine negative, wie HÖRMANN (1976, S. 255) überzeugend darlegt. Man könnte in vielen Fällen sogar von »kreativer Differenz« sprechen.

Erzählsprache als Dramaturgie

Bei der Einteilung der Sinneinheiten geht es darum, alle relevanten Worte und Wortverbindungen je einer dieser Elemente oder einer spezifischen Verknüpfung von Elementen zuzuordnen. Die Sinneinheiten kennzeichnen jeweils einen Aspekt eines Handlungs- oder Geschehensablaufs:

– Es wird gefragt:
  Wer (Figur: Akteur) tut/erlebt was (Aktion) in bezug auf

wen (Figur: Objekt der Aktion) wo/in welcher Richtung, mit welchen Mitteln/unter welchen Umständen (Umgebungselemente)?

Mit Hilfe einer Liste von Sinneinheiten für Figuren – Aktionen – Umgebungselemente werden die sprachlichen Äußerungen innerhalb einer Erzählepisode des Patienten kodiert.

- Im Kodierungsprozeß wird jede sprachliche Äusserung daraufhin überprüft, ob sie Elemente für Figuren, Aktionen und Umgebung enthält.
- Die Kodierung will ein szenisches Muster nachbilden: Wo? Wer? Was? In bezug auf? Unter welchen Umständen? Mit welchen Mitteln?
- Auf diese Weise entsteht jeweils eine szenische Sequenz, ein Ablauf mit Anfang, Mitte und Ende, der nun vom Analytiker mittels psychoanalytischer Kategorien als persönlichkeitsspezifische Inszenierungsform beschrieben werden soll.

Das Augenmerk richtet sich in der Erzählanalyse mit besonderem Interesse auf die Wahl der Verben und Verbausdrücke (»Aktionen« genannt). Eine schlichte Einteilung der Verbausdrücke in »doings« (Handeln), »states« (Zustände) und »happenings« (Geschehen) wäre nicht differenziert genug. Denn zum einen wird das »Handeln« begleitet, ergänzt und vorbereitet durch emotionale und motivationale Prozeße, die gerade im Erzählvorgang breiten Raum einnehmen können. Zum zweiten besitzt Handeln selbst keine einheitliche Charakteristik (Körperbewegungen wie zum Beispiel »einen Arm heben«, »mit den Augen blinzeln« sind mit guten Gründen zu unterscheiden von kulturell geformten Aktivitäten wie »ein Auto verkaufen«). Zum dritten deckt der Bereich des Tuns eine große Palette in Erzählungen höchst wichtiger Verbal-Ausdrücke nicht ab, und zwar mindestens diejenigen, die man als Beziehungsdeklarationen oder, in leicht verkürzender Diktion, als Interaktionen zusammenfassen könnte. Formuliert ein Erzähler zum Beispiel »da habe ich mich seinem Willen gefügt«, gibt es keinerlei Handlung, die diese Tatsache abbildet, sondern er bringt die Art und Weise zum Ausdruck, wie er sich zu seinem Gegenüber ins Verhältnis setzt.

Es geht darum, die Erlebens-, Handlungs- und Geschehensmodalitäten, aus denen eine narrative Inszenierung sich aufbaut, möglichst spezifisch zu erfassen. Modalitäten des Handelns, Erlebens und Geschehens sollten so gekennzeichnet werden, daß sie im psychoanalytischen Verständnis der Objektrelationen sinnfällig werden können.

In diesem Sinne werden a priori *fünf Hauptdimensionen* des dramatischen Prozesses bestimmt. Die Einteilung geht von folgendem Gesichtspunkt aus: Die Verbausdrücke sollen derart in Dimensionen aufgegliedert werden, daß sie jeweils eine »dramatische Einstellung« im Aktionsgeflecht eines »Bühnenstücks« festhalten. Ausgangspunkt ist dabei die Idee, daß es in der Entfaltung des Aktionsraums typische Stationen gibt, die sinnfällig zu unterscheiden sind. Zum Beispiel kann sich auf einer Theaterbühne im Rahmen der Ereignisse Unterschiedliches ereignen, was sich durch die erwähnten Stationen markieren läßt.

Attraktion/Sympathie: Das Gehabe des Schauspielers inmitten einer dargestellten feierlichen Naturstimmung präsentiert eine Haltung andachtsvoller Bewunderung. (Der Schauspieler vermittelt eine emotionale Einstellung mit den Polen Sympathie-Antipathie, Nähe-Distanz. Er bezieht emotional Stellung auf ein Objekt hin.) Daß ein wirkliches Bühnenstück auf diese Art nicht weitergehen könnte, ist klar. Naturempfinden und Andacht sind Phänomene, die sich eher für ein romantisches Gemälde, oder vielleicht für eine Operneröffnung eignen und mit der Zeit langweilig würden, da auf der Handlungsebene keine Veränderungen eintreten.

Vollzug: Der Schauspieler läuft umher, springt, lacht, redet, tritt auf, tritt ab. Gemeint sind körperliche Bewegungen, körperliche Reaktionen, Erregung, Beruhigung, Spannung und Entspannung.

Motivation: Der Schauspieler führt vor, wie er zum Beispiel zweifelt, etwas erwartet, sich begeistert oder einen Entschluß faßt.

Aktivität: In dieser Aktionskategorie ist er als Handelnder zu verstehen (kämpfend, spielend, fordernd). Gemeint sind intelligente, wohlorganisierte Aktionen im Umgang mit einem belebtem und unbelebtem Gegenüber und mit sich selbst.

Interaktion: Der Schauspieler ist in der Rolle des Liebhabers, der eine Dame verführt, oder als Sohn, der sich gegen den Vater auflehnt oder als Polizist, der ein Haus überwacht. Läßt sich auf der Bühne noch mit einfachen Mitteln der Ablauf etwa des Spielens oder Kämpfens darstellen, indem dies sich als Episode inszeniert, wird es bei der Darstellung etwa von »stören«, »sich bemächtigen« oder »sich unterwerfen« schwierig, anhand der Bühnendarstellung zu verstehen, daß X sich dem Y unterwirft. Denn das heißt ja nicht nur, den Ablauf einer Episode von Anfang bis Ende zu verstehen, sondern in der Darstellung zu begreifen, in welcher Beziehung X zu Y steht.

Es werden fünf Dimensionen für die besonders zentralen Kategorien des dramatischen Prozesses gebildet, in der auf Erfahrungen aufbauenden Annahme, auf ihnen alle vorkommenden Verben und Verbausdrücke einordnen zu können. Ob die gewählten Dimensionen und Kategorien in der Tat eine längerfristige Bewährungschance haben, müssen künftige Erfahrungen mit einer noch breiteren Textbasis zeigen.

Die fünf Dimensionen werden durch Schlüsselwörter markiert: *Attraktion, Vollzug, Motivation, Aktivität, Interaktion*. Verben werden also danach erfaßt, ob es sich um Ausdrücke für die Bereiche von Sympathie oder Antipathie handelt, ob sie für Motivationales, für Vollzugsgeschehen, für den Bereich des intelligenten Handelns stehen, oder ob sie eine Qualität von Beziehung zum Ausdruck bringen:

- Verben der libidinösen/aggressiven/narzißtischen Bezugnahme: *Attraktion/Sympathie*
- Verben der primär körperlichen Vollzüge: *Vollzug*
- Verben, die Zielorientierungen angeben: *Motivation*
- Akt- und Tätigkeitsverben: *Aktivität*
- Verben der Beziehung und Kommunikation mit inneren und äußeren Objekten: *Interaktion*

Auf den Prozeß der Zuordnung von Verben und Verbausdrücken sowie auf die Kriterien der Zuordnung ist hier nicht weiter einzugehen. An dieser Stelle müssen wenige Beispiele genügen: Bei *Attraktion/Sympathie* werden zum Beispiel: lieben und hassen eingeordnet, bei *Vollzug*: blinzeln, lachen, ruhen, gehen, bei *Motivation*: wollen, wählen, bei *Handeln*: geben, nehmen, arbeiten, spielen. Zum Bereich der *Interaktion* gehören: sich unterwerfen, gehorchen, bestimmen.

Der dramatische Prozeß wird demnach aufgegliedert in:

(1) *Attraktion / Sympathie*
Fühlt sich X zu Y hingezogen / X von Y abgestoßen?
X neigt zu Y
Anziehung / Abstoßung durch Objekt
zum Beispiel Liebe, Haß, Furcht

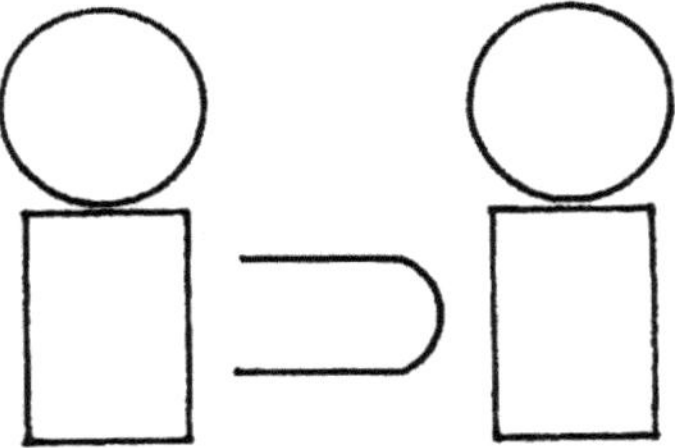

(2) *Vollzug*
Mit welcher körperlichen Verrichtung oder mit welchem Voll zug ist X in bezug auf Y beschäftigt?
X macht, verrichtet, vollzieht Y
Vollzug / körperliche Verrichtung
Beispiel Bewegung, Berührung, Gebärde

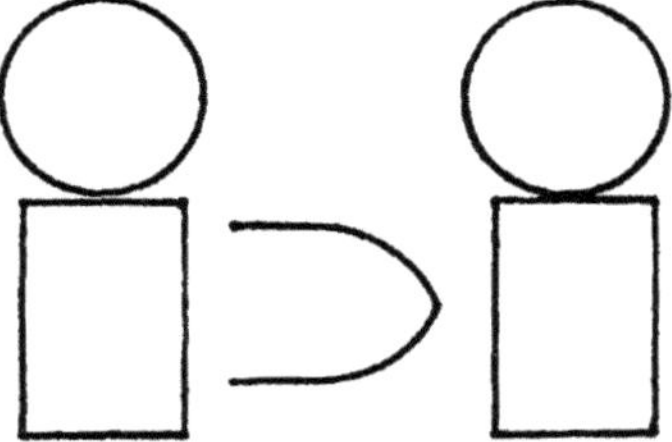

(3) *Motivation*
Ist ein Gerichtetsein von X auf Y angesprochen?
X ist intentional gerichtet auf Y
Motivation
zum Beispiel Bedürfnis, Interesse, Verzicht

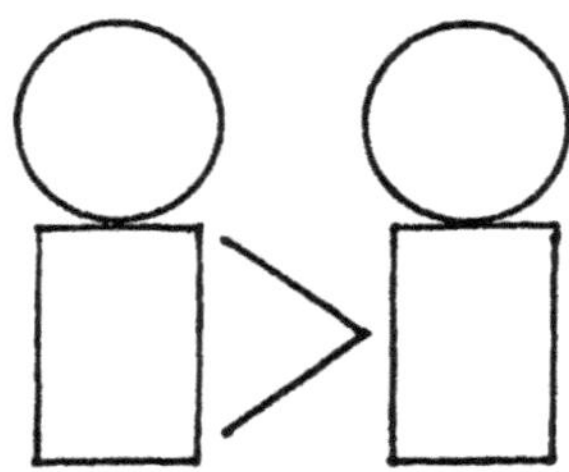

(4) *Aktivität*
Welche intelligente Aktivität übt X aus in bezug auf Y?

X handelt in bezug auf Y

Aktivität

zum Beispiel Spiel, Kampf, Geben

(5) *Interaktion*
Wie definiert X seine Beziehung zu Y?

X bezieht sich auf Y

Interaktion

zum Beispiel Anpassung, Leistung, Verführung

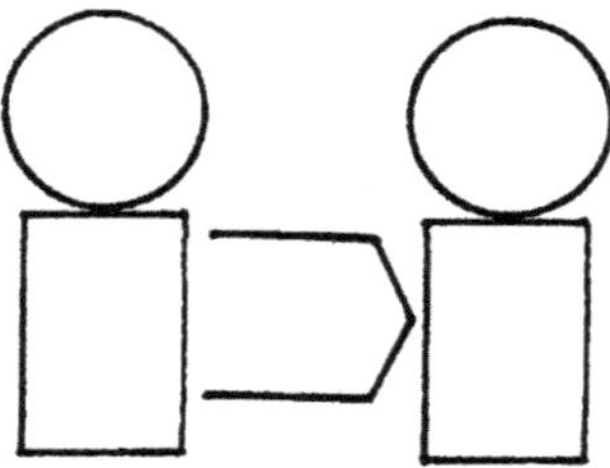

Die fünf Dimensionen des dramatischen Prozesses werden jeweils weiter aufgegliedert, so daß jede einzelne Dimension näher bestimmt wird durch ein Paket von Verbkategorien. Die begriffliche Differenzierung der fünf Dimensionen des dramatischen Prozesses erfolgt vertikal und horizontal. Ausgangspunkt ist jeweils ein prototypisches Konzept, das als zentraler Repräsentant der jeweiligen Dimension gelten soll; von ihm ausgehend wird eine weitere Aufgliederung der jeweiligen Dimension vorgenommen, und zwar horizontal in der Perspektive der Integration, vertikal in der Perspektive der Relation; zusätzlich werden kontrastierende Paare gebildet.

Als prototypisches Konzept für die Dimension *Attraktion/Sympathie* wird »Bewunderung« gewählt; von »Bewunderung« ausgehend werden unter dem Gesichtspunkt der Integration horizontal die beiden weiteren Zentralkonzepte »Respekt« und »Liebe« entwickelt. Eine vertikale Auffächerung findet hier nicht statt; es werden nur die kontrastierenden Paare »Verachtung« »Furcht« und »Haß« gebildet. Als prototypisches Konzept für die Dimension *Vollzug* wird »Anfang« gewählt; ihm werden horizontal die Konzepte »Fortsetzung« und »Wiederholung« zugeordnet, vertikal die Konzepte »Spannung« und »Berührung«. Kontrastpaare werden jeweils formuliert. Als prototypisches Konzept für die Dimension *Motivation* wird »Bedürfnis« gewählt; ihm sind horizontal »Erwartung« und »Interesse« zugeordnet, vertikal »Wunsch« und Zustimmung«. Zusätzlich werden kontrastierende Paare formuliert. Als prototypisches Konzept für die Dimension *Aktivität* wird »Wahrnehmung« gewählt; es wird horizontal ergänzt durch »Darstellung« und »Nachahmung« und vertikal durch »Empfangen« und »Spiel«. Außerdem werden kontrastierende Paare formuliert. Als protoypisches Konzept für die Dimension *Interaktion* wird »Ordnung« gesetzt, mit der horizontalen Ergänzung durch »Leistung« und »Aufbau« und der vertikalen Ergänzung durch »Kontrolle« und »Verbindung«, einschließlich einer Ergänzung durch kontrastierende Paare.

Attraktion/Sympathie

Horizontal:	Zunahme an Nähe zum Objekt
Vertikal:	Kontrastierung

Bewunderung	Respekt	Liebe
Verachtung	Furcht	Haß

Vollzug

Horizontal:	Zunahme des Plancharakters der körperlichen Vollzüge
Vertikal:	Kontrastierung
Vertikal:	Zunahme der Kontaktqualität

Anfang	Fortsetzung	Wiederholung
Ende	Bleiben/Verharren	Ausbleiben/Fehlen
Spannung	Bewegung	Durchführung
Entspannung	Gebärde	Unterlassung
Berührung	Zärtlichkeit	Sexualität
Spannungslösung	Attacke	Quälen

Motivation

Horizontal:	Zunahme der kognitiven Strukturiertheit
Vertikal:	Kontrastierung
Vertikal:	Zunahme der Objektorientierung

Bedürfnis	Erwartung	Interesse
Abscheu	Enttäuschung	Überdruß
Wunsch	Wille	Entscheidung
Resignation	Zweifel	Verzicht
Zustimmung	Begeisterung	Glauben
Ablehnung	Besorgnis	Verzweiflung

Aktivität

Horizontal:	Zunahme des Plancharakters
Vertikal:	Kontrastierung
Vertikal:	Zunahme des Dialogcharakters

Wahrnehmung	Darstellung	Nachahmung
Ausblenden	Verbergen	Täuschen
Empfangen	Nehmen	Fordern
Geben	Verzichten	Dulden
Spiel	Probe	Kampf
Arbeit	Denken	Kommentar

Interaktion
Horizontal: Zunahme des Zielcharakters
Vertikal: Kontrastierung
Vertikal: Zunahme der Objektorientierung

Ordnung	Leistung	Aufbau
Störung	Scheitern	Zerstörung
Kontrolle	Steuerung	Verführung
Verpflichtung	Belastung	Preisgabe
Verbindung	Anpassung	Unterwerfung
Abgrenzung	Auflehnung	Befreiung

Auf eine weitere Erläuterung der Verbkategorien muß an dieser Stelle verzichtet, eine Warnung aber ausgesprochen werden: Wie so viele Versuche, eine Idee durch ein Beispiel zu veranschaulichen, ist auch dieser Versuch teilweise kurzschlüssig und irreführend. Irreführend beispielsweise insofern, als die verschiedenen Bühnensituationen nicht illustrieren sollen, was auf der Bühne jeweils zu sehen ist, denn zu sehen wird in allen Situationen etwas ganz Einheitliches sein: Irgendetwas/irgendjemand ist in Ruhe oder in Bewegung. Die Situationen, welche die Verbkategorien illustrieren sollen, unterscheiden sich in der Bedeutung dessen, was sich auf der Bühne ereignet, in der Art und Weise also, wie wir die Ereignissequenzen als Geschehens- oder Handlungsaspekt auffassen.

Wie weiter oben ausgeführt, enthält eine Erzählung:
szenische Elemente: dramatischer Handlungs-/Geschehensablauf
narrative Elemente: Schilderung des Handlungs-/Geschehensablaufs
deskriptive Elemente: orientierende Wiedergabe von Situationsaspekten
kommentierende Elemente: Beurteilung des szenisch, narrativ, beschreibend Wiedergegebenen durch den Erzähler.
interaktive Elemente: Formen der Beziehungsaufnahme zum Hörer im Erzählungsablauf.

Weil das mündliche Erzählen die Grundform eines »simple narrative« (z. B. VAN DIJK 1974-1975) häufig nicht wahrt, sondern etwa Rückblenden, Vorwegnahmen, eingeschobene Evaluationen sowie fehlende Angaben von Rahmenbedingungen üblich sind, kommt hier ein erzählgrammatisches Modell nicht zur Anwendung.

Dennoch soll der Aufbau der Szene als Sequenz nachgezeichnet werden. Das geschieht durch die Zuordnung der Segmente als szenische, narrative, beschreibende, kommentierende und interaktive Elemente und durch die Gliederung der Erzählung in: »Beginn« – »Handlungsbeginn« – »Handlungsentwicklung« – »Handlungsabschluß« – »Abschluß«, bei Berücksichtigung von sogenannten »Zäsur«-Elementen, die an jeder Stelle der Sequenz auftreten können.

Thema – Lösungsschritte – Ergebnis

Als Thema einer Erzählung wird die »Aufgabe« verstanden, die im narrativen Gestaltungsprozeß gelöst werden soll. Die Ermittlung des jeweiligen Themas verlangt die Inspektion der Szene, und zwar mit der Frage, welcher Bestrebung des Erzählers jeweils Ausdruck verschafft werden soll. In die jeweils geschilderte spezifische Situation plaziert der Erzähler als Thema eine Aufgabe, der er im Umgang mit der Situation gerecht zu werden sucht. Bei dem, was hier als »Aufgabe« verstanden werden soll, handelt es sich natürlich nicht um beliebige Absichten, Ziele, Pläne und Vorhaben. Um darzulegen, wie der Begriff *Aufgabe* als Instrument der Analyse von Alltagserzählungen angewandt werden soll, ist zunächst anzuknüpfen an die Modellierungsleistungen der Erzählung.

Ausgangspunkt ist folgende funktionale Bestimmung der Erzählung: Das Erlebte wird in der Erzählung als sequentieller Prozeß organisiert, der eine emotionale Verarbeitung durch den Sprecher in einer kommunikativen Form darbietet. Die sprachliche Form der Erzählung dient grundsätzlich dem sequentiellen Charakter der Wunscherfüllung einerseits, der Gewinnung von Sicherheit zur Angstentlastung andererseits.

»Destabilisierung« soll verstanden werden als psychische Reaktion emotionalen Drucks, des Verlusts sozialer Verbundenheit,

Mobilisierung konflikthafter Wunsch-Abwehr-Verhältnisse und der Beeinträchtigung des Identitätsgefühls. Die Abarbeitung des Erlebten im Nachhinein gestaltet sich als vierfacher Auftrag: (a) emotionale Entlastung im Nachhinein bei emotionaler Resonanz des Publikums (*Aktualisierung*); (b) Stabilisierung des Selbstgefühls durch Kontrolle im Nachhinein, vor einem bestätigenden Publikum (*Reorganisation*); (c) Reintegration ins Beziehungsfeld durch Integration der Affekte bei Antwort des Publikums (*soziale Identität*); (d) Neuarrangement der Wunsch- und Konfliktlage (*Restitution*).

Von zentralem Interesse ist eine Verteilung von Rollen und Handlungszügen, die geeignet ist, eine innere Beziehungskonstellation des Erzählers herauszuheben, die seine persönliche Positionierung in der von ihm selbst entworfenen Figurenwelt und seine Lösungsstrategie für eine ihm wesentliche Konfliktsituation anzeigt. Jede Geschichte gestaltet eine spannungsvolle Diskrepanz zwischen dem persönlich als optimal gewünschten (einer Art »Sollzustand« als erreichtem Ziel der Erzählung) und dem tatsächlich formulierten Erzähl-Ergebnis (einer Art »Seinszustand«). Ebenso liefert die Erzählung Informationen darüber, wie eine Person die auf das Ergebnis hin orientierte Spannung in der Erzählorganisation reguliert.

Im psychoanalytischen Interesse soll dieses Spannungsfeld als spezifische Sequenzentwicklung zwischen Startsituation, gewünschtem Ziel und erreichtem Ziel als Lösungsstrategie nachgezeichnet werden, und zwar durch Thematisierung der *Aufgabe*. Im Licht der Aufgabe wird die Situation strukturiert, zur Situationsauffassung des Erzählers, als Situation im Licht seiner spezifischen Interessen organisiert und somit kontrollierbar.

Die *Aufgabe* wird in der Erzählung thematisiert, mit den Mitteln der Sprache entwickelt und gelöst, und zwar im Sinne eines erreichten »Seins«-Zustands, der zum intendierten »Soll«-Zustand in einem je bestimmten Verhältnis steht.

Autobiographische Alltagserzählungen enthüllen ihr Thema gewöhnlich nicht unmittelbar. Aus psychoanalytischer Sicht erklärt sich die partielle und kompromißhafte Selbstverborgenheit der Alltagserzählung, ihr »Deckcharakter«, durch den Umstand, daß subjektive Thematisierung hier als vielschichtig, mehrgleisig, nicht voll kontrollierbar gedacht wird. Daher sind auch in der erzählerischen Produktion die funktionalen Zusammenhänge nicht ohne weiteres ersichtlich. Aus kommunikationswissenschaftlicher Perspektive ist zu bedenken, daß die Form der Erzählung als kommunikatives Produkt konventionellen Regeln und Normen genügen muß und daher auch als Traumerzählung immer ein Stück Öffentlichkeit bewahrt.

Zusammenschau im klinischen Interesse

Mit in sich zusammenhängenden, monologisch vorgetragenen und als episodische Darstellung in sich abgeschlossenen Mitteilungssequenzen darf man in Beratungs-, Psychotherapie-, Psychoanalysegesprächen als einer ganz gewöhnlichen Erscheinung rechnen. Ratsuchende bedienen sich der Erzählform regulär, um Ereignisse aus ihrem Leben aktuell werden zu lassen, um das Gegenüber zu gewinnen, dem Gesprächspartner Teilhabe zu erlauben. Diese übliche Praxis ist dennoch durchaus situationsspezifisch und individualisiert zu betrachten: Nicht alle Ratsuchenden bedienen sich ihrer gleichermaßen und im gleichen Umfang; und es wäre durchaus lohnend, detailliert zu untersuchen, ob hier systematische Unterschiede bestehen und welcher Art sie sind. Vorläufig darf man wohl festhalten, daß dieser Mitteilungsmodus dort vermehrt zum Einsatz kommt, wo intendiert wird, sich kommunikativ einzulassen, ohne Kontrolle aufzugeben.

Der Mitteilungsmodus *Erzählung* ist daher nicht oder nur eingeschränkt in Situationen zu erwarten, in denen Interesse an Teilhabe und Teilnahme des Gegenübers nicht vorausgesetzt werden kann. Die erzählerische Ereignisdarstellung kommt auch dann nicht zum Einsatz, wenn der Ratsuchende die Situation so definiert, daß nicht er selbst die Gesprächsorganisation bestimmt, sondern daß er vielmehr beispielsweise Fragen zu beantworten hat und somit eigene, gestaltende Beiträge für ihn nicht in Betracht kommen. Schließlich sind Erzählungen dort nicht zu erwarten, wo die Versetzungsregie nicht gelingt oder nicht angezeigt ist. Gemeint ist die Versetzung in die Zeitlichkeit und Räumlichkeit einer imaginierten Szene.

Positiv gewendet kann man formulieren: Die Aktualisierung der Erzählform verlangt, daß

(1) die eigene Abgeschlossenheit zugunsten der Teilnahme/ Teilhabe des Kommunikationspartners an der eigenen Position aufgehoben wird,

(2) der Erzähler für die Dauer der Erzählung als kommunikatives Zentrum fungiert,

(3) die Kommunikationspartner sich auf eine Versetzungsregie zur sprachlichen Herstellung einer imaginierten Räumlichkeit und Zeitlichkeit einlassen.

Für die klinische Praxis sind einige Implikationen dieser drei Regeln interessant.

Zu (1): Die Aufhebung eigener Abgeschlossenheit, wie sie durch die erzählerische Selbstdarbietung zustande kommt, darf nicht mißverstanden werden als Strategie zur Vermehrung von Intimität (es sei denn in einem sehr weiten, lockeren Sinn). Es handelt sich vielmehr um eine Strategie zur Herstellung von Identifikation, um ein akkommodatives Verhalten. Es geht darum, beim Kommunikationspartner Identifikationstendenzen herzustellen; er möge beispielsweise solidarisch empfinden, das Geschilderte mit den Augen des Erzählers wahrnehmen, sich auf seine Seite stellen. Erzählbereitschaft – das sollte gerade im klinischen Interesse betont werden – entsteht somit nicht als Ergebnis einer Vertrauensprüfung, sondern bei Gelegenheiten, die vom Gegenüber Identifikationsbereitschaft erwarten lassen. Erzählt wird also in institutionellen Kontexten, die erwarten lassen, daß der Standpunkt des Ratsuchenden zur Geltung kommt. Darüberhinaus wird so erzählt, daß der Erzähler auf die spezifischen Aktions- und Interaktionsmöglichkeiten des institutionellen Kontextes zielt, jedenfalls so, wie er sie selbst interpretiert.

Hierzu gehört das im klinischen Bereich vieldiskutierte Phänomen, daß Patienten mit psychosomatischen Leiden, die organmedizinische Hilfe erhoffen und nicht zu einer Interpretation ihres Leidens auf der Ebene von Lebensproblemen neigen, in der Tat nur dort zum Kommunikationsmittel der erzählerischen Selbstdarbietung greifen, wo es um ihr Betroffensein von körperlichem Leid geht. Erzählungen zu Lebensproblemen lassen sich bei solchen Patienten nicht hervorlocken, allenfalls mit mehr oder weniger sanfter Gewalt abnötigen. Diese Produkte tragen dann deutlich den Stempel des Widerstrebens, man merkt ihnen an, daß eine identifikatorische Teilhabe des Gegenübers nicht erwünscht ist. Die Erzählungen vom körperlichen Leid hingegen, welche offen und spontan angeboten werden, sind ganz anders, farbig, bewegt, ausgestaltet und deutlich appellativ (Zepf u. Weidenhammer 1987). Sie wollen den Kommunikationspartner hineinziehen in die Szenerie körperlichen Betroffen- und Befallenseins und seine Bereitschaft wecken, lindernd und heilend einzugreifen.

Zu (2): Es gilt die Regel, daß sich der Erzähler für die Dauer der Erzählung zum kommunikativen Zentrum macht. Die Erzählung ist primär ein Monolog, in der Alltagskonversation gewöhnlich ein begleiteter Monolog. Das Gegenüber begleitet den Gang der Erzählung durch Kundgeben seines Interesses und seiner Beteiligung, affirmativ oder kritisch gefärbt. Nun kann eine Person, die sich auf ein Beratungs- oder Therapiegespräch einläßt, aus mancherlei Gründen vermeiden, sich zum kommunikativen Zentrum zu machen, also die bestimmende Sprecherrolle zu übernehmen und dem Gegenüber die Rolle des Zuhörers zuzuweisen. Der Ratsuchende kann beispielsweise davon ausgehen, sein Gegenüber sei auf Zuhören nicht eingestellt, sondern etwa auf eigene handlungsbezogene Informationen mit Hilfe von spezieller Befragung. Es ist nicht schwer, sich zu vergewissern, ob eine solche leitende Annahme beim Ratsuchenden wirksam ist. In psychotherapeutischen Erstgesprächen, Abklärungen und Beratungen drückt sie sich beispielsweise in Bemerkungen wie diesen aus: »Frau Doktor, jetzt wissen Sie alles, ich weiß nicht, was jetzt noch für Sie wichtig wäre«, oder »Jetzt habe ich alles gesagt, jetzt würde ich gerne von Ihnen hören, was ich tun soll«, oder auch »Wir haben jetzt so viel geredet, aber wie soll sich dadurch etwas ändern?«.

Es ist auch möglich, daß der Ratsuchende nicht glaubt, für die eigene Sicht der Dinge teilnehmendes Engagement herstellen zu können, vielleicht weil er davon ausgeht, keinen Glauben zu finden (in der Furcht, das Gegenüber zu irritieren, zu befremden, zu erschrecken); oder weil er sich nicht zutraut, den anderen als interessiertes Gegenüber zu gewinnen (hier handelt es sich um den Zweifel an der eigenen Fähigkeit, sich dem Objekt attraktiv darzubieten); oder weil ihn die Erzählerrolle in Verlegenheit bringt (er fürchtet die eigene Exponierung als peinliche oder nicht kontrollierbare Entblößung). Solche Ratsuchende machen den Eindruck, ihre eigene Isolation nicht aufheben zu können, aus einer stummen Abgeschlossenheit nicht herauszufinden. Dieses Zurückgeworfensein auf unüberwindlich scheinende Einsamkeit eines Erlebens, das sich nicht ausdrücken läßt, findet sich auch bei kindlichen oder erwachsenen Personen, die (traumatisierende) Ausnahmeerfahrungen gemacht haben, die sie nicht oder noch nicht integrieren können. Personen, die (gewöhnlich unbewußt) fürchten, ihr Gegenüber verkrafte oder ertrage die Positionsverteilung der Kommunikationspartner nicht, welche dadurch entsteht, daß der eine den anderen zum Zuhörer für die eigene Ereignisinterpretation macht, werden ebenfalls die Erzählsituation als gefahrvoll meiden. Daß schließlich Erzählen ohne weiteres der Vermeidung authentischer Selbstmitteilung dienen kann, ja, geeignet ist, persönliche Ideologien und Selbstdarstellungsvorlieben zu verfestigen, darf nicht vergessen werden. Wer beispielsweise im Rahmen einer psychoanalytischen Behandlung immer nur »Stories« auftischt, statt sich dem offenen Wagnis der freien Assoziation zu stellen, sucht die Wahrnehmung und den Reflexionsprozeß des Analytikers zu kontrollieren und ihm bestimmte Sichtweisen und Erklärungsversionen nahezulegen oder abzunötigen.

Zu (3): Bei der Versetzungsregel zur Herstellung imaginärer Räumlichkeit und Zeitlichkeit geht es um Fähigkeiten und Fertigkeiten der dramatischen Inszenierung, um Techniken der Evokation eines in sich abgeschlossenen Entwicklungsprozesses, der sich deutlich vor dem ihn zeitlich umgebenden Kommunikationsfluß als Story konturiert. Dies gelingt nur durch erfolgreiche Zusammenarbeit von Erzähler und Zuhörer. Der Zuhörer muß gewissermaßen den »Regieanweisungen« des Erzählers folgen. Der Zuhörer darf auch nicht die Erzählung durch eigene Weiterführung der begonnenen Story übernehmen. Von Bedeutung für die klinische Praxis ist, daß man in der Tat gelegentlich mit Patienten rechnen muß, die mit dieser Regel in Schwierigkeiten geraten. Die Versetzung gelingt nicht befriedigend. Realität und Phantasie vermischen sich, Erzählsituation und erzählte Situation können nicht hinreichend auseinandergehalten werden. Die Frage nach der Versetzungsfähigkeit ist natürlich keineswegs nur von klinischem Interesse. Sie gehört wohl vor allem zum Erzählerwerb, bei dem das kleine Kind allmählich lernt, daß der böse Wolf, der in der Geschichte vorkam, nicht wirklich da ist, oder die Fee, die dem armen Königssohn Wünsche erfüllte, Gleiches nicht für das enttäuschte Kind tut.

Die Frage der Versetzungsfähigkeit richtet sich generell auf das korrekte kommunikative Erfassen der Erzählsituation. Sie weist auch hin auf den für die klinische Praxis besonders wichtigen Umstand, daß die autobiographische Alltagserzählung auf Destabilisierung antwortet. Damit gerät die Konfliktspannung des Erzählers vielleicht auch in den Blick des Zuhörers, – sei es, daß ein tatsächlich ungelöster individueller Konflikt Emotionalität und Engagement mobilisiert, sei es, daß die Erzählung im Zuhörer identifikatorisch konfliktäre Spannung vitalisiert. Der Erzähler versucht durch die sequentielle Entwicklung, die er entwirft, eine Lösung für die Konfliktspannung zu erreichen oder mindestens auf eine solche Lösung zuzusteuern. Die Erzählung thematisiert eine konflikthafte Konstellation, die stark individualisiert, aber auch so aufbereitet sein kann, daß sie identifikatorisch viele Kommunikationspartner zugleich anspricht. Diese Konfliktkonstellation kleidet sich in ein Erzählmuster, das nur durch die Versetzungsregel kommunikative Existenz gewinnt. Dies macht das außerordentliche Interesse an der Erzählung, ihre unverwüstliche Lebendigkeit und verführerische Glaubwürdigkeit aus. Realität und Phantasie treffen sich im Entwurf des Lebens, in einer Überschreitung des Gegebenen auf den Schultern menschlicher Wünsche und im Blick auf die Formbarkeit des Erfahrenen. Erzählungen sind Hoffnungsträger, selbst dann, wenn es sich um Erzählungen von Hoffnungslosigkeit, Ausweglosigkeit und Verzweiflung handelt. Denn sie drängen auf eine produktive Entwicklung und eine wenigstens tentative Lösung konfliktärer Spannung. Sie drängen auf die wünschbare Ausfüllung eines Sollens. Darin sind sie unwiderstehlich.

Geschichten haben evokativ-darstellenden und argumentativen Charakter. Sie verdeutlichen und repräsentieren sozusagen par excellence die (bekanntlich keineswegs rational faßbare) wunsch- und konfliktorientierte Argumentation des Alltagslebens (WINDISCH 1990). Für die klinische Praxis ist es von großer Bedeutung, die Erzählung eines Ratsuchenden im Detail möglichst differenziert und in ihrer argumentativen Struktur zu verstehen. Denn in Erzählungen treffen sich die in noch unbearbeiteten Konflikten lebendige Erfahrungswelt, die eigene wunschgeleitete Utopie und die Sicht auf individuelle Lösungsmöglichkeiten.

Was bedeutet das für die psychoanalytische Praxis? Eines der klassischen Bestimmungsmomente des psychoanalytischen Behandlungsprogramms für den Analysanden ist die Aneignung persönlicher Geschichte. Sie ist eine Anstrengung der Vergegenwärtigung, der Identitätsbildung, der Sinnstiftung und der Wunschorientierung. Dieses Bemühen um Aneignung persönlicher Geschichte ist nicht kontemplativ sondern dynamisch-verändernd, da die thematisierende Organisation vergangenen Zeitflusses Aktivität kennzeichnet. Sie ist vielmehr eine Modellierung und Um-Modellierung von Erfahrung, mit dem Anspruch, Gültigkeit für die Realität des eigenen Lebens zu erreichen. Gewesenes wird als eigene Geschichte akzeptiert, wenn es sich thematisch sinnfällig mit aktuellem Handeln und Erleben verknüpfen läßt. Eine Autobiographie wird somit inszeniert. Sie gewinnt in psychoanalytischer Sicht ihre sprechenden Muster dadurch, daß die beiden an der Beziehung Beteiligten manche Ereignisse in der Therapie – die entsprechend akzentuiert und mit Bedeutung geladen werden – als Fälle von Wiederholung verstehen lernen. Autobiographisches Sprechen innerhalb der therapeutischen Beziehung bliebe beliebig, wenn der Beziehungsteppich, wie er zwischen beiden Kommunikationspartnern scheinbar aus dem Augenblick heraus entsteht, nicht verglichen würde mit lebensgeschichtlichen Webmustern.

Dinge, die ein Analysand im Augenblick tut, denkt und erfährt, sind nicht aus dem Augenblick geboren, sondern tragen den Stempel der Vergangenheit. Der Patient lernt, sich als Individuum zu begreifen, das die Vergangenheit in der Gegenwart neu in Szene setzt, noch ohne über diese eigene Geschichte reflektierend zu verfügen (FREUD 1914). Vergangenheit wird in der Beziehung der beiden psychoanalytischen Partner dramatisiert (LOEWALD 1975). Diese Sichtweise ist äußerst folgenreich: Ist ein bestimmter gelebter Augenblick Inszenierung eines persönlich-geschichtlichen Musters, so wird er in dieser Wahrnehmungsperspektive zunächst einmal aufgeladen mit individueller Bedeutung. Er erhält die Dignität des Persönlichen, trägt die Spur des individuellen Schicksals. Dies ist ein narzißtischer Gewinn, ein Zuwachs an Identität. Dieser Zuwachs an Identität steht jedoch gleichzeitig in äußerst fruchtbarer dialektischer Spannung zu einer anderen Konsequenz aus dieser Wahrnehmungsperspektive, nämlich der Distanz zum Augenblick. Ist das Gelebte – wenigstens zu gewissen, bedeutsamen Teilen – ein Inszeniertes, so erscheint es als etwas, das man reflektierend aus der Distanz betrachten und hinterfragen kann. Entwürfe neuen Lebens werden möglich, und zwar in Auseinandersetzung mit der neu aufgelegten Vergangenheit. Erst die Verstrickung in den Wunsch nach neuen Entwürfen und die Gesetze der Inszenierung des Vergangenen ermöglichen ein wahrhaftiges, von Trauerarbeit getragenes Erinnern, das Indifferenz verliert.

Dieses Erinnern als eine Arbeit der Liebe und des Trauerns ist wohl zu unterscheiden vom alltäglichen Erzählen, dem Mitteilen von nahen und fernen Erinnerungen, wie sie in den meisten psychodiagnostischen, psychotherapeutischen und psychoanalytischen Gesprächen gang und gäbe sind. Erzählerische Darbietungen sind selbst Inszenierungen, Neuauflagen im oben erwähnten Sinn. Eine Erzählung lebt von der Würdigung eigener und anderer, »exzentrischer« Standpunkte (BUCHHOLZ 1990; KÖRNER 1990). Diese Spannungen orientieren sich auf eine wenigstens vorläufige »Lösung« hin. Erzählungen können und sollen sich bei günstigem Verlauf der Behandlung verändern zur wahrhaftigen Selbstvergewisserung; gewöhnlich erfüllen sie die Kriterien über lange Strecken keineswegs. Sie tragen zunächst unreflektiert das Erbe persönlicher Konflikthaftigkeit gewöhnlich in äußerst kompakter modellhafter Weise.

Exemplarische Illustration

Eine 27jährige Ratsuchende erzählt im Verlauf des Erstgesprächs eine kleine Geschichte, in der sie eine Episode mit ihrer Mutter schildert, um etwas aus der Sicht der Erzählerin Charakteristisches zu illustrieren. Es folgt die wörtliche Wiedergabe der Erzählung (eine Transkription vom Videoband). Die Erzählung ist hier in Segmente gegliedert, und zwar nach dem Einteilungsprinzip der Subjekt-Prädikat-Verknüpfung. Das heißt, jede neue Subjekt-Prädikat-Verknüpfung stellt eine neues sequentielles Element als Verlaufsglied der Erzählung dar. Das Einteilungsprinzip der Subjekt-Prädikat-Verknüpfung, von dem ich grundsätzlich ausgehe, hat sich als brauchbar bewährt, unterliegt aber überall dort Einschränkungen, wo andere sprachliche Organisationsmuster auftreten, in der vorliegenden Erzählung beispielsweise bei der Apostrophe »Mami«. Hier wird die Anrufung »Mami« als eigenes Element gewertet.

Die Erzählung von der Langeweile

1		/ich habe ihr letzthin gesagt/
2	/abhängig von 1	/Mami/
3	/abhängig von 1	/ich such mir jetzt einen Job/
4	/abhängig von 1	/mir ist daheim langweilig/
5	/abhängig von 1	/da ist man nur so Hausfrau und blä/
6	/abhängig von 1	/das stinkt mir/
7		/da hat sie zu mir gesagt/
8	/abhängig von 7	/ich habe dir schon immer gesagt/
9	/abhängig von 7	/du kannst zu mir kommen/
10	/abhängig von 7	/ich habe so viel zu tun/
11	/abhängig von 7	/du kannst das und das und das kannst du mir helfen/

Für diese Erzählung gilt, was weiter oben ausgeführt wurde: Sie fordert identifikatorische Teilhabe heraus, die Erzählerin inszeniert sich als kommunikatives Zentrum, sie verwendet eine Versetzungsregie. Diese regelhaften Voraussetzungen sollen uns beim Versuch leiten, einen Zugang zum konfliktorientierten Zentrum dieser Geschichte zu finden.

Die Erzählung ist sehr einfach gebaut. Die Angabe eines Zeitpunkts (»letzthin«) fungiert als Ereignismarkierung. Ereignisträgerin, dargestellt als die Initiatorin, ist zunächst ein erzähltes Ich. Eine ausformulierte Akteur-Aktion-Objekt-Verknüpfung (Redesignal der Ich-Erzählerin in Richtung Mutter) stellt den Beginn der Handlung her. Sodann folgt eine Handlungsentwicklung, gegliedert in zwei szenische Phasen: Anrufung und Inhalt der Anrufung der Ich-Erzählerin an die Mutter (Segmente 2 – 6) und Gegenrede der Mutter, von dieser selbst eingeleitet durch Etablierung ihres Status als Sprecherin (Segmente 8-11).

Die Anrede beginnt, wie bereits festgestellt, nach einer Anrufung des Gegenübers, der Mutter, mit einer vollständigen, selbstreflexiven Aktion der Ich-Figur: für sich selbst Arbeit suchen (Segment 3). Es folgen zwei Zustandsangaben. Zunächst ist die Ich-Figur Objekt eines psychischen Zustands (Segment 4); danach folgt die Angabe eines sozialen Zustands, mit distanziert-anonymem Akteur (»man«) und weiblichem Objekt, das ausschließlich durch rangtiefen Status gekennzeichnet ist. Die Anrede des erzählten Ich endet mit der Angabe eines Spannungszustands, der den Charakter eines Sich-Gestört-Fühlens aufweist, wobei sie, die Ich-Figur, Objekt dieses Zustands und damit zugleich dieser Störung ist.

Die zweite szenische Phase der Handlungsentwicklung beinhaltet die Gegenrede der Mutter. Diese Gegenrede hebt damit an, daß die Mutter sich zunächst mit einem ausdrücklichen Sprechersignal an die Tochter wendet. Damit bezieht sie den Inhalt ihrer folgenden Rede auf das Sprechersignal; – sie zitiert sich also eingangs selbst (Segmente 8-11). In Segment 8 etabliert die Mutter als Sprecherin ihren Status als Verkünderin einer Botschaft. Der Inhalt der Botschaft folgt in den Segmenten 9-11; die Tochter wird als Akteurin angesprochen. Sie soll sich mit der Mutter verbinden (Segment 9). Die Mutter selbst erscheint in einer Position des Eingebundenseins und des Verpflichtetseins (Segment 10). In der mütterlichen Rede wird nun wiederum die Tochter als Akteurin erwähnt (sogar doppelt). Die Tochter soll ihre Kompetenz (»Können«) in einer Helferrolle für die Mutter einsetzen (Segment 11).

Zusammenfassend kann man sagen, daß die Ich-Figur, gerichtet auf die Mutter als Objekt (Redesignal an die Mutter), einleitend die Initiative ergreift. Sodann folgt eine zweigliedrige szenische Entwicklung als Dialog zwischen Mutter und Tochter mit einem Sprecherwechsel.

Es handelt sich um eine Erzählung, die – was keineswegs selbstverständlich ist – ausschließlich aus Kernelementen besteht. Die Erzählerin tritt an keiner Stelle aus dem dargestellten Geschehen heraus, etwa, um zu beschreiben, zu kommentieren oder sich direkt ans Gegenüber zu wenden. Es ist vielmehr, als wollte sie vermitteln, daß diese kleine Geschichte keiner Ergänzung, keiner

Detaillierung oder weiterer Erörterung bedürfe. Sie spricht gewissermaßen für sich selbst.

In der Tat wurde sie als Illustration der Mutter-Tochter-Beziehung erzählt. Das darf auch als das Erzählinteresse gelten, das unser identifikatorisches Engagement herausfordert. Es scheint um die Situation einer jungen Frau zu gehen, die ein ödes Hausfrauendasein zugunsten von Berufstätigkeit aufgeben will und dabei auf das Verständnis der Mutter hofft. Dies ist eine aus der aktuellen sozialen Wirklichkeit wohlbekannte Situation. Die Mutter erscheint dabei so, wie sie in der Erzählung dargestellt ist, in einem etwas fragwürdigen Licht. Sie scheint gar keiner Einfühlung in die Lage der Tochter fähig. Nach der Anrufung der Mutter thematisiert die Tochter eine Selbst-Erprobung in Arbeit, um sich im szenischen Verlauf schließlich als Objekt eines störenden Zustands zu präsentieren. Die Mutter etabliert sich in der Gegenrede im Sinne einer Autorität, die das Sagen hat, quasi als Verkünderin der »Lösung«. Inhalt der »Lösung«: Die Tochter soll ihre Tüchtigkeit einsetzen, um sich mit der Mutter in deren passiver Verpflichtungsrolle zu verbinden.

Die episodische Sequenz zeigt eine Tochter, welche die Mutter anruft, um sich ihr als Frau zu zeigen, die sich in der Arbeit selbst erprobt, – und als Frau, die, im Zusammenhang mit dem tiefen gesellschaftlichen Rang, der sich für sie mit Weiblichkeit verknüpft, Trägerin störender Spannungszustände ist. Die episodische Sequenz zeigt sodann eine Mutter, die als verkündende Autorität die Kompetenz der Tochter in den Dienst der eigenen passiven Lage stellt.

Worum geht es in dieser Erzählung? Was ist das konflikthafte Thema, das diese Geschichte trägt? Ist es Kritik an der mütterlichen Haltung? Ist es der Kampf um die eigene Veränderungsinitiative? Was wäre die wirkliche Lösung, was das wünschbare Ende dieser Geschichte? Wenn wir zur Beantwortung dieser letzten Frage nur die in der Erzählung selbst vorgegebenen Elemente heranziehen, laufen wir merkwürdig ins Leere und Ungewisse. Die Erzählung läßt uns im Ungewissen über die persönliche Bedeutung des beruflichen Engagements (hat die Erzählerin konkrete Ziele, oder sucht sie nur ihre Öde zu bekämpfen?); sie läßt uns auch im Ungewissen darüber, was es in diesem subjektiven Zusammenhang bedeutet, »nur Hausfrau« zu sein. Schließlich erfahren wir nichts darüber, wie sie auf die mütterliche Antwort reagiert, auch nicht, warum in dieser Angelegenheit gerade die Mutter angesprochen ist. Wollen wir die persönliche Inszenierung der Erzählerin möglichst genau verstehen, sollten wir Besonderheiten des sprachlichen Aufbaus untersuchen.

Es handelt sich um eine Redeinitiative der Ich-Figur an die Mutter. Diese Redeinitiative führt in der Entwicklung der Handlung zur Reaktion des Gegenübers, bleibt aber ohne Handlungsabschluß. Die Tochter präsentiert sich der Mutter gegenüber als sich selbst erprobende Akteurin, aber auch mehrfach als Objekt von Zuständen (zum Schluß: eines störenden Spannungszustandes). Die mütterliche Autorität bestätigt die Tochter als Akteurin, bestimmt sie darüberhinaus als betont kompetent, sieht sie aber zugleich verbunden mit der passiv verpflichteten Mutter. Die mütterliche Gegenrede geht nicht auf die Ich-Erzählerin als Trägerin störender Zustände ein. Betrachten wir diese Lücke in der mütterlichen Gegenrede und die Tatsache, daß die Sequenz ohne Abschluß bleibt, so liegt es nahe, als Thema der Erzählung, im Sinne der zu lösenden Aufgabe, die Aufhebung von als störend erlebten Zuständen zu vermuten. Was unternimmt die Erzählerin, um diese Aufgabe zu lösen?

1. Sie wendet sich an die Mutter (Segment 2).
2. Sie macht sich zur Akteurin und erprobt sich in Arbeit (Segment 3).
3. Sie schreibt die Störung einem rangtiefen Weiblichkeitsstatus zu (Segment 5).
4. Sie läßt die Mutter als verkündende Autorität auftreten (Segment 8).
5. Sie läßt die Mutter ein Rollenangebot formulieren (Segmente 9 –11).
6. Sie läßt das Rollenangebot der Mutter ohne Resonanz.

Die Ich-Erzählerin unternimmt also verschiedene Schritte zur Aufgabenbewältigung, entwickelt aber keine Lösung. Diese thematische Entwicklung gibt Aufschluß über den in der Geschichte vermittelten, als motivationale Lage schon erwähnten Zustand des Sollens. Dieser fordert, daß die Ich-Figur sich nicht als Trägerin störender Zustände fühlen muß.

Im Sinne des Sollens geht es also darum, störende Spannungszustände zu beseitigen, deren Objekt die Ich-Figur ist. Das zentrale Mittel zur Lösung erscheint zunächst als die Anrufung der mütterlichen Autorität. Diese Anrufung besteht aber nicht in einem Appell an die Mutter, sie möge helfen (Hilfeverhalten schreibt umgekehrt die Mutter der Tochter zu). Die Anrufung führt auch nicht dazu, daß die störenden Zustände näher beschrieben werden; vielmehr werden sie als etwas Gegebenes gesetzt. So präsentiert sich das erzählte Ich der Mutter als Akteurin, die sich in Arbeit selbst erprobt, und sie verweist auf den gesellschaftlich niedrigen Rang von Weiblichkeit. Sodann läßt die Erzählerin die Mutter als Verkündigungsautorität auftreten, die zwar die Akteurposition der Tochter bestätigt, Akteurposition und Tüchtigkeit aber an die Mutter binden will. Die Sollforderung wird also in der Erzählung nicht eingelöst, und die Botschaft der Mutter bleibt ohne Antwort. Stattdessen blendet die Szene aus.

Zentrale Adressatin für die Ich-Figur, die sich störenden Spannungszuständen ausgeliefert sieht, ist eine mütterliche Autorität. Diesem Gegenüber präsentiert sie sich zunächst als selbständige, sich selbst erprobende Akteurin. Fordert jedoch die Autorität auf der Basis der Akteur- und Kompetenzposition des erzählten Ich dieses zur Zusammenarbeit auf, – dann kommt nichts mehr, keine Beziehung, keine Auseinandersetzung.

Wir dürfen nun das destabilisierende Moment der Erzählung im Gefühl der Erzählerin vermuten, störenden Spannungszuständen wie ein Objekt ausgeliefert zu sein (die möglicherweise nicht mal genauer geschildert werden können). Diese Zustände werden als letztlich nicht beeinflußbar erlebt. Sie scheinen etwas zu sein, mit dem man allein und isoliert bleibt. Sie werden in der Erzählung zwar erwähnt, aber nicht in die geschilderte Beziehung zwischen den erzählten Figuren integriert. Die Tochter spricht von einer initiativen Absicht, die allenfalls in lockerer Verbindung zur Mißbefindlichkeit steht, die Mutter reagiert selektiv, nämlich ausschließlich auf die initiative Absicht, und zwar im Sinne eines einschränkenden Korrekturvorschlags.

Nun stellt jede Erzählung, das habe ich oben behauptet, eine individuelle, argumentative Struktur dar. Wir können sie hier herausarbeiten:

Ich fühle mich voller Mißbehagen und rufe zur Linderung die Mutter herbei. – Aber: Ich will doch nicht einfach ein kleines schwaches Mädchen sein, das sich einer mütterlichen Autorität unterwirft, da wäre ich ja womöglich ihr und ihren Forderungen ganz ausgeliefert. Nein, ich will gar nichts von der Mutter und auch nicht sein wie sie. Das ist erniedrigend. Ich zeige ihr meine Eigenständigkeit und Unabhängigkeit, und wenn sie dann anfängt, mir Vorschriften zu machen, sehe ich ja, daß es eh nichts genützt hätte, mich an sie zu wenden.

Diese einen ungelösten Mutter-Konflikt thematisierende argumentative Struktur erwies sich in der Tat als der Angelpunkt der 20stündigen Kurztherapie, die ich selbst durchgeführt habe und deren Erfolg sehr begrenzt war. Der Erfolg war begrenzt, weil es ähnlich wie in der Erzählung auch in der psychotherapeutischen Beziehung nicht gelang, das Unbehagen, die diffuse Mißbefindlichkeit und Dysphorie im kommunikativen Hier und Jetzt zu konkretisieren. Diese Dysphorie blieb wie ein untangierbares Etwas, das sich in Eigengesetzlichkeit behauptet, aller Initiative auf verschiedenen Lebensgebieten und in der Therapiesituation zum Trotz. Die Ratsuchende sah wiederum eine mütterliche Autorität in mir, – eine sehr zweifelhafte Autorität, denn auch ich hatte ja den rangtiefen Status erniedrigter Weiblichkeit. Es wäre für die Patientin also höchst fragwürdig, sich mit mir zu verbinden, – ein leises und leicht spöttisches Distanzhalten richtete sich mir gegenüber auf seiten der Klientin habituell ein und hatte natürlich den Nachteil, daß die Gefahr, von störenden Spannungszuständen übermannt zu werden, in stummer Wirksamkeit belassen wurde. Dabei ging es stark um den Hader der Klientin mit dem, was sie als eine Art ungerechtes Schicksal empfand: Tochter zu sein, was sie mit der Vorstellung verband, zu Einschränkung und Gefügigkeit, zu Initiativeverzicht, verpflichtet zu sein. Aber eben gegen diese Vorstellung lehnte sie sich auf, eben diese Vorstellung empfand sie als empörende Zumutung, hatte Racheimpulse, alles jedoch eher im Verborgenen und Angedeuteten, denn sie fürchtete, durch offene Auflehnung und Entwicklung einer selbständigen Handlungsplanung Zuneigung zu verlieren, sich selbst zu isolieren, allein dazustehen. Das wiederum glaubte sie, sich nicht leisten zu können, weil sie sich nicht das Recht zugestand, Unabhängigkeit und Initiative zu entwickeln.

Ähnlich wie in der Erzählung präsentierte sie sich in der Therapie als »ein Zwischending«, einerseits geradezu forciert auf Aktivität bedacht, andererseits kindlich, unsicher, etwas quengelig, clownesk. Kurz, man sollte ihr Initiative und Unabhängigkeit erlauben, obgleich eine derartige Erlaubnis gar nichts nützte, da sie erstens das Eltern-Kind-Verhältnis ja stabilisiert und nicht verändert, zweitens am eigenen Ressentiment gegen die Begrenztheit des eigenen Geschlechts nichts ändert. So viel zur Konfliktthematik der Erzählerin unserer exemplarischen Geschichte.

Es ging um den Versuch, das dramatische Gerüst und die dramatische Sequenz einer mündlichen Alltagserzählung zu erfassen. Die sprachliche Sequenz wurde zunächst auf ihr Repertoire an dramatischen Einheiten untersucht und sodann in mehreren Auswertungsschritten als spezifisches dramaturgisches Modell, das eine emotionale Verarbeitung bedeutet, erschlossen. Wir gingen aus vom Verhältnis des Kerns zum Rahmen und seiner kommunikativen Bedeutung, analysierten die spezifische Sequenzbildung und gelangten von dort zu einer ersten Hypothese über das, was die Erzählung als Spannung auf ein Sollen hin thematisiert. Eine genauere lexikalisch angelegte Analyse schloß sich an, um die Hypothese zur Thematisierung zu überprüfen, zu verdeutlichen und zu differenzieren. Von besonderem Interesse bei der Analyse der Erzählung war ihre Bedeutung für die Diagnose der Beziehungssituation zwischen Patientin und Therapeutin. Handelte es sich nicht nur um ein erstes Eingehen auf ein Beispiel, so würde es naheliegen, weitere Erzählungen der gleichen Patientin, nach Möglichkeit geordnet gemäß des Verlaufs der Kurztherapie, mit dieser ersten zu vergleichen, so daß zum einen ein differenziertes Gesamtbild, zum anderen aber auch Veränderung, Entwicklung oder Stagnation sichtbar wird.

Die Erzählanalyse in der Anwendung

Im folgenden werden Beispiele gegeben für die Anwendung des erzählanalytischen Verfahrens *Jakob*. Es werden sieben von 39 Erzählungen eines Patienten aus einer psychoanalytischen Kurztherapie dargestellt. Zusätzlich wird die Detailanalyse von Einzel-Erzählungen zweier Träume vorgenommen. Dabei ist es nicht möglich und auch nicht sinnvoll, eine durchweg einheitliche Präsentationsweise zu wählen. Von Fall zu Fall werden bestimmte Aspekte des Analyseverfahrens besonders herausgearbeitet. Eine vollständige Darstellung wäre zu umfangreich und zu aufwendig.

Das vollständige erzählanalytische Verfahren sieht sechs, zum Teil in sich selbst weiter differenzierte Arbeitsschritte vor, die ich im Sinne eines Ablaufschemas kurz vorstellen möchte. Es ist nicht für jeden Zweck möglich oder sinnvoll, *alle* Ablaufschritte durchzuführen; beispielsweise kann es für die in der klinischen Praxis nützlichen Vergewisserung über die manifeste sequentielle Organisationsform und das dramaturgische Gerüst einer oder mehrerer Patienten-Erzählung(en) genügen, sich auf die basalen Informationen der ersten drei Analyse-Schritte, bei grober Bestandsaufnahme des Personal- und Aktivitätenrepertoires, zu beschränken. Die Erschließung der thematischen Organisation von Erzählungen sollte man nicht ohne vorherige Durchführung der Basisschritte vornehmen.

A: *Identifikation des Erzähl-Ereignisses*
Die Erzählung ist im mündlichen Dialog bzw. in dessen Verschriftung zu identifizieren. Das heißt, sie ist anhand spezifischer formaler Kriterien als sequentielle Organisation mit Initial- und Abschlußkennzeichen aus dem sprachlichen Kontext zu bestimmen.

B: *Aufgliederung der sequentiellen Organisation des Erzähl-Ereignisses*
a) Die Erzählung wird gegliedert nach Initial-, Entwicklungs- und Abschlussphasen.
b) Die Erzählung wird gegliedert nach »Kern«– und »Rahmenelementen«, das heißt, nach Elementen, die den sequentiellen Prozeß tragen, und nach Elementen, die außerhalb des Prozesses stehen.

C: *Dramaturgische Modellierung der sequentiellen Organisation*
a) Bestimmung von Personal, Bühnenraum, Bühnenausstattung, Aktivitätenrepertoire und Aktivitätensequenz mithilfe eines Kodiersystems für lexikalische Einheiten.
b) Rekonstruktion des dramaturgischen Modells (zum Teil veranschaulicht durch Piktogramme), mit Berücksichtigung des Unterschieds von Kern- und Rahmenelementen.
c) Ermittlung der (charakteristischen) Verlaufsformen der Erzählung(en), speziell der Präsentation von »Akteur-Schicksalen«, als rekonstruktive Darstellung der spezifischen Entwicklung, die eine einzelne Figur im sequentiellen Prozeß zeigt (besonders die Ich-Figur).

D: *Erschließung der thematischen Organisation der Erzählung*
a) Ermittlung der »Spielregel(n)« des/der dramaturgischen Modells/Modelle
b) Analyse der auf der/den »Spielregel(n)« aufgebauten sequentiellen Organisation(en) als argumentative Struktur(en),
b1) die Modellierungsleistungen genügen (Sicherung sozialer Identität; Aktualisierung; Restitution; Reorganisation)
b2) und auf ein Ergebnis, einen »Soll«-Zustand, zielen.

E: *Dramaturgische Modelle und thematische Organisationen im Verlauf einer Therapie*
Alle Erzählungen im Verlauf einer Psychotherapie oder – wenn dieses Material für den hier vorgesehenen Untersuchungszweck zu umfangreich wäre – eine spezifische Auswahl von Erzählungen werden im Hinblick auf den Verlauf der Therapie und auf Merkmale der Veränderung untersucht.

F: *Anwendung auf die Diagnostik der Objektbeziehungen*
a) Vom dramaturgischen Modell zum »Drama«
b) Modellierung der psychischen Konfliktsituation des Erzählers
c) Hypothesen zur Interaktion in der Psychotherapie
d) Aspekte der Entwicklung und der Veränderung

Für die psychotherapeutische Verständigung ist eine prinzipielle Unterscheidung wesentlich: die zwischen »Erzähler« und »erzähltem Ich« (oder: »Ich-Figur«, »Ich-Akteur«). Die Figur, die uns in der Erzählung als »Ich« entgegentritt, kann keineswegs mit dem Erzähler gleichgestellt werden, handelt es sich doch um einen *Figuren-Entwurf,* der ebensowenig beanspruchen kann, den Erzähler gültig zu repräsentieren, wie dies andere Figurenentwürfe im Hinblick auf andere Personen tun. Der Erzähler *verhält sich* zum erzählten Ich, beispielsweise indem er sich von dieser Figur distanziert oder mit ihr in besonderer Weise eins ist. Die Figur hat den Charakter eines Selbst-Entwurfs. Man kann daher nicht unmittelbar vom »erzählten Ich« auf den »Erzähler« schließen. Im dramatischen Ablauf des Geschehens tritt nur das »erzählte Ich« je nach gestaltender Subjektivität des Erzählers in Erscheinung.

Alle folgenden Erzählanalysen basieren auf der lexikalischen Kodierung der Texte (Bühnenraum/Regie – Personal/Inventar – dramatischer Prozeß). Obgleich im vorliegenden Zusammenhang darauf verzichtet werden muß, diese Basis und ihre fundamentale Bedeutung für eine angemessen textnahe Aneignung der jeweiligen Erzählung durch den Auswerter zu erläutern, sei vermerkt, daß die Kodierung darauf zielt, den eigenen identifikatorischen Versetzungsprozeß in die Welt des Erzählers explizit zu machen, soweit das aufgrund der Vorgaben möglich ist. Es versteht sich, daß dieser höchst kreative Versetzungsprozeß individuell variabel ausfallen muß. Die Verbindlichkeit einer gemeinsamen Regelbasis gestattet aber, solche Divergenzen durch Herstellung einer gemeinsamen Plattform oder Ausgangsbasis sichtbar zu machen.

Der Student: Andere sitzen »obendrauf«

Als erstes folgt die Analyse einer Reihe von Erzählungen eines Erzählers. Im Sinne einer Auswahl werden 7 der ingesamt 39 mündlichen Erzählungen dieses jungen Mannes hier vorgestellt. Sie sind einer 30-stündigen psychoanalytischen Kurztherapie entnommen, die innerhalb dieses Buches den Decknamen »Student« trägt. Das erzählanalytische Verfahren *Jakob* ist auf alle 39 Erzählungen ausführlich angewandt worden. Die erste Erzählung aus der Reihe soll hier eine besondere Rolle spielen. Sie wird als einzige der ausgewählten sieben in relativer Ausführlichkeit zur Diskussion gestellt und bildet den Ausgangspunkt für die notwendigerweise reduzierte, bündelnde Darbietung der übrigen sechs Geschichten. Der Versuch, den Analyseprozeß auch nur annähernd detailgetreu zu dokumentieren, würde den Rahmen bei weitem sprengen. Das Material liegt jedoch in gebündelter Form vor (BOOTHE 1992a). Hier bleibt nur Raum für eine illustrierende Darlegung, die zudem auf sorgfältige terminologische Erläuterung verzichten muß.

Erste Erzählungen in Psychotherapien, die ein Erzähler spontan vorbringt, sind gewöhnlich aufschlußreich. Nichtssagende Erst- oder Initialerzählungen scheinen selten vorzukommen. Ratsuchende, die zögern, sich zu offenbaren, werden sich eher hüten, überhaupt eine Erzählung vorzutragen, als das Risiko einzugehen, eine Geschichte in der Absicht zu bringen, sich in Distanz zu halten. In ihrer Sache engagierte Patienten bieten dem Therapeuten oft an, mit ihnen gemeinsam den konflikthaften Raum ihres Erlebens zu betreten. Eine solche »konfliktbündelnde« Erzählung wird offenbar dann angeboten, wenn der Patient *motiviert* ist, ein auf Partizipation eingestelltes Gegenüber als sich identifizierenden und kritische Distanz übenden Partner zu gewinnen.[6]

---

6 Die hier verwendeten Verbatimprotokolle entstammen der Ulmer Textbank. Die Einzelbehandlung wurde in Ulm durchgeführt. Das klinische Material wurde von der Ulmer Textbank zur Verfügung gestellt. Zum Schutz personenbezogener Daten ist der vollständige Abdruck der Quellen nicht möglich. Soweit es das wissenschaftliche Interesse erfordert, ist jedoch eine Einsichtnahme an der Abteilung für Psychotherapie der Universität Ulm, Am Hochsträß 8, 89081 Ulm, mög-

Identifikation der Erzähl-Ereignisse

Die Erzählung als formale Texteinheit wird wie folgt festgelegt:

Eine zum Ganzen verknüpfte Äußerungssequenz mit erkennbarem/markiertem Anfang und erkennbarem/markiertem Ende im Sinne von Erzähleinstieg und Erzählausleitung (LABOV u. FANSHEL 1977; WEINRICH 1985), die *ein* Handeln oder Geschehen als individuellen Verlauf mit Anfang und Ende thematisiert (nicht zu verwechseln mit den thematischen Merkmalen »Startsituation« und »Ergebnis«).

Es handelt sich also um die Festlegung auf *eine* Handlungslinie/*eine* Geschehensentwicklung als Verlauf mit sprachlich deklariertem Anfang und Ende. Diese kann nicht immer gleichgesetzt werden mit expliziten Einstiegs- und Ausstiegsformen und klaren Beginn- und Abschluß-Signalen. Gelegentlich muß der Hörer und Interpret die Entscheidung hinsichtlich des Erzählungsendes durch Bestimmung des Handlungsabschlusses treffen. Die »Erzählung« oder »erzählte Episode« als *sprachliche Inszenierung* ist wie folgt zu kennzeichnen:

Aktualisierung des Vergangenen im Sinne einer dramatischen Handlung mit Rollenzuweisung, unter Regieführung des Erzählers, vor urteilendem Auditorium (Therapeut als 1 Mann/ 1 Frau-Publikum).

Aus den Verbatimtranskripten von 30 im Videostudio aufgenommenen Einzelbehandlungen (Alter des Patienten: Mitte zwanzig) inklusive Erstgespräch mit dem behandelnden Therapeuten (Alter des Therapeuten: Anfang vierzig) wurden nach den genannten Kriterien 39 Erzählungen extrahiert. Gut erkennbare Einstiegsmarkierungen für Erzählungen sind Zeitbestimmungen in Kombination mit deklariertem Handlungsbeginn, zum Beispiel: »1/ heut morgen ging's schon los/« (3. STUD 2/86), »1/der Arzt hat mir ja vor 3 oder 4 Jahr gesagt/« (12. STUD 8/57), »1/mir ist's einmal passiert/« (16. STUD 12/285), »1/und zum Beispiel heute

lich. (Zum Aufnahme- und Registrierverfahren und zur Verwaltung von Verbatim-Protokollen der Ulmer Textbank s. MERGENTHALER 1986).

bin ich heimgekommen und hab gesagt/« (17.STUD 13/131). Unproblematisch sind auch deskriptive Einstiege wie zum Beispiel: »1/ich hab diese Todesangst früher schon mal gehabt aber mit einem akuten, mit einem akuteren Anlaß/« (20. STUD 15/147). Für kommentierende Einstiegsformulierungen gilt stärker, daß sie erst durch den Kontext als solche erkennbar sind, zum Beispiel: »1/das war, das war lustig/« (21. STUD 15/417). Abschlußmarkierungen für Erzählungen sind gut erkennbar in Fällen wie »9/ dann war sie nachher stinkesauer/« (3. STUD 2/86), das heißt, Beispielen mit gut markierter Ergebnisformulierung eines Handlungs- oder Geschehensablaufs *und darauf folgendem Ausstieg* aus dem Erzählraum. Diese Fälle sind bei dem »Studenten« häufig. Es finden sich jedoch beispielsweise auch kommentierende Abschlüsse wie etwa »15/ich weiß nicht/ 16/wenn man das so sagen kann/« (7. STUD 4/384); solche abschließenden Bemerkungen werden der Erzählung selbst zugerechnet, wenn ihr Bezug unmittelbar ist, das heißt, auf Herstellung eines Beobachterabstands verzichtet.

Regionale Färbung der mündlichen Sprache, Idiosynkrasien des Sprachgebrauchs und spezielle Bedingungen der Gesprächssituation, die Vagheit, Unbestimmtheit, Ungrammatikalität des Ausdrucks fördern mögen, tragen das ihre dazu bei, von Zeit zu Zeit Erzähleinstiege und Erzählausstiege schwer bestimmbar zu machen – zum Beispiel: »1/und dann durch den Kreislaufkollaps« (7. STUD 4/382). Hier handelt es sich um ein Äußerungsfragment, das zwar einerseits die als zeitlich deutbare Bestimmung »und dann« enthält, die zum Einstieg in den Erzählraum einzuladen scheint; die begründende Formulierung »durch den Kreislaufkollaps« scheint jedoch geeignet, eben diese Einladung wieder rückgängig zu machen. Die weiteren Mitteilungen verstärken den Eindruck, daß die erzählende Konstruktion nur unter Mühen zustande kommt; gleichwohl läßt der Sprecher wenig Zweifel daran, daß er seinen Hörer in ein szenisches Geschehen hineinziehen will. Seine Eingrenzung erfolgt dann in der Tat beginnend mit der »und dann«-Formulierung. Im Großen und Ganzen gelang die Extraktion der Erzählungen aus dem transkribierten Material ohne unzuträglichen Aufwand.

Die Initialerzählung

1. STUD 1/ 31
Von einem, der auszog, im Käfig zu landen

Beginn: deskriptiv
1/ ich kann mich bloß noch erinnern ab dem 12. Lebensjahr/
Beginn: deskriptiv
2/ da hatt ich so ein Erlebnis/
Handlungsbeginn: narrativ
3/ da bin ich mit mehreren spielen gegangen in Wald/
Zäsur: deskriptiv
4/ äh ältere waren das /
Handlungsentwicklung: narrativ
5/ und dann mußte ich zwischen zwei so Holzstapel -
Handlungsentwicklung: narrativ
6/ in so eine Rille mußte ich da hineinklettern /
Zäsur: deskriptiv
7/ das war so der Inhalt vom Spiel /
Zäsur: deskriptiv, kommentierend
8/ und dann haben die was Dummes gemacht /
Handlungsabschluß: narrativ
9/ die haben sich nämlich oben drauf gesetzt und haben gesagt

Handlungsabschluß: szenisch/d
10 III 9/ sie lassen mich nicht raus/

Abschluß: interaktiv
11/gell /

Bei der Erläuterung der Initialerzählung können nur Akzente gesetzt werden. Herausgearbeitet werden die dramaturgische Modellierung mit knapper Zusammenfassung des dramaturgischen Prozesses und Bestimmung des Akteur-Schicksals und die Erschließung der thematischen Organisation der Erzählung: Spielrahmen – Beziehungsdefinition – Modellierungen – SEIN/SOLLEN mit Thema-Formulierung.

Dramaturgische Modellierung der sequentiellen Organisation

- Dramaturgischer Prozeß:
  Einer als Bestandteil einer nicht näher bestimmten Menge zieht aus zum Spiel in den Wald. Er muß sich in einen Innenraum hineinbewegen und erfährt von solchen, die oben sitzen: Sie lassen ihn nicht raus.

- Akteur-Schicksal:
  Der Ich-Erzähler erscheint zunächst in der Position eines Akteurs, eines kindlichen Handelnden, der eine Ortsveränderung vornimmt, um etwas Kindliches zu tun: spielen. Er führt jedoch von Beginn an Begleiterfiguren ein, denen als »Älteren« explizit ein überlegener Rang zuerteilt wird. Der Fortgang der Handlung, nämlich sich in einen engen Innenraum hineinzubewegen, wird als Ausführung einer Fremdbestimmung deklariert. Im Anschluß daran verliert der Ich-Erzähler vollends seinen Akteur-Status und wird zum bloßen Empfänger der Drohung jener Begleiterfiguren, die sich nunmehr selbst den Rang der Überlegenen zuerteilen und die Szene, obensitzend, beherrschen. Diese Geschichte bildet ein Akteur-Schicksal voll aus, das man als *Entzug von Initiative* kennzeichnen kann.

Erschließung der thematischen Organisation der Erzählung

- Spielrahmen
  - Ausgangsbasis als raum-zeitliche Situation: Erinnerung aus dem 12. Lebensjahr, Wald
  - Ausgangsbasis Bühnenpersonal: Das erzählte Ich als Kind, Ältere
  - Ausgangsbasis bei Konstellation, Positionenverteilung, Aktivität: Das erzählte Ich als Kind-mit-Älteren, zum Spiel unterwegs; letztere fungieren als Begleiterfiguren; die Begleiterfiguren sind oben positioniert; Aufbruch in den Wald.

Das Spielfeld ist somit gekennzeichnet als eine Situation des Aufbrechens einer kindlichen Person im Geleitschutz überlegener Begleiter. Es handelt sich um eine Unternehmung, die als Spiel deklariert ist, in Richtung auf einen Ort, den man als fern der zivilisatorischen Kontrolle, fern auch der Kontrolle durch den Blick, kennzeichnen könnte.

Explikation der Beziehungsformen, wie sie in der Erzählung hergestellt werden

(a) Welche Nähe oder welchen Abstand zum Objekt stellt das erzählte Ich her?

In bezug auf Gegenstände der Natur (»Holzstoß«, »Rille«) wird ein *Annäherungs*verhalten dargestellt.

(b) Was tut das erzählte Ich mit dem Objekt?

Zu Wald und Holzstoß befindet sich das erzählte Ich in *explorativer* Haltung (spielen, hineinklettern); freilich stark eingeschränkt durch ein Muß.

Weiter ist die Beziehung zu den Natur-Objekten nicht ausformuliert. Wald und Holzstoß bleiben gewissermaßen stumm, gelangen nicht zu weiterer Entwicklung; – verglichen etwa mit Waldgeschichten, die solche Elemente explizit zu Wesen ausgestalten, die beispielsweise Gefahr bergen, Lust zu verbotenem Tun erzeugen, Erregung auslösen. Ich erwähne diese Vergleichsmöglichkeiten, um auf ein Potential hinzuweisen, das nicht zuletzt wohl auch diese sehr schlichte Erzählung enthält: Der Wald als Ort des Abenteuers und der sexuellen Versuchung. Dies ist in der Initialerzählung des »Studenten« nur angedeutet durch das sprechende Bild vom Klettern in die Rille, – das Bild der Bewegung eines männlichen Wesens in einen wald-umgebenen Innenraum hinein. Der »Student« benötigt dieses identifikatorische Mit-Verstehen der sexuellen Implikationen des Vorstellungsbildes durch den Hörer, um die weitere Entwicklung der Geschichte begreifbar zu machen: Initiativeentzug, den die Hauptfigur durch Autoritäts-Instanzen erfährt.

Wenden wir uns also jetzt der Beziehung zu jenen »Älteren« zu.

(a) Welchen Abstand zum Objekt stellt das erzählte Ich her?

Es geht um *Zuwendung* im passiven Modus: Ältere wenden ihr wohlwollendes Engagement als schützende Begleiter dem Jüngeren zu, der sich in eine Risikosituation begibt.

(b) Was tut das erzählte Ich mit dem Objekt?

Das erzählte Ich stellt sich *rezeptiv* auf diese Begleiterfiguren ein, unter anderem im Sinne von Gehorsam: Mitmachen nach vorgeschriebenen Spielregeln.

(c) Mit welchem Ziel?

Das Kontaktziel bezüglich der Älteren ist partizipativ, im Sinne eines Sich-Tragen-Lassens von der kraftvollen Überlegenheit der Begleiter. Gerade die durch Partizipation ermöglichte Tatkraft erlaubt Aufbruch und Initiative (bezüglich »Holzstoß« und »Rille«, die im psychoanalytischen Verständnis die Hypothese einer sexuellen Mitbedeutung in die Diskussion bringt).

(d) Wer ist das Objekt für das erzählte Ich?

Es handelt sich um »Ältere«, die ihr »Oben-Sein«, einen gewissen Status einschüchternder Überlegenheit, sehr konkret sinnfällig werden lassen.

(e) Welche Lust gewinnt das erzählte Ich durch den Kontakt?

Am deutlichsten formuliert der Erzähler den Aspekt des »Muß«, des Mitgehens und Mitmachens und Ausgeliefertseins. Diese Kombination legt nahe, den Aspekt des Nicht-»raus«-Gelassen-Werdens hypothetisch in die Perspektive passiven Lustgewinns durch Überwältigtwerden zu rücken.

Der hier unternommene Versuch, die dramaturgische Beziehungsdefinition zu rekonstruieren, läßt *eine* relativ deutlich herausgearbeitete und *eine* unkonturiert bleibende Beziehung erkennen: Leicht erkennbar ist eine Unterwerfungsbeziehung zur Autorität, mit dem Motiv, in deren wohlwollendem Geleitschutz sich auf den Weg (ins »Abenteuer Sexualität«) zu machen. Diese Unterwerfungsbeziehung entwickelt sich im Blick auf die Absicht »Sich-erfolgreich-auf-den-Weg-Machen« fatal. Im Hintergrund verbirgt sich, in der Bildlichkeit von Wald und Holzstoß, eine sexuelle Annäherung. Das »Eindringen in den Holzstoß«, welches ja tatsächlich zustandekommt, verkehrt sich jedoch durch drastische Intervention der Autorität in eine erbärmliche Käfiglage. Das erfolgreich bestandene Abenteuer mündet in Abhängigkeit. Der Aufbruch ins Abenteuer ist einerseits nur im Geleitschutz der Sicherheit gebenden Autorität möglich, andererseits hat diese Autorität Kontroll- und Sanktionsmacht. Sie kann das Handlungsziel des erzählten Ich wirksam und vollständig durchkreuzen. Die potentiell aufregende »Holzstoßsituation« verändert sich radikal zu hilfloser Abhängigkeit von einem unkonturierten Objekt, dem Züge eines Sexualobjekts beigegeben werden.

Zu den Modellierungsleistungen der Erzählung:

• Soziale Identität:

Der Erzähler kündigt die Geschichte als früheste Erinnerung an und als herausgehobenes Erlebnis. Er qualifiziert die Begleiterfiguren als solche, die Überlegenheit besitzen und die sich dieser Überlegenheit auf »dumme« Weise bedienen, nicht verantwortlich handeln. Dies sind Hinweise für den Hörer, wie der Erzähler seine Geschichte verstanden wissen will: als Erzählung, die von Schuldigen und einem unschuldigen Opfer handelt. Warum aber legt der Erzähler darauf Wert? Zunächst, um Anklage zu erheben: Ältere, die aufgrund ihres überlegenen Status verpflichtet wären, fürsorglich ein schwächeres Mitglied zu schützen, nutzen stattdessen die Schwäche des Unterlegenen aus, um ihm zu demonstrieren, daß sie die Macht haben, ihn seiner Freiheit zu berauben. Der Hörer soll die Partei des Geschädigten ergreifen und sich gegen diejenigen, die Macht unverantwortlich ausnutzen, empören. Der Hörer könnte anteilnehmend feststellen, daß die erlittene Gewalttätigkeit geeignet ist, schädliche Spuren im Opfer zu hinterlassen. In der Tat führt der »Student« diese Erzählung sowie die darauffolgende zweite an, um das Erstauftreten seines Zwangssymptoms zu datieren – vor Durchschreiten eines Durchgangs hinter sich schauen und lange prüfen müssen, ob er alles bei sich hat. In diesem Verständnis bietet er sein Leiden dem Therapeuten als Ergebnis der Bosheit solcher, nicht näher bestimmter Personen an, die höheren Status besitzen.

• Restitution und Reorganisation:

Wie man der Inspektion der Rahmenelemente entnehmen kann, plädiert der Erzähler für eine spezifische Auffassung seiner Geschichte, eben einer Täter-Opfer-Version. Der Erzähler kann die vorgetragene Geschichte gleichwohl nur dann als eigene erleben, wenn in ihr jene persönlichen, meist konflikthaften Wünsche und Ängste enthalten sind, welche die Rekapitulation des Ereignisses überhaupt erzählwürdig machen. Das Interesse, Anerkennung als Opfer zu finden, ist nur ein sekundärer Gewinn. Das Entscheidende an der sprachlichen Inszenierung ist, daß der Erzähler mit Worten etwas dramatisiert, was er als Eigenes fühlt, ohne es als solches benennen zu müssen oder vielleicht zu können. In dieser ersten Erzählung tritt das erzählte Ich mit zweierlei Objekten in Beziehung: mit unbestimmten Personen von ranghöherem Status und mit Natur in Gestalt eines engen Innenraums im Wald. Es geht in der Beziehung zur Natur um Bewegung in etwas hinein; dabei haben die ranghöheren Personen Begleiterfunktion. Plötzlich wird aus der zielorientierten Bewegung ein Gefangensein, die Initiative des erzählten Ich hat gänzlich aufgehört. Jene Ranghöheren sitzen oben und demonstrieren, daß sie das Sagen haben.

In der lexikalischen Analyse ist zunächst einmal auffällig, daß die Handlung gleich als Parallelaktion beginnt: Das erzählte Ich und unbestimmt bleibende Ranghöhere machen sich auf den Weg in eine innenräumliche Natur. Und es geht dabei um Spielen, nichts Ernstes und nichts Konkretes also. Die Weiterführung der Handlung wird nun bereits der Initiative jener ranghöheren Drahtzieher zugeschrieben, die freilich nicht wirklich zu irgendeiner gewaltsamen Handlung schreiten, sondern ihre potentielle Machtfülle nur mit Zeichen andeuten. Sie haben auf diese Weise das letzte Wort, und damit findet die dargestellte Episode zugleich ihr Ende.

Die ranghöheren Figuren greifen nicht etwa störend ins Geschehen ein und bedrohen die Initiative des Helden, sondern sind zunächst als Begleiter eingeführt, die dasselbe tun wie das erzählte Ich. Das Ganze wird betont harmlos angelegt, die Konkretisierung der Initiative wird jenen Begleiterfiguren zugeschrieben. Das Ende ist nicht etwa offene Gewalt, sondern bloße Deklaration von potentieller Macht (Revier-markierung).

Restitution und Reorganisation sind in dieser Erzählung somit auf wirkungsvolle Art miteinander verflochten. Als das restitutive Element der Geschichte dürfen wir die *sexuelle Annäherung an »Mutter Natur«* ansehen; das reorganisierende Element liegt hingegen in der *Angst, dem Aufbruch ins Abenteuer allein nicht gewachsen zu sein.*

• Aktualisierung:

Der »Student« benötigt einen starken Begleiter. Das Beziehungsangebot an den Therapeuten wäre somit: *Sei mir eine starke Begleiterfigur, aber sei mir nicht gefährlich. Dann werde ich willig kooperieren, in der Hoffnung, in deinem Geleitschutz einem erfolgreichen Aufbruch ins Abenteuer gewachsen zu sein; ich werde eifrig sein, aber lieber auf Geheiß, um nicht Gefahr zu laufen, mit deinen Revieransprüchen in Kollision zu kommen.*

• *SEIN/SOLLEN*:

Etwas bestimmt den Erzähler in der Organisation seiner Geschichte, zwar ein SOLLEN anzustreben, bei dem es um den Auszug zu »Mutter Natur« geht, aber doch nur im Begleitschutz Ranghöherer, so, als traue er sich diese Sache nicht allein zu. Er glaubt, dadurch weiter am ursprünglichen Ziel festhalten zu können, daß er sozusagen auf Geheiß der Ranghöheren handelt. Angestrebter SOLLzustand wäre damit die Erreichung des Handlungsziels »*Auszug und Eroberung*« bei Applaus jener Ranghöheren. Aber eine entscheidende Komplikation ist hier systemimmanent: Eben dieses Ziel könnte jenen Begleitern nicht recht sein. In diesem Fall droht dem erzählten Ich die Intervention der Starken, wenn es bei der Zielerreichung bleibt. In diesem Fall wäre damit zu rechnen, zurückgepfiffen zu werden. Das Ende der Story folgt als desolater SEINszustand: Die fehlende Bewegungsfreiheit im engen Raum zeigt, daß die Ranghöheren selbst den Anspruch erheben, *Mutter Natur* zu erobern. *Sie sitzen »oben drauf« und verlangen, daß er als der Kleine in (Mutters) Raum eingeschlossen bleibt* (SEIN). Auch verdeckt der Erzähler die Zielinitiative durch Wahl des Raums und der Objekte. Der mütterliche Raum ist vertreten durch Wald und Holzstoß. Es tritt nicht etwa eine konkrete weibliche Person auf. Die Wahl der Natursymbole weist aber auch auf den selbst- und selbstwertbezogenen Charakter des Ziels hin: Es geht um Komplettierung der eigenen als ungenügend ausgestattet empfundenen Person im Hinblick auf ein Bewährungsziel, sich im mütterlichen Raum zu behaupten. Es geht nicht um die Wahl eines Liebesobjekts und damit verbundene Rivalitätskonflikte.

Das Thema der Erzählung als *Aufgabe* läßt sich so formulieren: *Meine Aufgabe ist es, mich komplett genug auszustatten, um mich aufzumachen und in den mütterlichen Raum einzudringen.*

Wir können SEIN und SOLLEN präzisieren. SEIN: *Ich bin ein Kleiner, der nicht hinreichend ausgestattet ist, sich allein auf den Weg zu machen und in den mütterlichen Raum einzudringen.* SOLLEN: *Ich kann hineingehen, in den mütterlichen Raum eindrin-*

gen, im Bewußtsein dessen, daß ich über alles verfüge und keinerlei Bedrohung unterliege.

Als scheinbar probates Mittel zur Erreichung des Sollzustands oder zur Lösung der Aufgabe erscheint der *Anschluß an* beziehungsweise die *Parallelaktion mit der stärkeren Figur.*

Die Wahl dieses Mittels hat Veränderungen in der Strategie der Zielerreichung zur Konsequenz: Die eigene Zieliniative darf für die Begleiter nicht mehr sichtbar sein. Der Erzähler erfindet daher den Ausweg, sich als Person zu beschreiben, die auf Geheiß handelt und die als Person, die nur spielt (nicht ernst macht).

Was läßt sich aus der Initialerzählung über die psychische Konfliktsituation des Erzählers entnehmen? Aus der Analyse der Erzählung lassen sich über die psychische Konflikthaftigkeit des Erzählers erste Vermutungen gewinnen. Es könnte um ein Gefühl des Ungenügens gehen, ein Gefühl eigener männlicher Unterlegenheit, das durch den Versuch bekämpft wird, sich in den Begleitschutz solcher männlicher Figuren zu begeben, die als ranghöher, als Autorität vom Erzähler selbst angesehen werden. Bestätigung als Mann würde durch ein Sich-Behaupten im mütterlichen Raum erreicht werden können; daher wäre eine entsprechende Bestätigung für das Selbstgefühl des Erzählers höchst wichtig. Gleichzeitig ergibt sich daraus aber auch eine spezifische Bestrafungsgefahr, nämlich die, durch Eindringen in den mütterlichen Raum solchen männlichen Aggressoren zu begegnen, die dort größere und ältere Rechte ableiten können. Ein gewisses Bleiberecht im mütterlichen Raum wäre nur dadurch zu sichern, daß sich der Erzähler gar nicht als männliche Figur und potentieller Rivale zu erkennen gibt, sondern als Kleiner, als Ahnungsloser. Die Selbstdarstellung als schwaches Kind innerhalb des mütterlichen Raums hat allerdings die fatale Konsequenz, daß damit die initial erhoffte Bestätigung als Mann zwangsläufig ausbleiben muß.

Im folgenden sollen sechs weitere Erzählungen des gleichen Patienten (in der Reihenfolge ihres tatsächlichen Auftretens) zunächst vorgestellt und dann – aus Gründen der Übersicht – in sehr verkürzter Form analysiert dargestellt werden.

2. STUD 1/ 39, 47
Von einem, der auszog, den Mangel zu finden

Beginn: nicht bestimmbar
1/ und dann bin ich
Beginn: deskriptiv
2/ das war das erste Mal nach einem Tag oder so/
Beginn: kommentierend
3/ glaub/
Beginn: deskriptiv
4/ ich bin also heulend heimgefahren nach dem Erlebnis/
Handlungsbeginn: narrativ
5/ und nach einem Tag oder so bin ich dann rausgefahren in Wald und hab das Gefühl gehabt irgendwo ja so dieses/
Handlungsabschluß: narrativ
6/ ich hab so Gefühl gehabt/
Handlungsabschluß: szenisch
7 III 6/ irgendetwas fehlt/

Dramaturgische Modellierung der sequentiellen Organisation

• Dramaturgischer Prozeß	*Exodus ins Gelände mit dem Gefühl: etwas fehlt*
• Akteur-Schicksal	*Betonung von Initiative*

Erschließung der thematischen Organisation der Erzählung

• Spielrahmen

Ausgangsbasis raum-zeitlich	*1 Tag nach Exodus mit den Älteren; in den Wald*
Ausgangsbasis Bühnenpersonal	*12 Jähriger*
Ausgangsbasis Konstellation, Positionenverteilung, Aktivität	*allein*

• Beziehungsdefinition
a) Welchen Abstand zum Objekt stellt das erzählte Ich her? (Kontaktrichtung, Abstandsregulierung) *Annäherung*

b) Was tut das erzählte Ich mit dem Objekt?
(Kontaktmodus) *explorativ*
c) Mit welchem Ziel?
(Kontaktziel) ?
d) Wer ist das Objekt für das erzählte Ich?
(Zielobjekt) ?
e) Welche Form der Entspannung oder Lust gewinnt/erhofft das erzählte Ich durch die Aktion?
(Befriedigung) *Beruhigung, Sicherung*

- Modellierungen
  - Soziale Identität *Opfer*
  - Restitution *sexuelle Annäherung*
  - Reorganisation *(Wieder-)Herstellung männlicher Intaktheit*
  - Aktualisierung *Therapeut hält Erzähler nicht für männlich genug*
- SEIN/SOLLEN
  - SEIN *männliche Intaktheit fehlt*
  - SOLLEN *Exodus in männlicher Intaktheit*
  - SEIN-SOLLEN-Diskrepanz *Exodus im Gefühl: etwas fehlt*
- Thema-Formulierung *Selbstkomplettierung bei Exodus*

3. STUD 2/86
Vater verbirgt sich vor Mutter und Sohn

Handlungsbeginn: narrativ
1/ heut morgen ging's schon los/

Zäsur: interaktiv
2/ gell/
Handlungsentwicklung: narrativ
3/ dann war der Kleine unruhig geworden/
Handlungsentwicklung: narrativ
4/ dann hat sie mit ihm Krach gekriegt und hat halt konsequent ihren Standpunkt vertreten und ihm

nicht alles gemacht.

Zäsur: deskriptiv
5 III 4/ wie er's immer haben will/
Handlungsentwicklung: narrativ
6/ und dann war Mords-Gezeter/
Handlungsentwicklung: narrativ
7/ und ich hab halt weitergeschlafen, hab so getan/
Handlungsentwicklung: narrativ
8 III 7/ wie wenn's mich nicht interessiert/
Handlungsabschluß: narrativ
9/ dann war sie nachher stinkesauer/

Dramaturgische Modellierung der sequentiellen Organisation

- Dramaturgischer Prozeß — *Erzähltes Ich vermeidet Auftritt als Vaterfigur mit Kontrollmacht und erntet Groll der Partnerin*
- Akteur-Schicksal — *Eingebunden in Fremdinitiative*

Erschließung der thematischen Organisation der Erzählung

- Spielrahmen
  Ausgangsbasis raum-zeitlich *heute morgen*
  Ausgangsbasis Bühnenpersonal *erzähltes Ich erwachsen, Partnerin, deren kleiner Sohn*
  Ausgangsbasis Konstellation,
  Positionenverteilung, Aktivität *Der Kleine wird unruhig*
- Beziehungsdefinition
  Objekte: *Partnerin und Sohn*

a) Welchen Abstand zum Objekt stellt das erzählte Ich her?
(Kontaktrichtung,
Abstandsregulierung) *Abwendung*
b) Was tut das erzählte Ich mit dem Objekt?
(Kontaktmodus) *selbstbewahrend*

c) Mit welchem Ziel?

(Kontaktziel)	*Exklusion*

d) Wer ist das Objekt für das erzählte Ich?

(Zielobjekt)	*Feind*

e) Welche Form der Entspannung oder Lust gewinnt/erhofft das erzählte Ich durch die Rückzugsaktion?

(Befriedigung)	*Beruhigung, Sicherung*

- Modellierungen

Soziale Identität	*belästigt von Schreihälsen*
Restitution	*passive Geborgenheit*
Reorganisation	*Überfordertsein abbauen*
Aktualisierung	*Therapeut als Retter*

- SEIN/SOLLEN

SEIN	*Abschirmung gegen Forderung*
SOLLEN	*Behauptung in der Vaterposition*
SEIN-SOLLEN-Diskrepanz	*Gefordertsein in der Vaterposition provoziert Flucht in die Abschirmung*

• Thema-Formulierung	*Einnahme der Vaterposition*

4. STUD 2/ 122

Vater sein im Gewand der Frau

Beginn: deskriptiv, kommentierend

1/ da gab's zum Beispiel ganz tolle Geschichten zwischen meinen Eltern
oder meiner Mutter vielmehr, und uns also, meiner Freundin und mir/

Beginn: deskriptiv

2/ daß der Kleine mit 2 Jahren der wollt immer
bei langen Strecken nicht laufen/

Beginn: interaktiv

3/ gell/

Beginn: deskriptiv

4/ obwohl's ihm körperlich machbar gewesen wär/

Beginn: deskriptiv
5/ der wollt immer auf meinen Schultern sitzen/
Beginn: deskriptiv
6/ ist auch heute noch manchmal der Fall/
Beginn: deskriptiv
7/ obwohl er jetzt schon wesentlich mehr selber läuft
und eben selber seine Wege sucht/

Handlungsbeginn: narrativ
8/ und da hat halt meine Mutter gemeint/
Handlungsbeginn: szenisch
9 III 8/ ha/
Handlungsbeginn: szenisch
10 III 8/ der muß jetzt selber laufen/
Handlungsbeginn: szenisch
11 III 8/ das muß jetzt sein/
Handlungsentwicklung: narrativ
12/ und da hab ich also dann auch mich
auf die Seite rübergeschlagen

und hab gesagt/
Handlungsentwicklung: szenisch
13 III 12/ das muß gar nicht sein/

Handlungsentwicklung: narrativ
14/ und da hat sie eben so die Begriffe gebracht wie/
Handlungsentwicklung: szenisch
15 III 14/ dem muß jetzt halt der Wille gebrochen werden/
Zäsur:interaktiv
16/ gell/
Handlungsabschluß: narrativ
17/ dann hab ich gesagt/
Handlungsabschluß: szenisch
18 III 17/ das muß bestimmt nicht/
Handlungsabschluß: szenisch
19 III 17/ den Willen brechen auf keinen Fall/
Handlungsabschluß: szenisch
20 III 17/ das wollen wir ja gerade vermeiden/

Dramaturgische Modellierung der sequentiellen Organisation

• Dramaturgischer Prozeß	*In Übernahme der Position der Partnerin behauptet sich das erzählte Ich vor der Mutter in väterlicher Rolle*
• Akteur-Schicksal	*Eingebunden in Fremdinitiative*

Erschließung der thematischen Organisation der Erzählung

• Spielrahmen

Ausgangsbasis raum-zeitlich	*da gabs ....*
Ausgangsbasis Bühnenpersonal	*Mutter, Freundin*
Ausgangsbasis Konstellation, Positionenverteilung, Aktivität	*Geschichten*

• Beziehungsdefinition

Objekt:	*Mutter*
a) Welchen Abstand zum Objekt stellt das erzählte Ich her? (Kontaktrichtung, Abstandsregulierung)	*Zuwendung passiv*
b) Was tut das erzählte Ich mit dem Objekt? (Kontaktmodus)	*imperativ*
c) Mit welchem Ziel? (Kontaktziel)	*Abgrenzung*
d) Wer ist das Objekt für das erzählte Ich? (Zielobjekt)	*Autorität*
e) Welche Lust gewinnt das erzählte Ich durch den Kontakt? (Befriedigung)	*manipulativ*

• Modellierungen

Soziale Identität	*bezieht deutlich Stellung als Vater und Ehemann*
Restitution	*In Identifikation mit väterlicher Autorität lustvolle Kontrolle der Mutter*
Reorganisation	*Abgrenzung vor Vereinnahmung durch Mutterfigur*
Aktualisierung	*identifiziert mit Therapeut*

• SEIN/SOLLEN

SEIN	*sich auf die Seite der Partnerin schlagen*
SOLLEN	*sich in väterlicher Position hervortun*
SEIN-SOLLEN-Diskrepanz	*Möglich ist die Übernahme einer väterlichen Pose nur, weil Anlehnung an Leitfigur notwendig ist*

• Thema-Formulierung — *Exposition in Vaterposition*

5. STUD 4/ 282
Selbsterfahrung durch Fremdbeobachtung

Beginn: deskriptiv
1/ wir haben am Samstag und am Freitagabend so eine Selbsterfahrungsgruppe gemacht vom Studium aus/
Beginn: deskriptiv
2/ Selbsterfahrung mit Malen war das/
Beginn: deskriptiv
3/ das macht auch eine Psychologin/
Beginn: kommentierend
4/ ich glaub/
Beginn: deskriptiv
5 III 4/ die hat auch eine Analytikerausbildung gemacht
Beginn: deskriptiv
6/ ich selber war noch nicht dran, mein Bild zu erläutern oder so/
Beginn: interaktiv
7/ gell/
Handlungsbeginn: narrativ
8 / ich hab bloß zugehört/
Handlungsentwicklung: narrativ
9/ und da hab ich halt hab mehr so beobachtet/
Handlungsentwicklung: narrativ
10 III 9/ wie das abläuft in der Gruppe/
Handlungsentwicklung: narrativ

11 // 9/ und hab mich selber schon auch mit eingebracht und gesagt/
Zäsur: deskriptiv
12/ da ging's auch so um die Loslösung von Zuhause
Zäsur: deskriptiv
13/ und ich bin ja jetzt 2,3 Jahre älter als die in der Regel/
Handlungsabschluß: narrativ
14/ und da hab ich genau gesehen/
Handlungsabschluß: narrativ
15 III 14/ daß die also mit der Loslösung ähnliche Schwierigkeiten haben/

Dramaturgische Modellierung der sequentiellen Organisation

- Dramaturgischer Prozeß — *Das erzählte Ich zieht sich in einer Situation der Exposition vor der Autorität innerhalb einer Gruppe in die Beobachterposition zurück*
- Akteur-Schicksal — *Eingebunden in Fremdinitiative*

Erschließung der thematischen Organisation der Erzählung

- Spielrahmen
  Ausgangsbasis raum-zeitlich — *Wochenende*
  Ausgangsbasis Bühnenpersonal — *Selbsterfahrungsgruppe, Leiterin*
  Ausgangsbasis Konstellation, Positionenverteilung, Aktivität — *noch nicht gefordert sein*
- Beziehungsdefinition
  Objekt: — *Gruppe, Leiterin*

a) Welchen Abstand zum Objekt stellt das erzählte Ich her?
(Kontaktrichtung, Abstandsregulierung) *Entfernung*
b) Was tut das erzählte Ich mit dem Objekt?
(Kontaktmodus) *kontemplativ*

c) Mit welchem Ziel?

Kontaktziel)	*Partizipation*

d) Wer ist das Objekt für das erzählte Ich?

(Zielobjekt)	*Feind*
	Autorität

e) Welche Form der Entspannung oder Lust gewinnt das erzählte Ich durch den Kontakt?

(Befriedigung)	*Beruhigung, Sicherung*
• Modellierungen	
Soziale Identität	*Tüchtiger und kooperativer Gruppengenosse*
Restitution	*sich stolz zeigen*
Reorganisation	*Überwindung von Angst vor Ablehnung und Verachtung*
Aktualisierung	*sich vor dem Therapeuten zeigen*
• SEIN/SOLLEN	
SEIN	*zurückgezogen in Beobachterposition*
SOLLEN	*Akzeptanz bei Selbstprofilierung*
SEIN-SOLLEN-Diskrepanz	*Selbstprofilierung durch Sicherungsbedürfnis verhindert*
• Thema-Formulierung	*Exposition vor Autorität*

6. STUD 4/ 378

Der Kranke soll sich zur Mutter legen

Beginn: deskriptiv

1/ eine Zeitlang hatte ich ziemlich Angst vor Krankheiten/

Beginn: deskriptiv

2/ das ging einher mit einem Erlebnis/

Beginn: deskriptiv

3/ da hab ich so Kreislaufstörungen gekriegt und ziemlich hoher Blutdruck

Beginn: deskriptiv, kommentierend

4/ das ging zwar bloß einen Monat/

– nicht bestimmbar –
5/ aber das hat sich dann/
Handlungsbeginn: narrativ
6/ da hab ich dann eine Nacht Atemnot kriegt/
Zäsur: kommentierend
7/ das weiß ich noch wie heute/
Handlungsentwicklung: narrativ
8/ da bin ich runter zu meinen Eltern und hab das meiner Mutter gesagt/
Zäsur: kommentierend
9/ und da war ich eigentlich auch schon recht alt, 17 oder so, nein 18/
Handlungsentwicklung: narrativ
10/ und da hat sie gesagt/
Handlungsentwicklung: szenisch/d
11 III 10/ ich soll mich herlegen/
Handlungsentwicklung: narrativ
12/ weil ich sah echt blau aus und so/
Zäsur: interaktiv
13/ gell/
Handlungsentwicklung: szenisch/d
14 III 10/ daß ich da bin/
Handlungsentwicklung: szenisch/d
15 III 10/ wenn was ist/
Handlungsabschluß: narrativ
16/ weil mir war echt ganz schummerig und so/

Dramaturgische Modellierung der sequentiellen Organisation

- Dramaturgischer Prozeß — *von nächtlicher Atemnot in Angst gesetzt wendet sich das erzählte Ich an die Eltern und erhält die mütterliche Aufforderung, sich »herzulegen«*
- Akteur-Schicksal — *Entzug von Initiative*

Erschließung der thematischen Organisation der Erzählung

• Spielrahmen	
Ausgangsbasis raum-zeitlich	*eine Nacht*
Ausgangsbasis Bühnen-personal	*»Kreislaufstörungen, Blutdruck«*
Ausgangsbasis Konstellation, Positionenverteilung, Aktivität	*»kriegen«*
• Beziehungsdefinition	
Objekt:	*Mutter*
a) Welchen Abstand zum Objekt stellt das erzählte Ich her? (Kontaktrichtung, Abstands-regulierung)	*Zuwendung passiv*
b) Was tut das erzählte Ich mit dem Objekt? (Kontaktmodus)	*expansiv*
c) Mit welchem Ziel? (Kontaktziel)	*Inklusion passiv*
d) Wer ist das Objekt für das erzählte Ich? (Zielobjekt)	*Autorität*
e) Welche Lust gewinnt das erzählte Ich durch den Kontakt? (Befriedigung)	*erregend*
• Modellierungen	
Soziale Identität	*Opfer körperlicher Attacke*
Restitution	*Zuwendung der Mutter*
Reorganisation	*Kontrollverlust in Schach halten*
Aktualisierung	*Therapeut als Retter*
• SEIN/SOLLEN	
SEIN	*körperlich beeinträchtigt*
SOLLEN	*sich zur Mutter legen*
SEIN-SOLLEN-Diskrepanz	*die Zuwendung der Mutter gilt nur dem Kranken*
• Thema-Formulierung	*Exposition vor Mutter*

7. STUD 4/ 382
Das Herz flattert schön

Handlungsbeginn: narrativ
1/ und dann durch den Kreislaufkollaps/
Zäsur: kommentierend
2/ oder Kollaps war's keiner/
Handlungsbeginn: narrativ
3/ aber eben die - eben durch die das Gefühl/
Handlungsbeginn: szenisch
4 III 3/ Mensch/
Handlungsbeginn: szenisch
5 III 3/ / jetzt könnt's ja aus sein demnächst/
Zäsur: interaktiv
6/ gell/
Handlungsentwicklung: narrativ
7/ so s'Herz so schön geflattert/
Handlungsentwicklung: narrativ
8 III 7/ daß man sich gedacht hat/
Handlungsentwicklung: szenisch
9 III 8/ Mensch/
Handlungsentwicklung: szenisch
10 III 8/ das bleibt jetzt gleich stehen/

Handlungsentwicklung: szenisch
11 III 8/ das überdreht/
Handlungsabschluß: narrativ
12/ da hab ich dann wahnsinnige Angst gekriegt
Zäsur: deskriptiv
13/ das war also an dem Abend/
Handlungsabschluß: narrativ
14/ da hatte ich fast Todesangst/
Abschluß: kommentierend
15/ ich weiß nicht/
Abschluss: kommentierend
16 III 15/ wenn man das so sagen kann/

Dramaturgische Modellierung der sequentiellen Organisation

• Dramaturgischer Prozeß	*Das körperliche Beeinträchtigtsein läßt das erzählte Ich sich steigern in Todesangst*
• Akteur-Schicksal	*Eingebunden in Fremdinitiative*

Erschließung der thematischen Organisation der Erzählung

• Spielrahmen	
Ausgangsbasis raum-zeitlich	–
Ausgangsbasis Bühnenpersonal	*Kreislaufkollaps, der keiner war*
Ausgangsbasis Konstellation, Positionenverteilung, Aktivität	–
• Beziehungsdefinition	
Objekt	*Kreislaufkollaps*
a) Welchen Abstand zum Objekt stellt das erzählte Ich her? (Kontaktrichtung, Abstandsregulierung)?	
b) Was tut das erzählte Ich mit dem Objekt? (Kontaktmodus)	*rezeptiv*
c) Mit welchem Ziel? (Kontaktziel)?	
d) Wer ist das Objekt für das erzählte Ich? (Zielobjekt)	*Feind*
e) Welche Lust gewinnt das erzählte Ich durch den Kontakt? (Befriedigung)	*erregend*
• Modellierungen	
Soziale Identität	*Opfer körperlicher Attacke*
Restitution	*Bestrafungswunsch*
Reorganisation	*Steuerung*
Aktualisierung	*den Therapeuten durch interessantes Leiden gewinnen*
• SEIN/SOLLEN	
SEIN	*körperlich beeinträchtigt*
SOLLEN	*sich dem Ausnahmezustand mutig stellen*

SEIN-SOLLEN-Diskrepanz	*Schwanken zwischen Angst und Erregung*
• Thema-Formulierung	*Attacke, passiv erfahren*

Aspekte eines Modells der psychischen Konfliktsituation und der inneren Objektbeziehungen des Erzählers

Betrachten wir alle sieben Erzählungen im Vergleich, so zeigt sich auf eindrucksvolle Weise eine sequentielle Auffächerung des »Kompaktprogramms«, das die Initialerzählung bereits implizierte: Die 2. Erzählung »Von einem, der auszog, den Mangel zu finden« stellt die psychische Belastung *erlebter Mangelhaftigkeit* (»etwas fehlt«) unter die *Bedingung des Alleinseins*, des Verzichts auf Geleitschutz. Die 3. Erzählung »Vater verbirgt sich vor Mutter und Sohn« verdeutlicht die *Rückzugstendenz* angesichts der Aufgabe, die Position väterlicher *Autorität*, also die *Position »obendrauf«*, einzunehmen. Die 4. Erzählung »Vater sein im Gewand der Frau« formuliert jene, bereits aus der Initialerzählung zu vermutende, *Umwegbedingung*, unter der dennoch etwas wie eine *väterliche Position »obendrauf«* eingenommen werden könnte: nämlich in *Geleitschutz und Gefolge einer führenden Figur*, hier der Liebespartnerin. Die 5. Erzählung »Selbsterfahrung durch Fremdbetrachtung« expliziert jene zu erwartende *Rückzugstendenz in Beobachterposition*, die aus Vorsicht eingenommen werden muß, wenn eine Selbstexposition ohne höheren Geleitschutz droht. Die 6. Erzählung »Der Kranke soll sich zur Mutter legen« darf vielleicht als besonders interessant gelten im Blick auf die der Initialerzählung entnommenen Hypothese, daß die Erfahrung sexueller Annäherung an Weiblich-Mütterliches zwar erstrebt wird, zugleich aber größter Bedrohung unterliegt. Die 6. Erzählung »löst« den Konflikt dadurch, daß die *Annäherung an die Mutter im Zeichen der Schwächung und Beeinträchtigung* erfolgt und somit primär mütterlichers Schutz- und Fürsorgeverhalten provoziert. Im Zeichen der Krankheit wird dann aber Nähe zur Mutter, bei Ausschluß des Vaters, möglich. Schließlich gestattet die 7. Erzählung »Das Herz flattert schön« noch einen Blick auf jene aus der Analyse der Initialerzählung gewonnene Hypothese von der *lustvollen Auslieferung an mächtige Angreifer,* die sich in der Erzählung vom »Herzen« inszeniert als psychosomatisches Geschehen einer eben auch »schön flatternden«, großartigen Todesnähe. Die Häufigkeit des Bestimmtseins durch fremde Initiative hebt eindrucksvoll die Selbstdeklaration als *Abhängiger* hervor.

Wenn ich im folgenden versuche, die gewonnenen Ergebnisse etwas aufzufächern und systematisch zusammenzutragen, will ich noch einmal die Unterscheidung zwischen Erzähler und erzähltem Ich aufgreifen. Ich hatte darauf hingewiesen, daß die Erzählung als Externalisierung die Möglichkeit einer offenen Nähe-Distanz-Regulierung schafft: Ihr Autor kann, aber muß sich nicht identisch mit seinen Ich-Figur fühlen, und er kann, aber muß nicht an sein Material strenge Kritik anlegen. Wenn ich gleichwohl hoffe, diagnostisch relevante Rückschlüsse auf den Erzähler machen zu können, so aufgrund der Annahme, daß die subjektiv relevante *Thematisierungs-* oder *Aufgabenorientierung* des Erzählers sich im Erzählprodukt behauptet, und zwar *gerade weil* die Erzählung dazu dient, dieser subjektiven Aufgabenorientierung Gestalt zu geben. In diesem Sinn sind die folgenden diagnostischen Hypothesen als Ergebnisse der Themenanalyse zu verstehen:

– Der Patient erlebt sich *nicht als (körperlich/personal) hinreichend ausgestattet,* um auf eigene Faust in unvertrauter Umgebung zurechtzukommen und heterosexuellen Kontakt zu haben.
– Auf eigene Faust in *unvertrauter Umgebung zurechtkommen und heterosexuellen Kontakt haben ist aber ein Teil seines Selbst-(Ideal-)Bildes.*
– *Explorative Aktivität und heterosexuelle Aktivität* sind ihm zunächst *möglich* ohne initiale Hemmung, *wenn er sich im Begleitschutz Ranghöherer* (Stärkerer) *weiß.*
– Der Begleitschutz Ranghöherer ist dann *funktional, wenn keine Differenz der Interessen* existiert; das ist am sichersten dann gewährleistet, wenn *der Patient als ›Kleiner‹ das eigene Tun als verordnetes Muß durch die Autorität* erleben kann.
– Der Begleitschutz Ranghöherer ist *dysfunktional, wenn dadurch die Bewegungsfreiheit des Patienten gehemmt* wird. Diese unerwünschte Situation tritt dann ein, wenn sich das

Handeln des Patienten im Nachhinein als divergent mit den Interessen der Ranghöheren erweist.

- *Interessendivergenz wird durch den Patienten im Nachhinein wahrgenommen,* nicht aber im Vorfeld der Aktivität. Das ist deshalb der Fall, weil der Begleitschutz durch die Autorität ja der Enthemmung seiner Aktivität dient (in Übereinstimmung mit seinem Selbst-(Ideal-)Bild). Das heißt, der Kontakt mit der Autorität löst keine Kontroll- und Sicherungsaktivität aus, sondern setzt den Patienten in Bewegung, läßt ihn mitmachen.
- *Dieses Mitmachen hat kooperativ gefügigen, willig wohlgefälligen Charakter.* Es findet in der Sicht des Patienten immer unter den Augen der Autorität statt, der er gefallen will.
- Er will als »Kleiner« gefallen, was bedeutet, daß er *weder rivalisiert noch sich auf ein Tun einläßt, das die eigene Selbstpräsentation der Autorität gegenüber ins Wanken bringt.* Das wird zum Beispiel erreicht durch eine habituelle Selbstpräsentation als »treuherziger Naiver« (»altklug«).
- Die Gefahr einer spezifischen Interessendivergenz liegt in der heterosexuellen Kontaktinitiative. Denn hier besteht die spezifische Gefahr, Kontakt mit einer *Sexualpartnerin* aufzunehmen, *die bereits durch den Ranghöheren »besetzt« ist.*
- Diese Situation ist höchst gefährlich, denn der *Ranghöhere wird den »Kleinen« strafen.*
- *Da Kontroll- und Sicherungsaktivitäten durch den Patienten nicht vorgesehen sind, ist die Bestrafungsgefahr virulent.* Um ihr zu begegnen, muß er sich im *heterosexuellen Kontakt eher als »Kleiner« zeigen, das Gegenüber als bestimmend wahrnehmen und zum Bestimmenden manipulieren.*
- Auch besteht die Tendenz, in der *Sexualpartnerin* eher ein *mütterliches Gegenüber* zu sehen.
- Die *Perspektive auf ein als mütterlich bestimmtes Gegenüber hat einen Vorteil für die Stabilisierung des Selbstwertgefühls:* Der Patient kann sich ohne Selbstwerteinbuße als »Kleiner« inszenieren.
- *Die Perspektive auf ein als mütterlich bestimmtes Gegenüber hat einen Vorteil für die Realisierung prägenitaler Bedürfnisse:* Gewährung mütterlicher Zuwendungs- und Versorgungsaktivitäten dem ›Kleinen‹ gegenüber.

- *Die Perspektive auf ein als mütterlich bestimmtes Gegenüber hat einen Nachteil für das Selbst-(Ideal-)Bild:* Die Selbstpräsentation als »Kleiner« läßt nicht zu, daß er sich als ebenbürtiger Partner sieht. Im Sinne eines kompensatorischen Ausgleichs kann er allenfalls im Sinne einer Selbstsuggestion zum gelegentlichen Opponieren greifen.
- *Die Perspektive auf ein als mütterlich bestimmtes Gegenüber hat einen Nachteil für das erstrebte Gefühl von Unabhängigkeit:* Er macht sich durch die wahrgenommenen mütterlichen Ressourcen abhängig. Zur Reduzierung des Abhängigkeitsgefühls greift er zur oralen Selbstversorgung.
- *Die Perspektive auf ein als mütterlich bestimmtes Gegenüber hat einen Nachteil für die Selbstwahrnehmung der psychosexuell männlichen Identität als intakter Sexualpartner.* Er ist nur ein »Kleiner« und der mütterlichen Partnerin sexuell nicht gewachsen.
- *Situationen, in denen er sich als erwachsener, ebenbürtiger männlicher Partner in einer heterosexuellen Beziehung erleben soll, sind potentiell angstauslösend:* Beschämungsangst (er ist nur ein »Kleiner«, er ist nicht genügend ausgestattet), Kastrationsangst (er wird zur Strafe seiner körperlichen und personalen männlichen Identität durch einen ranghöheren Mann beraubt), Verlassenheitsangst (er wird hilflos im Stich gelassen).
- *Ein »Kleiner« zu sein, schützt vor der Kastrationsgefahr* (weil er zu harmlos ist), *nährt die Beschämungsgefahr* (weil die Frauen und die Männer ihn nicht ernst nehmen können) und *auch die Gefahr, in Abhängigkeitsbedürfnissen im Stich gelassen zu werden (weil man verachtet wird).*
- *Zur Aufrechterhaltung des Selbstwertgefühls und um eigene Aktivität nicht zu lähmen, ist die Konfrontation mit Signalangst* (situationsspezifische Beschämungs- und Bestrafungsangst) *zu umgehen.*
- Statt Beschämungsangst entwickelt der Patient einen *Kontrollzwang mit Symbolwert:* Er muß durch Blicke auf den Boden und durch Blicke zurück kontrollieren, ob ihm etwas fehlt, ob er etwas verloren hat, bevor er durch eine Tür ins Innere tritt (sich in einen Innenraum hineinbewegen als jemand, dem etwas fehlt und dem doch nichts fehlen sollte).

Kastrationsangst wie auch die Angst, hilflos im Stich gelassen zu werden, sind untergebracht zum einen in einer anfallsartigen Angst, die mit nächtlichen Einschlafstörungen, Tachykardien, Schweißausbrüchen, Schwindel und Zittern einhergeht (Symptom tritt nach Angaben des Patienten eher selten auf) und begleitet wird von *Selbstvorwürfen über gesundheitlichen Raubbau* durch Trinken, Rauchen, Bewegungsmangel; Kastrationsangst macht sich zum andern bemerkbar durch *angstvolle Selbstvorwürfe* über gesundheitliches Fehlverhalten, das böse Folgen (Krebs, Leberzirrhose) haben werde.

- *Die nächtlichen Schwächeanfälle haben einen erwünschten Zuwendungseffekt:* Alarmiert durch den Ernst der bedrohlichen Situation gibt die »Mutter« dem bedrohten »Kleinen« Zuwendung (weil es so schlimm um ihn steht).
- Der Dramatisierung als Abwehr der Kastrations- und Beschämungsgefahr steht die *Selbstdarstellung als bloß Spielender gegenüber* (Wer spielt, tut nichts Böses, hat keine gefährlichen Absichten, ist in seiner Unbürgerlichkeit narzißtisch großartig.).

Skizzierung der Konfliktsituation

Der »Kleine« will zusammen mit den »Ranghöheren« und im Schutz der Größeren seine Männlichkeit im Unvertrauten erproben. Dabei geht er von der positiven Erwartung aus: Der Vater zeigt ihm etwas und läßt ihn teilhaben. Der Vater erwartet auch, daß er sich schon wie ein Mann benimmt und nicht mehr nur zu Hause bei der Mutter hocken will. Nun verhalten sich die »Ranghöheren« als Überlegene aber so, daß sie die Kleinheit des Kleinen verspotten und angesichts dessen ihre eigene Macht demonstrieren.

Der »Kleine« identifiziert sich mit der Position der Schwachen und wagt nicht, in Differenz zu ihnen zu treten. Der »Kleine« rettet gewissermaßen, was zu retten ist. Er versucht, ein negatives Selbstbild zu kompensieren. Er kehrt regressiv in ein mütterliches Versorgungssystem zurück und versucht, durch Dramatisierung seiner Schwäche exklusive Zuwendung zu gewinnen.

Habituelle Selbstpräsentation
vor Objekten:
»treuherziger Naiver«

Beziehung zu => gefährlichen Begleitern
äußere Anpassung an Autorität
Enthemmung von Aktivität als »Mitmachen«
Hemmung von Aggressivität als Selbstschutz

Beziehung zu => mütterlichem Versorgungssystem
Gewähltwerden = Selbstwertstabilisierung
Versorgtwerden befriedigt Abhängigkeitsbedürfnisse
Abgrenzung durch orale Selbstversorgung
Sexualität erhöht Kastrationsgefahr

Zu vermeiden bei den gefährlichen Begleitern:
Rivalität
Exhibition
Abgrenzung

Zu vermeiden bei Frauen:
Sexuelle Initiative
Identifikation mit ebenbürtiger Partnerschaft

Selbst-(Ideal-)Bild:
aktiv, sexuell interessiert

negatives Selbstbild:
»mickriger Kleiner«

Entlastungsfunktion der Symptomatik:

Zwangssymptom garantiert Angstfreiheit (Beschämungs-, Kastrationsangst)

Angstsymptom, resultierend aus Kastrationsangst und Steuerungsschwäche, ermöglicht passives Versorgtwerden, Nähe zur Mutter

Die Inspektion der Beziehung zwischen Therapeut und Patient anhand der Verbatimtranskripte über 30 Behandlungsstunden ergibt folgendes Bild: Der Patient setzt den Therapeuten ein, um in seinem Begleitschutz Schritte im Dienst seines Selbst-(Ideal-)Bildes zu unternehmen. Er zeigt sich kooperativ, willig, gefällig und zugleich harmlos (notfalls spielerisch), jedoch nicht introspektiv. Er identifiziert sich nicht mit der reflektierenden Funktion des Analytikers. Interessendivergenzen dürfen in der Sicht des Patienten nicht aufkommen, in der Beziehung darf es keine Veränderung geben. Damit bleibt allerdings die Symptomatik erhalten, weil die Inszenierung des ranghöheren Begleitschutzes dauernd das Selbst-(Ideal-)Bild bedroht und die habituellen Techniken der Angstvermeidung aufrechterhält.

Der Analytiker bekommt die Rolle des »Ranghöheren« zugewiesen und soll als starker Begleiter dem Patienten »Stark-Sein« zusichern. Das bedeutet, daß der Patient sich dem Analytiker erwachsen und vernünftig anbietet, um die Würde des Starken glaubwürdig zu vertreten. Aggressives darf zwischen Analytiker und Patient nicht auftreten, weil das die identifikatorische Übernahme der ranghöheren Position des Analytikers gefährden würde.

Das Aussprechen von Beschämungsangst und Kastrationsangst muß vermieden werden, um den gefürchteten Spott des Analytikers zu verhindern und damit der eigenen vorausgesehenen Degradierung vorzubeugen. Die versuchte Selbstheilung des Patienten besteht in der Partizipation an der »Stärke der Starken«. Sie muß fehlschlagen, weil sie die eigenen Kräfte der Selbstbehauptung bindet statt freisetzt. Der Patient versucht, in der Behandlung durch eine Selbstdarstellung, die ihn als eher stark zeigt, die Anerkennung des Analytikers zu erreichen. Diese Darstellung hat den suggestiven Charakter der Selbstermutigung. Freilich bestünde in diesem Fall ein Veränderung ermöglichender Mut darin, *Spannung* zwischen Analytiker und Patient aufkommen zu lassen durch das Eingeständnis eigener Angst und Beschämungsnot.

Der Patient weist seinem Analytiker in der Tat manipulativ immer wieder die Rolle als »tatsächlich Überlegener« zu. Er geht davon aus, besonders viel Wohlwollen zu ernten, wenn er besonders eifrig mitmacht. Dieses »Mitmachen« freilich bleibt in der

Behandlung über lange Strecken bloß äußerlich. Es handelt sich um ein eifriges Anpassungsgebaren, häufig ohne eigene emotionale Beteiligung. Der Therapeut sucht jenem bloß ängstlich bleibenden Kooperationsgebaren durch Ermutigung von Konfrontation, Abgrenzung und Angriffslust zu begegnen, was vom Patienten durch den Versuch einer oft naiv, wenn nicht karikierend wirkenden Anpassung an die geforderten konfrontativen Leistungen beantwortet wird.

Entwicklung und Veränderung

Entscheidend ist, daß Bestrafungsangst und Beschämungsangst nicht offen thematisiert werden können. Das liegt daran, daß der Status als »Kleiner« verleugnet werden muß. In der Phantasie *ist* der Kleine *einer* unter den Ranghöheren, ist mit ihnen als *Großer* identifiziert. Er geht *mit ihnen* weg, um durch die Gunst ihrer Begleitung zu sein wie sie. Die Unterschiede müssen daher verleugnet werden, aber die fatale Konsequenz ist, daß von ihm kein Anlaß für Interessendifferenzen wahrgenommen werden darf, *sonst droht offenes Beschämt- und Verstoßenwerden.* Gleichzeitig bleibt der »Kleine« angewiesen auf Begleitung, weil er die *Versicherung* des Groß-Seins benötigt. *Aggressive Auseinandersetzung und Rivalität müssen unterbleiben.* Um Beschämungsangst zu verleugnen, muß er sich erwachsen und vernünftig geben. Um Kastrationsangst zu verleugnen, muß er sich versichern, »gut ausgestattet« zu sein, so daß nichts »fehlt«. (Er bringt das Gefühl eines Fehlens im ritualisierten Symptom unter, das als ich-fremd erlebt wird).

Um die Angst vor einschließender Nähe und mütterlicher Dominanz in heterosexuellen Begegungen abzuwenden, muß er sich ein Stück weit aus der Rolle als Partner der Frau distanzieren (was gleichzeitig die Kastrationsgefahr – als Angst vor der Strafe des »rechtmäßigen« Gatten der »Mutter« – reduziert).

In den Erzählungen des Patienten kommt zum Ausdruck, daß *innerhalb* der aktuellen Beziehung kein Prozeß mit spannungsvollen Divergenzen stattfinden darf. Das Ausloten und Austesten der Situation fehlt.

Gerade darin liegt aber die Chance der Therapeut-Patient-Beziehung: Spannung *in* der Beziehung halten, um die vom Patienten vorgestellte Angst mit den Gefahrbedingungen der Realsituation zu vergleichen. Die potentielle Fruchtbarkeit dieses Prozeßaspekts geht daraus hervor, daß der Patient in den weiteren (hier nicht vorgestellten) Erzählungen immer wieder seine Unterwerfung unter Machtgesten kontrastiert mit den Realanlässen, die im Vergleich zum Ausmaß der Unterwerfung geringfügig erscheinen.

Die Untersuchung der realen Interaktionen zwischen Analytiker und Patient im Therapieverlauf macht deutlich, daß die Beziehungsinszenierung im großen und ganzen relativ stabil blieb. Der Patient inszeniert die Rolle des »Altklugen« und weist seinem therapeutischen Gegenüber den Status des tonangebenden, überlegenen Führers zu. Zugleich glaubt der Patient, dem Therapeuten zu gefallen, wenn er sich kritisch, auseinandersetzungsbereit, um Autonomie bemüht zeigt. Daher spielt er willig diese Rolle und nimmt Bemerkungen des Therapeuten, welche sein Rollenverhalten kommentieren, als Ansporn zu bemühterem Einsatz auf. Der Therapeut wird immer wieder dazu verführt, die Rolle der belehrenden oder auch zurechtweisenden Autorität zu übernehmen, die auch in heiklen Situationen, etwa angesichts eines mißlungenen Verführungsversuchs, männliche Fassung verlangt.

Die Fähigkeit, 30 Stunden lang die Aufmerksamkeit des »obendrauf« sitzenden Therapeuten gewonnen zu haben und dieser Autorität standzuhalten, stärkte den Patienten im Selbstwerterleben, in kompensatorischem Genuß väterlicher Beachtung und Wohlwollens. Dies machten drei Katamnesegespräche in größeren Zeitabständen deutlich. Hingegen erfolgte, soweit ich erkennen konnte, kein Aufbrechen der Angst- und Beschämungsphantasien des jungen Mannes, auch keine Auseinandersetzung mit seiner erzwungenen Selbstzurücksetzung im Hinblick auf Leistungsziele (Selbstdegradation durch Studienabbruch zugunsten einer geringer qualifizierten Ausbildung). Freilich darf kaum erwartet werden, daß die Kürze des Therapiezeitraums ausgereicht hätte, diese mit notwendigerweise viel psychischer Destabilisierung verbundenen Themen angemessen zu bearbeiten. Die langfristige Katamnese zeigt, daß der »Student« zwar weder eine vollständige Symptomauflösung noch eine entscheidende Veränderung seiner Persönlichkeitseinschränkungen erreicht, sehr wohl aber im Rahmen seiner Möglichkeiten eine zufriedenstellende und stabile Form der

Lebensführung entwickelt hat. Dieser Erfolg spricht für eine positive Wirkung der Kurztherapie. Freilich mußte er bei seinem Lebensarrangement dem Verlangen nach Glanz und Überlegenheit sorgfältig Einhalt gebieten und ihm ungefährliche Ausdrucksmöglichkeiten verschaffen.

Robert: Von riesigen Messern bedroht

Diese Traumerzählung folgt den wörtlichen Formulierungen durch den etwa 30jährigen Erzähler, der sich zur Zeit des Traums freiwillig in stationärer psychiatrischer Behandlung befand. Der Patient trank übermäßig, was Grund für bereits mehrfache Behandlungsversuche gewesen war. Trotz vielfältiger Begabung hatte er große Mühe, sich beruflich zu etablieren. Seine Ehe, aus der zwei Töchter hervorgegangen waren, wurde in in beiderseitigem Einvernehmen aufgelöst. Er stand derzeit in einer von Zerreißproben geschüttelten Liebesbeziehung mit einer etwa gleichaltrigen Frau.

Identifikation des Erzähl-Ereignisses

In diesem Fall ist die Situation sehr einfach: Robert hat seinen Traum von sich aus notiert. Er war ihm beim angstvollen Erwachen quälend gegenwärtig gewesen, und es drängte ihn aufzuschreiben, was ihm träumend widerfahren war. Diesen Text überreichte er später seinem Therapeuten. Wir haben es hier also mit einer Niederschrift zu tun, die der Erzähler in der bestehenden Form autorisiert hat. Robert tat das nicht gewohnheitsmäßig. Er schrieb gerade diesen Traum nieder, weil er ihn in besonderer Weise erschüttert und geängstigt hatte. Ich stelle die Traumerzählung in bereits segmentierter Form vor.

Roberts Traumerzählung[7]

1/ ich war mit meiner kleinen Schwester zu Hause /

2/ auch meine Eltern waren da /

3/ Gefahr drohte /

4/ unsere Eltern waren oben /

5/ ich bohrte den Lauf einer Spielzeugpistole auf und lud ihn mit irgendwas, immer im dräuenden Bewußtsein der Gefahr in Gestalt von zwei älteren widerlichen Männern /

6/ sie waren mit riesigen Messern bewaffnet und suchten uns /

7/ im entscheidenden Moment versagte meine Waffe /

8/ aber dennoch gelang es mir, zwar verletzt, den Männern die Messer zu entreißen und sie zu verwunden/

9/ die darauf die Flucht ergriffen /

10/ mit der dauernden Angst vor ihnen machten wir uns auf die Suche nach ihnen /

11/ mit der Zeit verwandelten sie sich in kleine Mädchen /

12/ die ich bei wiederholten Treffern mit den erbeuteten Messern schrecklich zu verstümmeln ... /

13/ der Spieß drehte sich um: /

14/ ich allein auf der Suche und gleichzeitig in panischer Angst, sie zu finden /

15/ ja, sie verfolgten nun mich und stellten mich in einem belebten Park im Sommer /

16/ die Leute weiß und sonntäglich gekleidet, sie nackt und blutend /

17/ sie waren nun beide auf etwa 5- bis 10-Jährige verjüngt und daran, mich zu töten /

18/ ich konnte mich nicht mehr wehren, gelähmt vor Entsetzen

7 Die Traumerzählung ist in der Originalversion belassen worden inklusive der Zeichensetzung, wie sie innerhalb der einzelnen Segmente angegeben ist; eine Änderung erfuhr lediglich der Relativnebensatz »die darauf die Flucht ergriffen«, der im Originaltext eingeschoben ist, und zwar wie folgt: »die Messer zu entreissen und sie, die darauf die Flucht ergriffen, zu verwunden«.

Die Erzählung als Sequenz

Die Erzählung wird in ihrer sequentiellen Organisation aufgegliedert nach Initial-, Entwicklungs- und Abschlußphasen sowie nach Kern- und Rahmenelementen.

Die sequentielle Organisation von Roberts Traumerzählung

Beginn (Positionierung und Konstellierung)
1/ ich war mit meiner kleinen Schwester zu Hause /
2/ auch meine Eltern waren da /
3/ Gefahr drohte /
4/ unsere Eltern waren oben /

Handlungsbeginn (a)
5/ ich bohrte den Lauf einer Spielzeugpistole auf und lud ihn mit irgendwas, immer im dräuenden Bewußtsein der Gefahr in Gestalt von zwei älteren widerlichen Männern /

Handlungsentwicklung (a)
6/ sie waren mit riesigen Messern bewaffnet und suchten uns /

Handlungsabschluß (a)
7/ im entscheidenden Moment versagte meine Waffe /

Handlungsentwicklung (b)
8/ aber dennoch gelang es mir, zwar verletzt, den Männern die Messer zu entreißen und sie zu verwunden /

Handlungsabschluß (b)
9/ die darauf die Flucht ergriffen /

Handlungsentwicklung (c)
10/ mit der dauernden Angst vor ihnen machten wir uns auf die Suche nach ihnen /
11/ mit der Zeit verwandelten sie sich in kleine Mädchen /

Handlungsabschluß (c)
12/ die ich bei wiederholten Treffern mit den erbeuteten Messern schrecklich zu verstümmeln ... /

Zäsur (kommentierende Kontrastierung)
13/ der Spieß drehte sich um: /

Handlungsentwicklung (d)

14/ ich allein auf der Suche und gleichzeitig in panischer Angst, sie zu finden /

15/ ja, sie verfolgten nun mich und stellten mich in einem belebten Park im Sommer /

Zäsur (deskriptive Kontrastierung)

16/ die Leute weiß und sonntäglich gekleidet, sie nackt und blutend /

Handlungsentwicklung (d)

17/ sie waren nun beide auf etwa 5-10Jährige verjüngt und daran, mich zu töten /

Handlungsabschluß (d)

18/ ich konnte mich nicht mehr wehren, gelähmt vor Entsetzen /

Dramaturgie

Beginn (Positionierung und Konstellierung)

1/ ich war mit meiner kleinen Schwester zu Hause /

Positionierung im vertrauten Innenraum, Konstellierung mit vertrautem weiblichem geschwisterlichem Gegenüber (=)

2/ auch meine Eltern waren da /

Positionierung vertrauter Elternfiguren als präsent (>)

3/ Gefahr drohte /

non-personales, nonspezifisches Gefahrensignal

4/ unsere Eltern waren oben /

Positionierung vertrauter Elternfiguren oben

Handlungsbeginn (a)

5/ ich bohrte den Lauf einer Spielzeugpistole auf und lud ihn mit irgendwas, immer im dräuenden Bewußtsein der Gefahr in Gestalt von zwei älteren widerlichen Männern /

Das erzählte Ich präpariert bewaffnete Attacke, Konturierung des nicht-spezifischen Gefahrensignals durch Personifizierung (= männlich, oben, Abscheu)

Handlungsentwicklung (a)

6/ sie waren mit riesigen Messern bewaffnet und suchten uns /

Die abscheulichen Männer werden mit überdimensionierten Waffen ausgerüstet und treten in Aktion.

Handlungsabschluß (a)

7/ im entscheidenden Moment versagte meine Waffe /

Die Waffe des Ich-Erzählers richtet nichts aus.

Handlungsentwicklung (b)

8/ aber dennoch gelang es mir, zwar verletzt, den Männern die Messer zu entreißen und sie zu verwunden /

Das erzählte Ich ist beeinträchtigt, kann aber auch die abscheulichen Männer beeinträchtigen.

Handlungsabschluß (b)

9/ die darauf die Flucht ergriffen /

Die abscheulichen Männer suchen die Szene zu verlassen.

Handlungsentwicklung (c)

10/ mit der dauernden Angst vor ihnen machten wir uns auf die Suche nach ihnen /

Umkehrung der Rollen aus Segment (6).

11/ mit der Zeit verwandelten sie sich in kleine Mädchen /

Die abscheulichen Männer entledigen sich ihrer Männlichkeit.

Handlungsabschluß (c)

12/ die ich bei wiederholten Treffern mit den erbeuteten Messern schrecklich zu verstümmeln ... /

Das erzählte Ich vervollständigt den Reduktionsprozeß.

Zäsur (kommentierende Kontrastierung)

13/ der Spieß drehte sich um: /

Umkehrung im Off.

Handlungsentwicklung (d)

14/ ich allein auf der Suche und gleichzeitig in panischer Angst, sie zu finden /

Das erzählte Ich positioniert sich nunmehr allein in verfolgender Aktion, jedoch mit Einschränkung durch Angst.

15/ ja, sie verfolgten nun mich und stellten mich in einem belebten Park im Sommer /

Die Gegner als kleine Mädchen in Verfolgungsaktion, mit Erfolg: Erzähltes Ich wird gestellt.

Zäsur (deskriptive Kontrastierung)

16/ die Leute weiß und sonntäglich gekleidet, sie nackt und blutend /

Opposition zwischen friedlichem Publikum und reduzierter Leiblichkeit.

Handlungsentwicklung (d)

17/ sie waren nun beide auf etwa 5- bis 10-Jährige verjüngt und daran, mich zu töten /

Beginn der Tötung des erzählten Ich durch die reduzierten Mädchen-Gestalten.

Handlungsabschluß (d)

18/ ich konnte mich nicht mehr wehren, gelähmt vor Entsetzen /

Totaler Aktionsverlust beim erzählten Ich.

Akteurschicksale

Es handelt sich um das Akteurschicksal *Entzug von Initiative*: Das erzählte Ich befindet sich eingangs in kindlicher Gestalt parallelisiert mit einem kindlichen Gegenüber in weiblicher Gestalt und verknüpft mit einer weiblichen und männlichen Elternfigur als Paar. Diese Positionierung des erzählten Ich in einem häuslichen Kind-Geschwister-Eltern-Raum wird mit einem anonymen und abstrakten Destabilisierungsmoment versehen. Das erzählte Ich wird auf dieser Basis zum aggressiven Initiator, der unkonturierte Gefahr beseitigt. Der aggressive Initiator schafft sich nunmehr in einem Setzungsprozeß ein konturiertes aggressives, verdoppeltes Gegenüber (»*Gefahr in Gestalt von zwei älteren widerlichen Männern*«). Die daraufhin sich entfaltende Aktivität folgt einem einfachen Strukturmuster: Beseitigung von Gefahr durch Kampf zwischen zwei Gegnern mit dem Ziel der Ausschaltung einer von beiden Parteien. Dieses Muster wird in wechselnden Varianten aufgelegt, in Beziehung auf die Variation der Positionsstärke (gut oder schlecht ausgerüstet) und auf die Verteilung der Rollen von Attacke versus Flucht. Die letzte Bildeinstellung der dramaturgischen Sequenz ist nur eine Neuauflage des ersten Handlungsabschlusses (a), der das Muster *Entzug von Initiative* nachdrücklich komplettiert: »7 / im entscheidenden Moment versagte meine Waffe /«. Wir finden diese Abfolge: Einbruch in bergende Häuslichkeit –> Mobilisierung noch ungerichteter aggressiver Initiative beim kindlichen Akteur –> Herstellung eines Kampfplatzes zwischen zwei Parteien, deren eine als verdoppelte negative Vaterfigur etabliert wird –> Versagen/Lähmung der aggressiven Initiative des kindlichen Akteurs, der damit der Vernichtung preisgegeben ist. Die durch ein anonymes, unspezifisches Gefahrensignal innerhalb einer häuslichen Eltern-Kind-Situation mobilisierte aggressive Initiative führt zum Totalentzug der Initiative und damit zur ungeschützten Preisgabe des Akteurs.

Thematische Organisation

Im folgenden geht es um die in mehreren Schritten zu erschließende *Aufgabe*, deren Lösungsschicksal in der Erzählung entwickelt und dargestellt wird. Zu diesem Zweck wird zunächst der *Spielrahmen* ermittelt, sodann die sequentielle Organisation als argumentative Struktur betrachtet und dabei zur Zielgerichtetheit des argumentativen Zusammenhangs Stellung genommen.

Spielrahmen: Positionierung und Konstellierung von Figuren und eventuell auch Ausstattungselementen und Kulissen schaffen für die dramaturgische Logik der Erzählung das Setting oder den *Spielrahmen*, der die Perspektiven der sich entwickelnden Handlungen festlegt. Im vorliegenden Fall sieht der Spielrahmen aus wie folgt:

Kindlich- geschwisterliche *Verbindung* in *vertrautem Innenraum*
+ Anwesenheit von *Elternfiguren*
+ unspezifisches, *abstraktes Gefahrensignal*
+ Elternfiguren, die explizit als *OBEN* positioniert werden.

Dieses Setting hat Dynamik, hier im Sinne einer eingebauten *Stabilitätsgefährdung* und wird von da aus in einer Handlung entwickelt. Bei der sequentiellen Entwicklung, die sich im Hinblick auf den Aufbau der Erzählung vollzieht, sind also im Sinne des Spielrahmens folgende Elemente zu berücksichtigen:

- die *Kleinheit* der weiblich-geschwisterlichen Verbindungsfigur,
- die *Parallelisierung* mit dem kleinen, weiblichen *Geschwister*objekt.
- *Präsenz und Autorität* der *Eltern*figuren,
- die *unspezifische* Anwesenheit von *Gefahr.*

Argumentative Struktur: Im vorliegenden Fall haben wir es mit vier Entwürfen einer Handlungsentwicklung (Handlung a bis Handlung d) zu tun:

(1) Handlung a: prophylaktische Präparierung einer Attacke, Konturierung der Gefahr durch Personifizierung; Personenwahl: verdoppelte paternale Elternfigur, Ausstattung der paternalen Elternfigur mit anal-phallischer Kontrollmacht. *Dies führt zur Kapitulation des Ich.*

(2) Handlung b: erste Reparations-Operation: Das durch die aggressive paternale Kontrollmacht beeinträchtigte Ich übernimmt (durch plötzlichen, in der Erzählung nicht explizierten Umschwung) die anal-phallische Kontrollmacht, beeinträchtigt die verdoppelte paternale Figur und schlägt sie in die Flucht. *Wer flieht, ist nicht geschlagen; daher genügt dieser erste Aktionserfolg noch nicht.*

(3) Handlung c: zweite Reparations-Operation: Das Ich übernimmt, verstärkt um das kleine weibliche Geschwisterobjekt, wiederum anal-phallische Kontrollmacht, aber im Zeichen der Angst. Versuch der Angst-Reduktion durch Reduzierung der doppelten paternalen Elternfigur auf weibliche Geschwisterobjekte, die vom erzählten Ich nun in der Tat beeinträchtigt und geschädigt werden. Die Reduktion der Elternfiguren auf kleine, weibliche Geschwisterobjekte bringt jedoch eine fatale Konsequenz mit sich. Ziel des Schrumpfungs- und Verwandlungsprozesses ist Entängstigung; aber die neue Gestalt ist die der vertrauten Geschwisterfigur der Kindheit, hinsichtlich derer kein Beseitigungsziel existiert. Wird aber die durch Schrumpfung und Feminisierung erfolgte Entmachtung der paternalen Figur vom erzählten Ich zur Erledigung der Bedrohung genutzt, dann handelt der Akteur sich eine *neue Gefahr* ein: *Schuld gegenüber einer wehrlosen weiblichen Geschwisterfigur.*

(4) Handlung d: dritte Reparations-Operation (wegen verdeckter Schuldentwicklung bezüglich der neuen weiblichen Geschwisterfiguren): Das erzählte Ich befindet sich wiederum (wie beim zweiten Reparations-Versuch) im Status anal-phallischer Kontrollmacht, freilich ohne weibliche Geschwisterbegleitung, wiederum in Angst. In Form eines Parks wird ein geordneter, geschützter, bergender Raum etabliert, ein Ersatzraum für die

bergende Häuslichkeit des Traumbeginns. Gleichwohl muß sich das Ich, bei stärkster Angstentwicklung, der Tötungsabsicht, die nun als Bestrafung zu verstehen ist, *kleinen weiblichen Geschwisterfiguren ausliefern*.

Verstehen wir die narrative Sequenz als Frage mit Antwortvorschlägen des Erzählers, so lautet diese: »*Wie kann ich mich vor dem Einbruch unkonturierter Aggressionsgefahr schützen?*« – Durch den Versuch, eine Situation kindlicher Geborgenheit zu etablieren, in der sich das erzählte Ich in eine kindlich-feminine Position begibt? – Das Setting stellt eben dieses Arrangement her. Aber es trägt nicht, weil jene Instanz fehlt, die dem Einbruch des Zerstörerischen Einhalt gebieten könnte. Daher werden (im 3. Segment) Elternfiguren gesetzt; und es wäre denkbar, daß an dieser Stelle die Szene, die sich erst im Setting-Stadium befindet, ausblendet. Ein berühmtes Beispiel für solche »Setting«-Träume, wie ich sie bezeichnen möchte, ist der in FREUDS (1900) »Traumdeutung« berichtete Traum eines jungen Mädchens, das ihren kleinen Neffen tot vor sich liegen sieht. »Er liegt in seinem kleinen Sarg, die Hände gefaltet, Kerzen ringsherum« (S. 158). Robert jedoch setzt seine Erzählung fort, indem er der unkonturierten Gefahr Raum gibt und dann noch einmal elterliche Präsenz – betont als »oben« – herstellt. Dieses Setting gäbe Raum für die Aktivierung elterlicher Schutzmacht; aber *diese Entwicklung findet nicht statt*. Vielmehr werden die Elternfiguren durch ein Doppel von sexualisierten väterlichen Verfolgergestalten ersetzt, zu denen der mit Spielzeugpistole bewaffnete Kleine in lächerlichem Kontrast steht. Hat der Erzähler einen Ort der Sicherheit und des Schutzes als Zuflucht zu einer weiblich-infantilen Familiensituation gesucht, so erweist sich diese Lösungsmöglichkeit sofort als in sich instabil, als explosiv geladen. Zunächst wird eine Konturgebung der Aggressionsgefahr versucht, im Sinne einer Personifizierung: Gestaltung zweier »ältere(r), widerliche(r) Männer«, deren Formgebung weiterhin im Fluß bleibt, denn sie werden einem Verwandlungsprozeß (zu kleinen Mädchen) unterzogen. In diesem Stadium der Entwicklung des Erzählgeschehens wird erneut in Gestalt der sonntäglichen Parkbesucher elterliche Schutzmacht inszeniert, aber auch hier findet kein wirksamer, rettender Eingriff statt: Der Verstümmler wehrloser kindlicher Frauengestalten muß sich deren Tötungsabsichten überlassen.

Als erstrebter Sollzustand der Erzählung wird erschlossen: *Innere Verbundenheit (oder Identifizierung) mit einer haltgebenden Instanz, die vor Destruktivem, das von innen heraus entsteht, schützt.* Die Erzählung entwickelt sich katastrophenhaft, denn jene ursprünglich als haltgebend in die Geschichte eingeführten Instanzen verwandeln sich zu Verfolgern, die sich strafend-zerstörend *gegen* den Akteur wenden, statt ihm beizustehen.

Sichten wir diese Kette fehlschlagender Lösungsversuche, dann kommen wir zum Schluß, es gehe um eine äußerste Not, Sicherheit angesichts lauernder Gefahr aggressiver Erregung, die primär als unspezifisch und unkonturiert dargestellt wird. Die *reorganisierende* Leistung der Erzählung wird daher am unmittelbarsten sichtbar, genauer gesagt: Die Reorganisation scheitert. Was den *restitutiven* Charakter der Erzählung angeht, so haben wir es auch hier mit einer katastrophischen Entwicklung zu tun: Wenn der Versuch, sich einer störenden Vaterfigur zu entledigen, um einen mütterlich-weiblichen Raum für sich allein beanspruchen zu können, als gestaltendes Wunschelement dieser Erzählung angenommen werden darf, so ist das katastrophenhafte Ende abzusehen. Die eigenen phallischen Möglichkeiten (»Spielzeugpistole«) erscheinen als lächerlich gering im Vergleich zu den überdimensionierten »Messern«, zudem ist das Sexuelle durchsetzt mit Aggressiv-Destruktivem. Gegen das »Mädchen« gewendet, ist das Sexuelle zugleich das »Verstümmelnde« und zieht rächende Verfolgung nach sich. Schließlich ist die Objektorientierung schillernd: Wer hat gegenüber wem welche sexuellen Absichten? Unverkennbar ist ja ein Wunschelement als lustvolle sexuelle Auslieferung an eine sadistische-überwältigende Vaterfigur erhalten.

Was schließlich die *Vergegenwärtigungsleistung* der Traumerzählung angeht, so stand der Träumer so stark unter der ängstigenden Wirkung des nächtlich Erlebten, daß er es unbedingt festhalten und mitteilen mußte, als handle es sich hier um etwas, das aktuell und dringlich mit ihm selbst zu tun hat.

Im nordamerikanisch-europäischen Kulturraum besteht bei authentischen Traumerzählungen keine Konvention, die Inhalte *sozial akzeptabel* darzustellen. Gleichwohl sind auch dort meist Motive erkennbar, wie sie in mythischen Erzählungen, Märchen, Romanen und Novellen gestaltet werden. Im vorliegenden Fall wird die Handlung zunächst von Protagonisten vorangetrieben, die das Motiv der *ungleichen Kontrahenten* gestalten (wie bei David und Goliath oder beim Ritter und dem Drachen). Freilich gewinnen in Roberts Erzählung weder List noch Wagemut Raum; es bleibt schließlich zur Rettung des erzählten Ich nur das Verwandlungswunder des Großen ins Kleine. Auch das *Ecce Homo-Motiv* ist angedeutet durch jenes kontrastbildende Aufwerten der Verstümmelten und Geschundenen im Park: Mahnmale der Schuld, die in dieser Erzählung Rache nach sich zieht.

Eindrucksvoll ist, daß das dramaturgische Gerüst dieser Erzählung verblüffend deutlich von »Erzählern«, die als Borderline-Patienten diagnostiziert worden waren, verwendet wird. RAUCHFLEISCH (1989) hat sein Erzählmaterial aus der Vorgabe des Thematischen Apperzeptionstest gewonnen. Die Erzählungen der Probanden, bei denen eine Borderline-Pathologie diagnostiziert worden war, zeichneten sich durch wohlunterscheidbare Merkmale aus:

- voyeuristisch-exhibitionistische Lust am Grauen
- beschworenes Horror-Szenario
- süß-grausige Tödlichkeit
- »märchen«-artige Handlungsumschwünge
- duale Kontrahenden-Situation

Der zerstörerisch attackierende Kontrahend erscheint als personifizierende Konstruktion. Sie soll nicht-greifbare, diffuse, namenlose Gefahr in eine Gestalt bannen. Gefahr muß konturiert werden, um bekämpfbar zu sein. Dieser Prozeß macht den Kontrahenten zu einer monströsen Gestalt ohne Eigenschaften eines getrennten Gegenübers. Es handelt sich um die erzählerisch hergestellte Leistung der Externalisierung einer diffusen Angst-Aggressions-Atmosphäre. So bildet sich eine Gestalt heraus, die verwandelbar ist, extreme Züge besitzt, nur radikalste Ziele kennt, abrupteste Veränderungen im Kampfgeschehen ermöglicht und keinen Ausgang zuläßt, der wirksame Angstbewältigung erlaubt. Deutlich wird in den Erzählungen auch oft eine schwer-klebrige Sexualatmosphäre, gespeist aus tödlichen Penetrationsattacken.

Sehr ähnliche Resultate erzielt VOLKART (1989) mit seinem »Zürcher Erzähltest«.

Das dramaturgische Modell, das Robert in seiner Traumerzählung entworfen hat, vermittelt eine Objektbeziehungskonstellation, die sich durch folgende Merkmale auszeichnet: Da ist ein kindliches Ich, eingebettet in eine Schutz und Kontur herstellende Umgebung, die *in sich instabil ist.* Diese Instabilität wird im Sinne eines Rettungsversuchs in eine neue Struktur gepreßt, um der Gefahr als nunmehr konturierter Gestalt kontrollierend Herr zu werden. Die konstellativen Elemente – geschwisterliche Partnerschaft und elterliche Autorität – bleiben dabei erhalten. Jedoch wird die schutzgebende Häuslichkeit ausgeblendet, und es wird eine Gut-Böse-Polarität (mit sexualisierten Elementen: »widerlich«) eingeführt. Eine namenlos gebliebene Instabilität wird somit nach außen verlagert in die neue Form eines Vater-Kind-Vernichtungskampfes, an dessen Ende Wehrlosigkeit und Auslieferung des kindlichen Ich stehen.

Dieses Muster repräsentiert prägnant jene prototypische Objektbeziehungswelt, die von Borderline-Pathologien beschrieben wird. Dabei sind die Elemente der Projektion, der Aufspaltung in Gut-Böse-Polaritäten, der hilflose Umgang mit massiven aggressiven Affekten und Verleugnungstendenzen besonders sichtbar. Eine Projektion nicht beherrschbarer aggressiver Erregung auf eine dritte Figur findet statt: Je größer die eigene Wut, desto bedrohlicher der Dritte und um so größer die Angst vor eben diesem. Die durch Projektion entstandene massive Angst vor dem Dritten drückt sich letztlich als Phantasie notwendiger Unterwerfung aus, die jedoch wiederum die Gefahr eines Grenz- und Selbstverlustes mit sich bringt. Die verleugnete Handlungsabsicht im Traum mag der eigene Impuls gewesen sein, die kindliche, haltgebende und schützende Stabilität zu stören und die Verbundenheit des Elternpaars aufzulösen, zugunsten einer Annäherung an die Mutter oder den Vater. Die verleugnete Aktivität macht sich unkenntlich als anonym und konturlos bleibende Gefahr, die nicht verortet werden kann. Im Anschluß gibt der Vater-Sohn-Kampf einen Hinweis darauf, daß es um den Versuch der Beseitigung des väterlichen Rivalen geht, der freilich unter den gegebenen Voraussetzungen in einer tödlichen Strafaktion endet, weil die eigene Zuwendung zum Weiblichen als zerstörerisch schuldhaft darge-

Habituelle Selbstpräsentation
vor Objekten:
»treuherziger Naiver«

Beziehung zu => gefährlichen Begleitern
äußere Anpassung an Autorität
Enthemmung von Aktivität als »Mitmachen«
Hemmung von Aggressivität als Selbstschutz

Beziehung zu => mütterlichem Versorgungssystem
Gewähltwerden = Selbstwertstabilisierung
Versorgtwerden befriedigt Abhängigkeitsbedürfnisse
Abgrenzung durch orale Selbstversorgung
Sexualität erhöht Kastrationsgefahr

Zu vermeiden bei den gefährlichen Begleitern:
Rivalität
Exhibition
Abgrenzung

Zu vermeiden bei Frauen:
Sexuelle Initiative
Identifikation mit ebenbürtiger Partnerschaft

Selbst-(Ideal-)Bild:
aktiv, sexuell interessiert

negatives Selbstbild:
»mickriger Kleiner«

Entlastungsfunktion der Symptomatik:

Zwangssymptom garantiert Angstfreiheit (Beschämungs-, Kastrationsangst)

Angstsymptom, resultierend aus Kastrationsangst und Steuerungsschwäche, ermöglicht passives Versorgtwerden, Nähe zur Mutter

1. Handlungssequenz (a)

Präparation einer Waffe durch *Ich* als Akteur – Personifizierung der Gefahr – Ausstattung der Gefahrpersonen mit Waffen und kontrollierendem Akteur-Status – die Spielzeugwaffe von *Ich* versagt.

2. Handlungssequenz (b)

Ich = beeinträchtigt – übernimmt Akteur-Status mit Erfolg der Schädigung und Entwaffnung der Gefahr-Personen – Flucht der Gefahr-Personen.

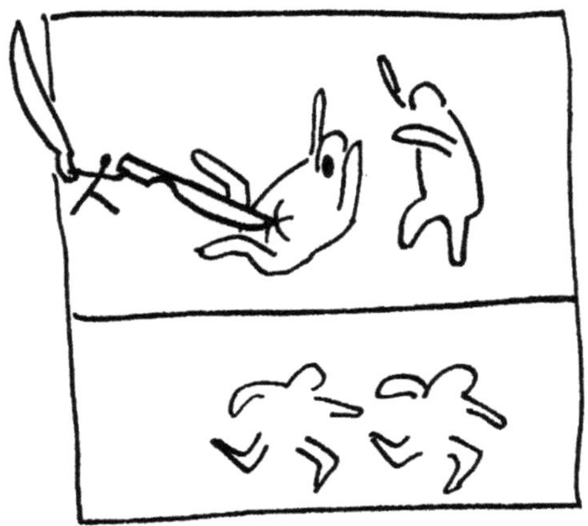

3. Handlungssequenz (c)

Ich + Schwester im kontrollierenden – wenngleich durch Angst beeinträchtigten – Akteur-Status bezüglich der Gefahr-Personen, die zu kleinen Mädchen schrumpfen. Sie werden vom Ich-Akteur geschädigt.

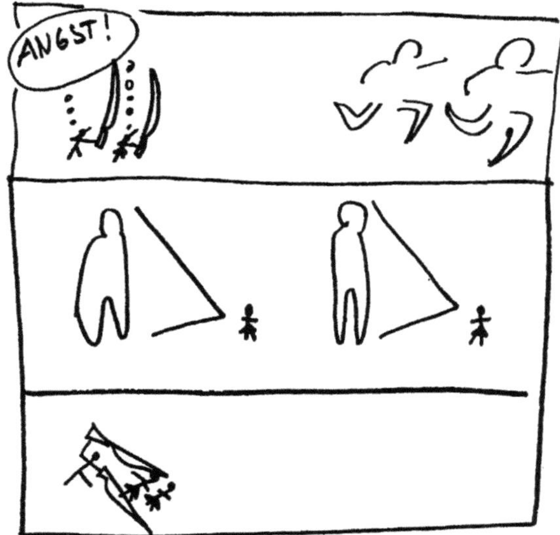

Achtung: Der Spieß kehrt sich um!

4. Handlungssequenz (d)

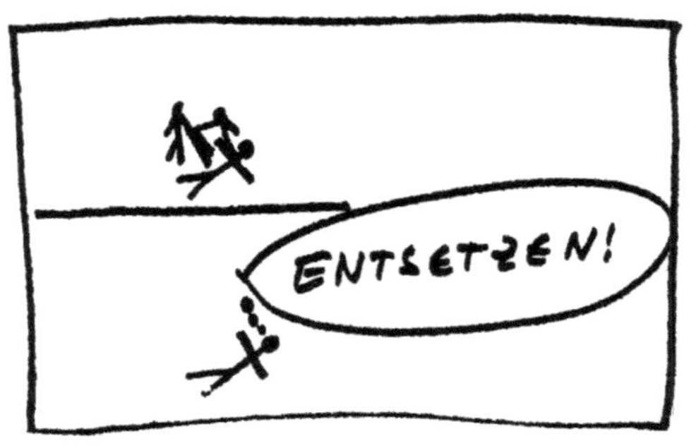

Konfliktlage

Im vorliegenden Beispiel erlebt sich der Erzähler insbesondere in der Situation dessen, der tödlich bedroht ist. Noch nicht zugänglich ist ihm die personifizierende Leistung der aktiven Herstellung spezifischer bedrohlicher Gestalten, und die besondere Bedeutung dessen, daß er sie mit Zügen elterlicher Verfolger und Verführer ausgestattet hat. Der inszenierte Raum ist ihm als Produkt eigener dramaturgischer Gestaltungskraft noch nicht zugänglich. So war es auch nicht möglich, eine dementsprechende Aufarbeitung der Erzählungsdramaturgie mit dem Betroffenen durchzuführen, was voraussichtlich gestattet hätte, gewisse Parallelen zur Interaktionsdramaturgie herzustellen.

Die Verbindung von Strafbedürfnis, Nähewunsch, Angst vor und Lust zu eigener Aggressivität führte bei Robert zu einer psychosozialen Kompromissbildung, die in eine Tendenz zur Selbstsabotage in beruflichen Unternehmungen, Verwicklung in berufliche und private Beziehungen führte. Nach der Scheidung verlief eine neue Liebesbeziehung ebenso stürmisch wie seine Ehe; hinzu kam, daß diese Frau offen Beziehungen zu anderen Männern unterhielt und sich noch nicht festlegen wollte, was Robert in tiefe Selbstzweifel stürzte und gleichzeitig dazu führte, daß er in jenen für ihn wenig greifbaren Rivalen phallische Giganten sah, die ihn verhöhnten und hämisch vom Platz drängten.

Roberts Tod

Der Erzähler kam wenige Wochen nach jenem Traum auf tragische Weise zu Tode. Er wurde vom ehemaligen Partner einer jungen Frau, die er während seines aktuellen Klinikaufenthalts kennengelernt hatte, durch zahlreiche Messerstiche ermordet. Robert brachte der Frau zärtliche Gefühle entgegen, ohne daß die Beziehung bereits intimere Formen angenommen hatte. Er wußte, daß sie liiert gewesen war mit einem als gewalttätig bekannten Partner. Der Patient und seine Gefährtin suchten im Rahmen eines Wochenendausgangs die Wohnung der Frau auf, im Glauben, der frühere Partner sei abwesend, was sich bald als Irrtum mit verhängnisvoller Konsequenz erwies.

Die aktive Inzenierung der Konflikthaftigkeit ist offensichtlich; tragisch ist aber auch, daß es dem Patienten im Vorfeld erneut nicht gelungen war, eine wirksam schützende Elterninstanz im Behandlungsteam für sich zu gewinnen.

Irma: Von Ärzten bedrängt

Die meistbeachtete Traumerzählung der psychoanalytischen Literatur soll uns im folgenden beschäftigen, der »Traum von Irmas Injektion« (FREUD 1900, S. 110ff). Der Träumer ist FREUD selbst, er datiert ihn auf die Nacht vom 23. auf den 24. Juli 1895 und bemerkt, es sei »dies der erste Traum, den ich einer eingehenden Deutung unterzog« (S. 111). Er rückt ihn in der »Traumdeutung« als Auftakt des zweiten großen Abschnitts »Die Methode der Traumdeutung« an zentrale Stelle und belegt an ihm seine fundamentale These, es lasse sich »nach vollendeter Deutungsarbeit ... der Traum als eine Wunscherfüllung erkennen« (S. 126). In einem inzwischen berühmten Brief an Wilhelm Fliess vom 12.6.1900 (MASSON 1986) bezeichnet FREUD diesen Traum als Schlüsselerfahrung, die ihm »das Geheimnis des Traumes« »enthüllt« habe.

Die Traumerzählung von Irmas Injektion hat für ihren Autor auch dadurch außerordentlichen Wert, weil er mit dieser Erzählung seine Forscherpersönlichkeit entschieden in Beziehung setzt. »Irmas Injektion« hat innerhalb und außerhalb der psychoanalytischen Forschergemeinde die Aufmerksamkeit gefunden, die ihr Autor als berechtigt ansah. Es handelt sich natürlich nicht um eine Alltagserzählung im üblichen Sinn. Wir haben es mit einem sorgfältig niedergeschriebenen, ja redigierten Text zu tun. Sein Autor ist kein Ratsuchender, wohl aber einer, der sich zum »Patienten« machte, indem er sich programmatisch der Selbstanalyse unterzog. Sein Blick auf die eigenen inneren Konflikte unterschied sich nicht grundsätzlich vom Blick auf die Konflikte anderer Menschen, die sich ihm anvertrauten. Daher scheint es mir nicht unpaßend, die Erzählung von »Irmas Injektion« dem hier vorgelegten Material beizufügen.

Identifikation des Erzähl-Ereignisses

Die Aufgabe der Identifikation des Erzähl-Ereignisses ist im vorliegenden Fall einfach zu lösen. Die Erzählung befindet sich im Wortlaut unter der Überschrift »Traum vom 23./24. Juli 1895« in Kursivschrift auf den Seiten 11-112 der »Traumdeutung« (FREUD 1900). Es handelt sich um eine stilistisch elaborierte Darstellung; dabei bleibt unbekannt, wann die Erzählung in dieser Form aufgeschrieben wurde. Sie wird im folgenden in bereits segmentierter Form präsentiert.

Sequenz und Dramaturgie

Beginn
1/ eine große Halle – viele Gäste /
2/ die wir empfangen /
3/ unter ihnen Irma /

Handlungsbeginn
4/ die ich sofort beiseite nehme, um gleichsam ihren Brief zu beantworten, ihr Vorwürfe zu machen /
5/ daß sie die ›Lösung‹ noch nicht akzeptiert /

1. *Handlungsentwicklung*
6/ ich sage ihr /
7III6/ wenn du noch Schmerzen hast /
8III6/ so ist es wirklich nur deine Schuld /
9/ sie antwortet /
10III9/ wenn du wüßtest /
11III9/ was ich für Schmerzen jetzt habe im Hals, Magen und Leib /
12III9/ es schnürt mich zusammen /

2. *Handlungsentwicklung*
13/ ich erschrecke und sehe sie an /
14/ sie sieht bleich und gedunsen aus /
15/ ich denke /
16III15/ am Ende übersehe ich da doch etwas Organisches /

3. *Handlungsentwicklung*
17/ ich nehme sie zum Fenster und schaue ihr in den Hals /
18/ dabei zeigt sie etwas Sträuben wie die Frauen /

Zäsur: deskriptiv
19/ die ein künstliches Gebiß tragen /

Fortsetzung: *3. Handlungsentwicklung*
20/ ich denke mir /
21 III 20 / sie hat es doch nicht nötig /

4. *Handlungsentwicklung*
22/ der Mund geht dann auch gut auf /
23/ und ich finde rechts einen großen Fleck /
24/ und anderwärts sehe ich an merkwürdigen krausen Gebilden ausgedehnte weiß-graue Schorfe /

Zäsur: deskriptiv-kommentierend
25/ die offenbar den Nasenmuscheln nachgebildet sind /

5. *Handlungsentwicklung*
26/ ich rufe schnell Dr. M. hinzu /
27/ der die Untersuchung wiederholt und bestätigt /

Zäsur: deskriptiv-kommentierend
28/ Dr. M. sieht ganz anders aus als sonst /
29/ er ist sehr bleich, hinkt, ist am Kinn bartlos /

6. *Handlungsentwicklung*
30/ mein Freund Otto steht jetzt auch neben ihr /
31/ und Freund Leopold perkutiert sie über dem Leibchen und sagt ... weist auch auf eine infiltrierte Hautpartie an der linken Schulter hin /
32 III 31 / sie hat eine Dämpfung links unten
33/ was ich trotz des Kleides wie er spüre /

6. *Handlungsentwicklung*
34/ M. sagt /
35 III 34/ kein Zweifel, es ist eine Infektion /
36 III 34/ aber es macht nichts /
37 III 34/ es wird noch Dysenterie hinzukommen und das Gift sich ausscheiden /

7. *Handlungsabschluß*
38/ wir wissen auch unmittelbar /
39/ woher die Infektion rührt /
40/ Freund Otto hat ihr unlängst eine Injektion gegeben mit ei-

nem Propylpräparat, Propylen ... Propionsäure ... Trimethylamin 41 / als sie sich unwohl fühlte /
42/ (dessen Formel ich fettgedruckt vor mir sehe) /

Abschluß: kommentierend
43/ man macht solche Injektionen nicht so leichtfertig /
44/ wahrscheinlich war auch die Spritze nicht rein /

Unter den zahlreichen Nachdeutungen und Nachbetrachtungen ragt Eriksons »Traummuster in der Psychoanalyse« (1955) noch immer sehr deutlich heraus, jene scharfsichtige und tiefgründige Re-Analyse, die den Nachweis erbringt, daß der sogenannte »manifeste« Traum, eben die als sprachliche Sequenz entwickelte Erzählgestalt, von hoher psychoanalytischer Aussagekraft ist. Keine der vielen übrigen Publikationen über »Irmas Injektion« kommt ohne zentrale Berücksichtigung eben dieser Erzähl-Gestalt aus, da eine aktuelle dialogische Auseinandersetzung mit dem Autor nicht zur Verfügung steht. Ganz programmatisch betonen formalistische Ansätze wie bei Mahony (1977) und bei Kuper und Stone (1982) die Zentrierung der Textstruktur als Untersuchungsgegenstand; Mahony hebt als Analyseergebnis besonders Wünsche Freuds nach passiv-willfährigem Sich-Überlassen, nach homosexueller Unterwerfung, nach Identifikation mit femininer Rezeptivität hervor, die der Abwehr verfallen (Mahony 1977, S. 96); ähnlich Anzieu (1989), Erikson (1955), Grinstein (1980), Spotnitz und Meadow (1976). Konflikte in bezug auf das Erleben eigener Abhängigkeit betont auch Hartman (1983). Kuper und Stone (1982) hingegen gehen von der denkerischen Aktivität des Träumers aus, der eine in sich stimmige und abgerundete dialektisch aufgebaute Argumentation entwickle; auf diese Weise modelliere die Erzählung Freuds damalige Theorie der hysterischen Erkrankung. Träumen als Problemlösen, die Traumerzählung als Darstellung eines Problemlösevorgangs spielen notwendigerweise auch in der Entfaltung der Ich-psychologischen Traumanalyse von Greenberg und Pearlman (1978) die ausschlaggebende Rolle, wie auch die nachträgliche Bewältigung der traumatisierenden Emma-Eckstein-Episode und die Wiederaufrichtung des ramponierten Bildes vom Freunde Fliess das Zentrum der Interpretation Schurs (1966) bilden. (Emma Eckstein, eine junge, als hysterisch diagnostizierte Patientin FREUDs, hatte sich auf seine Veranlassung einer Nasenoperation durch Fliess unterzogen, deren Folgekomplikationen durch einen Kunstfehler des Operateurs gravierend waren). Die Betonung des Männerbündnis-Charakters des Traums gegen eine zu Schweigen und Objekt-Reduktion verurteilten Frau kommt in ERIKSONs Interpretation zum Ausdruck, stärker noch bei der Zentrierung eines »phallic defense«-Manövers nach MAY (1979) und nach ROHDE-DACHSER (1991). Andere Autoren (ANZIEU 1989; ELMS 1980; GRINSTEIN 1980; HARTMAN 1983) heben wiederum das Motiv einer Sehnsucht nach verbotener Sexualität, ja »sexueller Megalomanie« hervor, wie HARTMAN (1983, S. 579) anhand einer diesbezüglichen Antwort FREUDs auf einen Brief von ABRAHAM (1965) belegt. Rivalität mit Vaterfiguren oder gar mit dem eigenen Vater wird als wichtiges Thema von BLUM (1981), GRUNERT (1975) und HARTMAN (1983) betont; in der Tat erkrankte der Vater im Juli 1895 und starb im Oktober 1896. FREUD selbst formulierte den Eindruck, erst nach dem Tod des Vaters in voller Produktivität arbeiten zu können. Ein Schwanken zwischen idealisierender Unterwerfung und rebellischer Auflehnung prägt die manifeste Traumgestalt ganz offensichtlich (GRUNERT 1975; s. a. FREUD 1913), aber dahinter wird darüberhinaus die grandiose Phantasie deutlich, aus der Reihe der Generationen herausgehoben und sein eigener Vater zu sein (GRUNERT 1975). Diese narzißtischen Phantasien stehen in engem Zusammenhang mit dem Motiv des kreativen Schaffens und der »Geburt« der Psychoanalyse (ANZIEU 1989; BLUM 1981; ERIKSON 1955; HARTMAN 1983; KAPLAN 1984-85; LANGS 1984; MAUTNER 1991; WHITMAN et al. 1969). LANGS (1982) und WHITMAN et al. (1969) sehen den Irma-Traum auch im Licht psychoanalytischer Technik als »Supervisions«– bzw. »Gegenübertragungs«-Traum an.

Die Literatur zum Traum von »Irmas Injektion« greift also verschiedene, aber wiederkehrende Themen auf, von denen man vermuten könnte, daß sie teilweise in systematischem Zusammenhang stehen. Im folgenden soll versucht werden, den Text aus erzählanalytischer Perspektive anzugehen, mit der Frage, ob sich so eine systematisch entwickelte, integrierte thematische Rekonstruktion der Erzählung gewinnen läßt.

Vom dramaturgischen Modell zum Drama: Drama in einem Akt »Die verletzte Frau und der Ehrentag des großen Mannes«

1. Szene: Wir blicken auf einen Bühnenraum, der als weitläufige Innenräumlichkeit gestaltet ist; eine Menschenmenge hält sich darin auf, die als Publikum deklariert wird (1).

1

Der Erzähler und dessen Gattin verhalten sich in bezug auf die Menge als Wir-Person, welche die Herbeigebetenen empfängt (2).

2

Auftauchen von Irma (einer dem Erzähler vertrauten weiblichen Person) inmitten der Menge (3)

3

Die Menschenmenge wie auch das Paar geraten jetzt ganz aus dem Blick; und der Erzähler entfaltet gegenüber Irma dreifache Aktivität (4): Als erstes nimmt er sie beiseite, entfernt sich mit ihr aus der Szene. Sodann gibt er ihr ein Signal, als Erwiderung eines von Irma ausgesandten Signals. Schließlich bearbeitet er sie fordernd-attackierend:

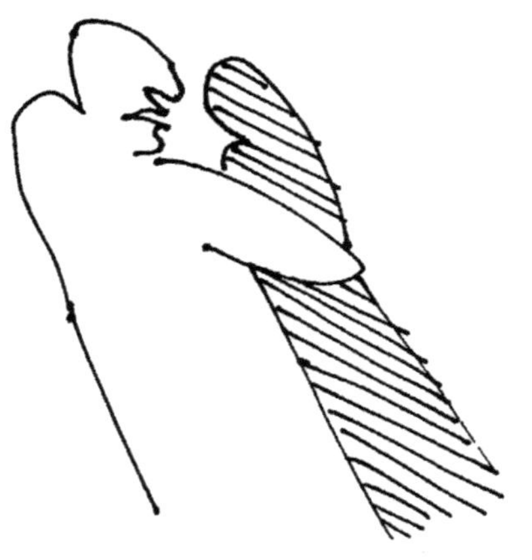

4

Die fordernde Attacke richtet sich gegen Irmas Weigerung, einer Sache zuzustimmen, die der Erzähler ihr als Leistung – offen bleibt: wessen Leistung – präsentiert hat (5).

5

Der Erzähler wendet sich jetzt mit einem Redesignal an Irma: Irma ist die Empfängerin körperlicher Qualen und alleinige Urheberin derselben. (6-8).

6 7 8

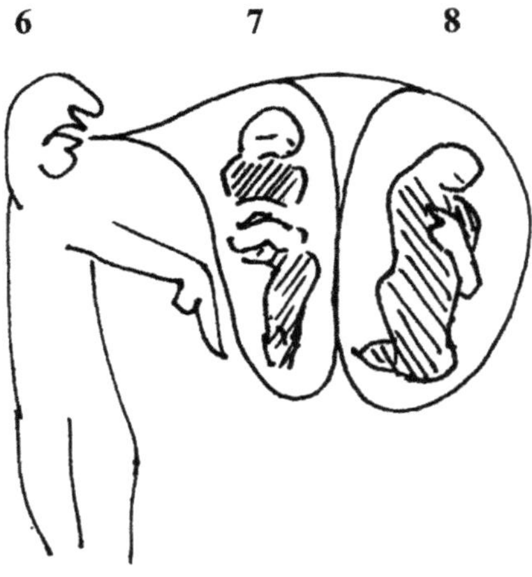

2. Szene: Hatte in der ersten Szene der Erzähler durch seine eigene Aktivität den Gang der Handlung bestimmt, so findet jetzt (9-12) ein Wechsel statt: Irma wendet sich mit Redesignal an den Erzähler und teilt mit, daß der Erzähler weiß, daß sie Empfängerin körperlicher Leiden ist und durch diese gequält wird. (9-12)

9 – 12

Diese Rede Irmas hat Wirkung: Der Erzähler hat eine affektive Reaktion der Furcht und nimmt Irma wahr. (13)

13

Irma bringt etwas von Zerstörung zum Ausdruck. (14)

14

3. Szene: Der Augenblick des Schreckens muß bewältigt werden:

Das erzählte Ich schreitet zunächst zur Denkaktivität (15).

Das erzählte Ich denkt, ob seine Wahrnehmung fehlerhaft war (16).

Daraufhin schreitet es zur Tat: Das erzählte Ich nimmt erneut Irma in einen Raum, diesmal zwischen drinnen und draußen und nimmt einen körperlichen Innenraum wahr (17).

Irma demonstriert die Gebärde des Zögerns (18).

Nun folgt eine Unterbrechung des Fortgangs im Geschehen: Das erzählte Ich tritt aus der Szene heraus und evaluiert Irmas Gebärde des Zögerns, indem es ausführt, Irma verhalte sich wie Frauen, die sich mit einer technischen Attrappe versehen; er aber denkt, sie bedarf dessen nicht (19-21).

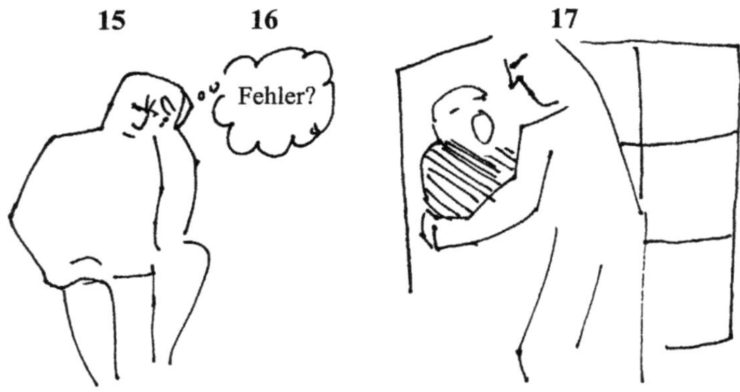

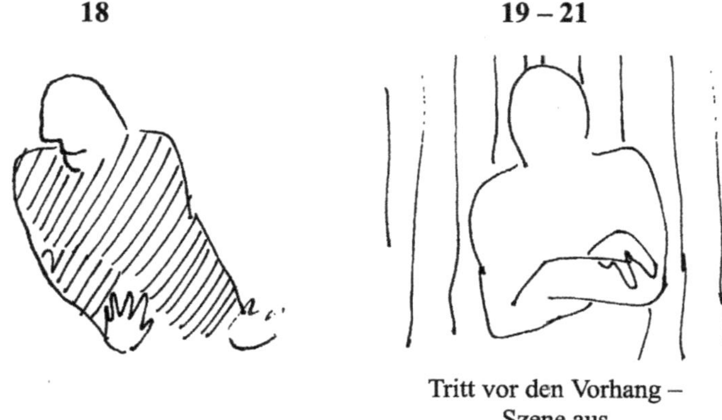

Tritt vor den Vorhang –
Szene aus

4. Szene: Nunmehr verschwindet Irma als ganze Person (und bleibt verschwunden bis zum Schluß der Erzählung).

Das Körperliche allein wird aktiv (der Mund geht auf) (22).

Das erzählte Ich vollbringt zunächst eine Leistung (indem es etwas findet) und nimmt sodann massenhaft Körperliches wahr, das den Aspekt des Kranken oder Zerstörten zeigt (23-24). Erneut tritt das erzählte Ich aus dem Geschehen heraus, um zu evaluieren: Etwas vom Wahrgenommenen ist wie einem bestimmten anderen Körperteil (den Nasenmuscheln) nachgeahmt (25).

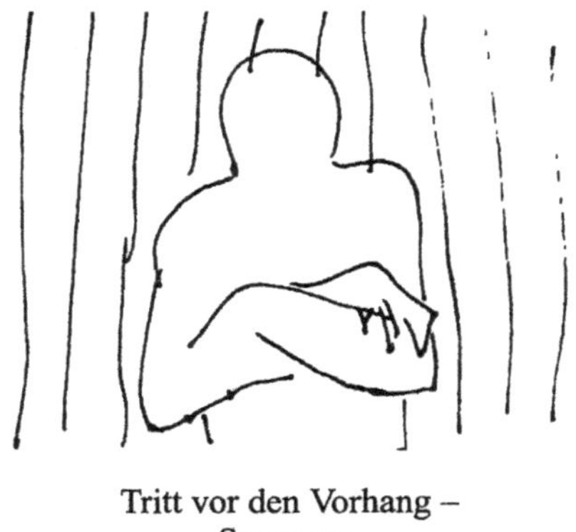

Tritt vor den Vorhang –
Szene aus 25

5. Szene: Das erzählte Ich kehrt direkt in das soeben verlassene Geschehen zurück, holt aber Verstärkung.

Das erzählte Ich wendet sich mit einem Redesignal des Forderns an einen ranghöheren Mann (26). Der ranghöhere Mann wiederholt, was das erzählte Ich getan hat, und bestätigt dieses (27). Erneut verläßt das erzählte Ich die Szene, um zu evaluieren: Es beschreibt den ranghöheren Mann als einen, der Zeichen des Abbaus an sich trägt (28-29).

26 27

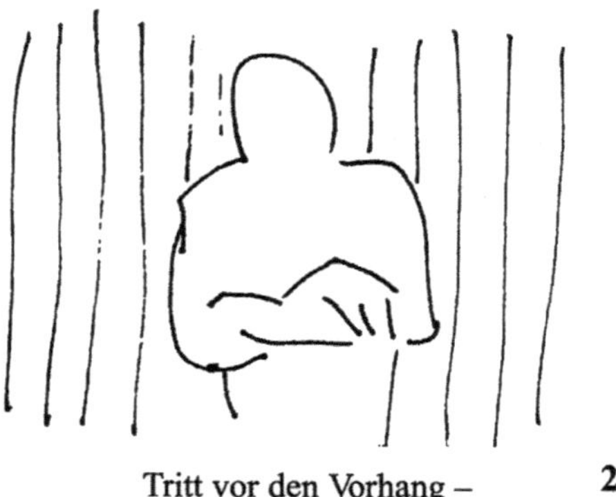

Tritt vor den Vorhang – Szene aus **28 – 29**

6. Szene: Bei diesem Stand der Dinge tritt neue Verstärkung hinzu in Gestalt zweier, mit dem erzählten Ich ranggleicher Männer:

Der Vertraute Otto positioniert sich neben Irma (30). Der vertraute Leopold manipuliert an ihr herum und setzt ein Redesignal (31); zeigt auch etwas Zerstörtes: Sie hat unten etwas Zerstörtes (32).

Das erzählte Ich, genau wie Leopold, nimmt eben dies wahr, trotz der verhüllenden Kleidung (33).

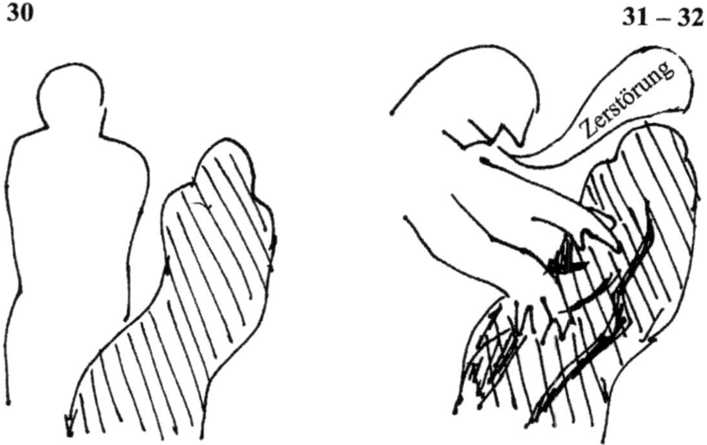

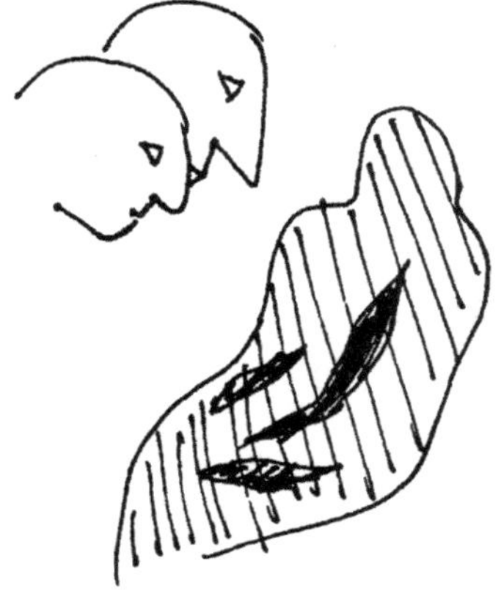

33

7. Szene: Nun taucht der ranghöhere Mann wieder auf und hält eine das Ganze diagnostisch beurteilende Rede (34-38):

Der ranghöhere Mann wendet sich mit folgendem Redesignal an niemand Bestimmten (34):

Zweifel wird zunächst einmal verneint (35).

Körperliche Zerstörung wird erwähnt (36).

Zerstörung wird verneint (37).

Es kommt noch mehr Zerstörung, und das zerstörerische Element verschwindet (38).

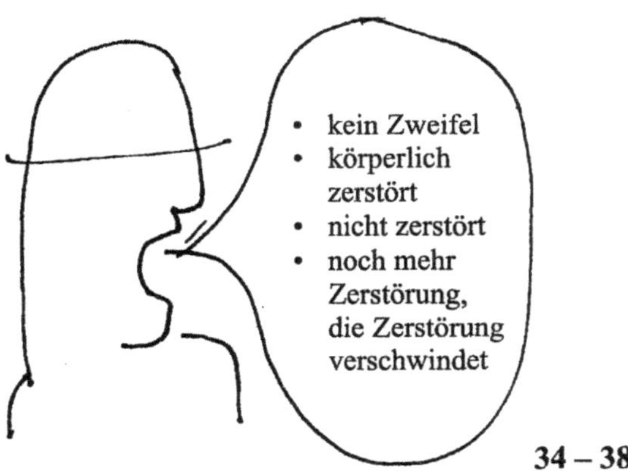

34 – 38

8. Szene: Nun vereinigen sich eine unbestimmte Menge von am Geschehen Beteiligten zu einer Wir-Gruppe, die gemeinsam ein Wissen haben:

Wir wissen (39)

die Ursache der körperlichen Zerstörung (40).

Einer der vertrauten gleichrangigen Freunde hat Irma eine schädliche Substanz zugeführt (41).

Und nun entrückt sich das erzählte Ich aus der Szene:

Zunächst ist die Ich-Figur anwesend und zwar als Wahrnehmende: Wahrnehmung einer Gesetzestafel. (42)

Dann aber verschmilzt sie sozusagen apotheotisch mit dem Gesetz, und ein unpersönliches anonymes »Man« schränkt die Zufuhr potentiell schädlicher Substanzen ein (43, 44).

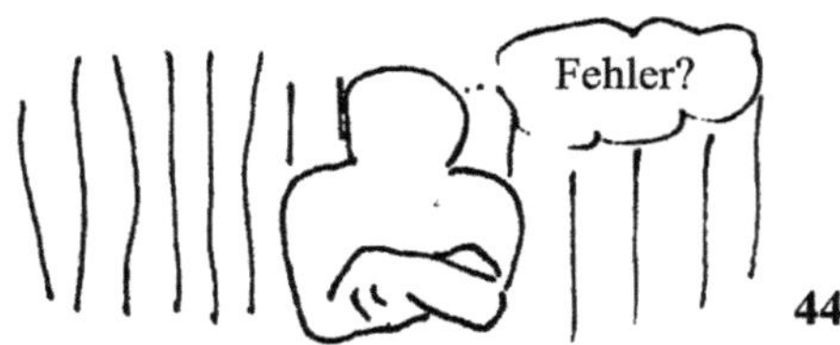

Ablauf des Dramas

Es soll ein Ehrentag stattfinden, der dem/den Empfangenden gilt. Der Ehrentag wird gestört, sogar verhindert durch die bloße Erscheinung einer weiblichen Figur (Antagonistin oder Kontrahentin), die für den Protagonisten offenbar mit Gefahr für ihn selbst verbunden ist.

So will er sie zunächst zum Verschwinden bringen, aus der Szene wegnehmen. Diese radikale Lösung wird jedoch nicht durchgeführt: Sie soll ruhiggestellt werden, was auch nicht gelingt. Stattdessen ergreift sie sogar das Wort, den Protagonisten an etwas Schreckliches erinnernd. Auf diese Mitteilung folgt als Höhepunkt des Dramas das Erschrecken des Helden über etwas körperlich Schreckliches an der weiblichen Figur, das Natur, Charakter und Ursprung nach jedoch völlig unklar bleibt.

Nun wird der Schrecken bekämpft:

- durch Deutlichkeitslücken
- durch Neutralisierung und Objektivierung
- durch Abspaltung des Körperlichen von der ganzen Person
- durch Stilllegung der Person (sie meldet sich nicht mehr als Akteurin)
- durch Verharmlosung (sie ist nicht defekt und hat daher keinen Grund, etwas zu verbergen)
- durch Anrufung väterlicher Autorität
- durch Verstärkung der eigenen Person mittels erweiternder Vertreter-Figuren
- durch Anrufung eines allgemeinen Gesetzes und Identifizierung mit der Gesetzesfunktion

Die drei letztgenannten Strategien bergen ein eigenes Konfliktpotential: Die Autorität soll nicht wirklich ranghöher sein, sie soll nur bestätigen, die gleichrangigen Verstärkerfiguren sollen dasselbe wahrnehmen wie der Protagonist, ihm nicht etwa voraus sein. Das allgemeine Gesetz ist problematisch, weil es Unterwerfung fordert. Die zur Abwehr des Schreckens herangezogenen Figuren müssen, um den Größenanspruch des Protagonisten nicht zu gefährden, Schwächen aufweisen.

Daraus folgt, daß die Abwehr des »Schreckens« nicht vollständig gelingen kann. Sie wäre allenfalls möglich durch Strategien des Ich, die Funktion der Autorität und die Funktion der Gesetzgebung selbst zu übernehmen.

Thematische Organisation

Spielrahmen: Der Spielrahmen ist in dieser Erzählung leicht zu bestimmen. Es handelt sich um die Positionierung eines erzählten erwachsenen Ich, erweitert zur Wir-Figur, innerhalb einer betont großangelegten Räumlichkeit für Fest- oder Empfangszwecke.

Das erweiterte Ich verhält sich der Positionierung gemäß: Es empfängt einen unbestimmt bleibenden, in jedem Fall aber zur größeren Menge erweiterten Personenkreis, der in der Rolle dessen auftritt, welcher dem erweiterten Ich die Ehre gibt: Dieser Personenkreis wird ergänzt durch ein weibliches Individuum, mit dem das erzählte Ich dann sogleich in Beziehung tritt. Folgende Merkmale gehören also zum Spielrahmen.

- Die narrative Sequenz wird in eine feierliche Räumlichkeit eingebettet.
- Ein Ich tritt einem Publikum gegenüber.
- Raum, Ich und Publikum sind erweitert, in ihrer Dimensionalität aufs Große angelegt.
- Innerhalb des Publikums konturiert sich eine individuelle Gestalt.
- Die individualisierte Figur ist weiblich.
- Die Relation von Ich zu Publikum ist rezeptiv.

Argumentative Struktur:

1. Die Erzählung inszeniert eingangs eine Situation ausgedehnter narzißtischer Gratifikation: Das erweiterte Ich rezipiert

(Anerkennung) von der erweiterten Menge in einer erweiterten feierlichen Innenräumlichkeit.

2. Ausgehend von dieser Darstellung richtet sich die Vorstellung des erlebenden Ich auf die Menge und gestattet nunmehr die *Konturierung* einer weiblichen Figur.
3. Die Vorstellung der weiblichen Figur wird aber als *Störung* narzißtischer Gratifikation erlebt.
4. Das erzählte Ich versucht daher, die aufgetauchte weibliche Figur aus der wunscherfüllenden Szenerie *wegzudrängen*.
5. Das einfache *radikale Wegnehmen* wird jedoch aufgeweicht durch innere *Beziehungsaufnahme zum Gegenüber*, und zwar durch kommunikativen Austausch und eine attackierende Forderung nach Anerkennung des Ich durch die weibliche Figur.
6. Somit *mißlingt* die radikale Entfernung der störenden Figur aus der Szenerie. Die Forderung nach Anerkennung knüpft an die Situation narzißtischer Gratifikation an: Könnte die weibliche Figur schlicht eingereiht werden in die Reihe der Mitglieder der anerkennenden Menge, dann wäre die Festlichkeit des Beginns reetabliert.
   Die Forderung nach Anerkennung *unterläuft* die radikale Verdrängung, weil sich das wünschende Ich abhängig macht von der Anerkennung durch ein Gegenüber.
7. Die Schwächung der Verdrängungs- und Entfernungsaktivität aufgrund von Abhängigkeit erlaubt die Konturierung der störenden Figur: Diese entfaltet Initiative und *konfrontiert* das erlebende Ich mit dessen Wissen vom defizient-quälenden Körperzustand der weibliche Figur.
8. Das erlebende Ich startet nunmehr eine *neuerliche* Bewegung des Hinausdrängens, spürt jedoch zugleich die Tendenz zur Aufrechterhaltung der bedrohlichen Konfrontation.
9. Um die Konfrontation zu entschärfen, *distanziert* sich das erzählte Ich aus der dynamischen Bewegung und *interpretiert* die widerstrebende Tendenz im Sinne einer *Verleugnung* von Gefahr.
10. Unter Verleugnung von Gefahr und bei vorgeschalteter Distanzierung *nähert* sich das Ich dem bedrohlichen Gegenüber.
11. Diese Annäherung erfolgt jedoch nicht umstandslos: Das Vor-

stellungsbild der ganzen Person wird zum Verschwinden gebracht, um *allein* das Körperliche zu *akzentuieren*. Das erzählte Ich ist nicht mehr ein erlebendes, sondern nur noch ein wahrnehmendes und leistendes.

12. Unter der Voraussetzung der *Reduktion* und Eingrenzung des Ich auf wahrnehmende und leistende Funktionen wird zerstörte Körperlichkeit registriert.
13. Die dynamische Bewegung selbst wird erneut aufgehoben, aus der Distanz *diagnostiziert* das erzählte Ich.
14. Die Rückkehr in die dynamische Bewegung ist möglich durch Einbau der diagnostizierenden Distanz in das innere Beziehungserleben selbst. Sie personifiziert sich in Gestalt einer Autorität. Diese *Instanz* einer urteilenden *Autorität* dient zugleich der Anknüpfung an die Situation narzißtischer Bestätigung: Sie spendet Anerkennung.
15. Erneut wird die dynamische Bewegung unterbrochen, diesmal um die Autoritätsinstanz partiell zu *demontieren*. Die Demontage dient der Schwächung der Bedrohlichkeit, die der Inhalt des Urteils hat: Das Urteil stellt zerstörte Körperlichkeit der weiblichen Figur fest. Ist die Urteilsinstanz infragegestellt, so ist auch der bedrohliche Urteilsinhalt infragegestellt.
16. Die Rückkehr in die dynamische Bewegung erfolgt durch neuerliche *Annäherung ans Vorstellungsbild der weiblichen Figur.* Diesmal schafft sich das Ich jedoch *Vertreterfiguren*, welche die eigene direkte Annäherung *ersetzen*. Die Aktivität des Ich wird damit (mindestens partiell) fremd gemacht.
17. Diese Entfremdung wird jedoch in einem *radikalen Umschwung* zurückgenommen, das erzählte Ich fällt sogar mit einer unmittelbaren *Empfindungsverschmelzung* zusammen (»am eigenen Körper spüren«).
18. Diese *Verschmelzungssituation* ruft erneut die innere Autoritätsinstanz auf den Plan, die nun mit einem als endgültig geplanten *diagnostischen Urteil* die Szene beherrscht.
19. Der vollen Urteilsbildung setzt sich jedoch die Tendenz entgegen, das Bedrohliche, welches mit dem zerstörten weiblichen Körper verknüpft ist, zu umgehen. So wird die Urteilsbildung formal zwar durchgeführt, inhaltlich präsentiert sie jedoch unversöhnt, unintegriert beide Tendenzen: die *Regi-*

strierung der Zerstörung und *die Nicht-Registrierung der Zerstörung.*

20. Diese Ambivalenz bleibt ungelöst. Sie wird *übersprungen.* Die Selbstsuggestion beschwört ein diffus erweitertes Ich und ein endgültiges Wissen, ja, eine *Verschmelzung mit einer ehernen Gesetzesinstanz.*
    Ein Aspekt des Ich muß im Sinne einer *Personifikation des Bösen* als schuldhaft abgespalten werden.
21. Dieses Ende der dynamischen Bewegung wird in seiner Wucht jedoch *entpersonalisiert.* Die urteilende Instanz ist das außerhalb stehende zum »Man« erweiterte Ich, das nun fern, distanziert und abgerückt über ein endgültiges Gesetzeswissen verfügt.

Die Traumerzählung als Darstellung einer Wunscherfüllung

Der Wunschcharakter der Erzählung wäre aus dieser Sichtung der Inszenierungsschritte wie folgt zu bestimmen:

Wunsch: Als großer Mann die Huldigung eines großen Publikums in Fülle empfangen (*restitutive Modellierung*)

Störung der wunscherfüllenden Szenerie:
Störung durch ein weibliches Objekt. Diese Gestalt erfüllt das szenische Muster des »ungebetenen Gastes«, der alte Schuld einklagt. Es handelt sich um die Verkörperung einer Sühnegestalt. Die Zeichen der Schädigung am Körper sind Zeichen der Anklage: Du hast mir Schaden zugefügt und bist schuldig an mir geworden (*Identitätsmodellierung*).

Konflikt: Der Wunsch, sich rezeptiv den Objekten gegenüber einzustellen und von ihnen »empfangen« zu können, wird in Frage gestellt durch eine Schuldgefahr, die aus der zerstörerischen körperlichen Beeinträchtigung eines weiblichen Objekts resultiert (*reorganisierende Modellierung*).

Strategien der Konfliktbewältigung im Erzählprozeß:
– Keine Präzisierung, Klärung und Detaillierung der Schuldgefahr

– Reduzierung des Objekts auf den Status eines objekthaften Nichtakteurs
– Anruf einer väterlichen Autorität
– Demontage einer väterlichen Autorität (wegen der Gefahr einer Verurteilung durch die Autorität)
– Zusammenrottung der Bruderhorde (nach dem Vatersturz)
– Ausstoßung einer brüderlichen Figur, der als sexueller Schädiger der Frau bezichtigt wird
– Mobilisierung einer narzißtischen Autonomie-Intention: Selbst zur Autorität und zur gesetzgebenden Instanz werden, so daß die Anklage zum Schweigen gebracht wird (Moses-Phantasie; GRUBRICH-SIMITIS 1990).

Die *aktualisierende* Modellierung der Erzählung besteht in ihrer Publikation vor einem staunenden, huldigenden Lesepublikum, das FREUDs epochale Leistung zu würdigen weiß.

Zusammenfassend betrachtet finden sich in der Erzählung sowohl die Personifizierung von Autorität als auch die einer Schuldphantasie. Die personifizierte Autorität trägt männliche, die personifizierte Schuldphantasie weibliche Züge.

Die personifizierte Autorität wird wie folgt *inszeniert*: Ihre *Potenz* liegt in der Verkündigung eines Inhalts, der keinen Zweifel erlaubt, die Gefahr darin, daß die *Verkündigung* die Schuldphantasie bestätigt.

Die Verkündigung eines Inhalts, der keinen Zweifel erlaubt, hat für die Inszenierung des erzählten Ich Vorteile: Es könnte sich um diejenige Größenphantasie handeln, die der Wunscherfüllung von der Huldigung an das erweitere Ich durch die Menge zugrundeliegt: Verschmelzung mit der männlichen Autorität, die das über den Zweifel Erhabene verkündet. Die Größenphantasie bringt ein passives Beschenktwerden zum Ausdruck. Auch die Identifikation mit der (Moses-ähnlichen) »Gesetzestafel« am Ende stellt eine Form passiven Empfangens, eben per Wahrnehmung dar. Die narzißtische Gratifikation wird gestört durch die personifizierte Schuldphantasie; – Schuld körperlicher Zerstörung am weiblichen Objekt.

Dieses weibliche Objekt ist also eine bedrohliche Gestalt, das mit ihr verbundene Erschrecken gilt es zu kontrollieren. Dies gelingt schließlich durch einen Kompromiß: Reduktion auf Physiologisches beim weiblichen Objekt, Anrufung der Autorität, Demontage der Autorität, Übernahme der Autoritätsfunktion, Ausstoßung des Schuld-Teils.

FREUDs Traumerzählung von Irmas Injektion inszeniert ein spannungsvolles Arrangement:

- Funktionalisierung des Objekts als Bestätigungsgarant
- Kontrolle eines weiblichen Objekts im Sinne von wissenschaftlicher Erforschung seiner körperlichen Defizienz
- Demontage der Autorität
- Übernahme der Autoritätsfunktion im Einklang mit dem »Gesetz« (Moses-Phantasie)
- Ausstoßung jener, die gegen das »Gesetz« verstoßen.

Die Erzählanalyse versucht, die hier aufgezählten Motive, Denkfiguren und FREUD zugeschriebenen Wesenszüge in einen systematischen Zusammenhang durch argumentative Verknüpfung auf der Basis eines zentralen Wunschmotivs zu bringen. FREUDs in der »Traumdeutung« mitgeteilte Assoziationen zum Text verfolgten die Linien der Schuldphantasie und der Schuldentlastung, nicht die des Wunsches nach passiv Beschenktwerden und nach narzißtischer Erhöhung und Erweiterung. Der Autor macht zugleich nachdrücklich klar, daß er auf Vertiefung der Deutung, unter anderem im Interesse des Schutzes seiner Privatheit, verzichtet.

Gerade darum erscheint es mir als reizvoll, zum Abschluß der Frage nachzugehen, welche Verhüllungs-Enthüllungs-Inszenierung FREUD mit der Publikation und Exponierung seines Textes vollzog. Es »enthüllte« sich ihm ja bekanntlich das »Geheimnis des Traums« ganz ähnlich: Als einem gleichsam passiv Wahrnehmenden, der zum distanzierten, der Verstrickung enthobenen Wissenden wird. So wird das anonyme Publikum der »Traumdeutung« zum staunend-bewundernden Zeugen jener höheren »Enthüllung«, die dem Einen Ausgezeichneten zum Geschenk wurde. Und doch zahlt dieser dafür einen Preis: Er bekennt sich öffentlich schuldig, macht den Leser zur Richterautorität über das Zerstörungswerk am weiblichen Geschlecht, das der Eine Ausgezeichnete begangen zu haben für sich in Anspruch nimmt und das in der Fachliteratur gewöhnlich mit der Emma-Eckstein-Episode in Verbindung gebracht wird. Durch dieses aufdringlich deklarierte Schuldbekenntnis kann der weibliche (wirklich nur der weibliche?) »ungebetene Gast« in Schach gehalten werden. Die Störerin des Festes (die Inkarnation der Mißgunst?) wird nicht versteckt, sondern exponiert. Was aber hat es mit dieser weiblichen Sühnegestalt überhaupt auf sich, die so aufdringlich das Zentrum der Traumerzählung beherrscht? Was ist mit jener »Schuld«, die der Autor so nachdrücklich vor den lesenden Augen der Öffentlichkeit zur Schau stellt? Für mein Verständnis handelt es sich hier um den »*Ring des Polykrates*«, den der über alles Menschenmaß Glückliche den neidischen Göttern zu opfern hat. FREUD als der Eine Ausgezeichnete präsentiert sich der Welt als Erster, dem das Geheimnis des Traumes zuteil wird. Um angesichts dieses ungeheuren Triumphs die »neidischen Götter« zu versöhnen, inszeniert er im Herzen der »Traumdeutung« die Selbstbezichtigung als Schuldiger. Dazu wählt er eine weibliche Gestalt, ein Mitglied des in seiner Sicht dezidiert »neidischen« Geschlechts; und es gelingt ihm, unter dem Deckmantel des Schuldbekenntnisses, sich sowohl über die »falschbezahnte Gouvernante« als auch über die männliche Lehrerautorität, vor allem über JOSEF BREUER (der – wie geschehen in der Behandlung der Anna O. – an der Frau letztlich scheiterte), lustig zu machen. Dieses Verständnis orientiert sich an der ausschlaggebenden Bedeutung der in der Traumerzählung dargestellten Erfüllung eines Größenwunsches, der sich als festliche Huldigung in »großer Halle« mit »vielen Gästen« hätte inszenieren sollen. Tragende Thematik der Erzählung wäre in dieser Perspektive die Auszeichnung des Einzigen, dem die Offenbarung des Gesetzes (des Traums) zuteil wurde, – der aber – Moses und Polykrates gleich – Tribut zu zahlen hat. Die Hinterhältigkeit der Traumerzählung, so darf man den Gedankengang weiterentwickeln, läge nun darin, das Publikum glauben zu machen, hier sei ein großer Bekenner am Werk, – ein männlicher »Vergewaltiger« gar, der das weibliche »Objekt« männerbündisch degradiert. Dieses scheinbare Verbrechen wird öffentlich dargeboten und verdeckt die Huldigungsszenerie, verdeckt auch den Triumph über Dr. M., die väterliche Autorität. Dr. M. ist tot, FREUD wird zum neuen Inhaber, Vertreter und Vollstrecker des Gesetzes; der Schuldvorwurf fällt wie der Theatervorhang prachtvoll vor die eigentliche Huldigungsszenerie. Nun läßt sich freilich die Überflügelung des

Vaters nicht genießen ohne Ambivalenz, ohne ein Erleben des Im-Stich-Lassens. Das offeriert die Erzählung sehr nachdrücklich in Irmas Klage. Hatte FREUD den kastrierten und geschwächten Vater hinter sich lassen wollen, so kehrt er nun, als »ungebetener Gast«, in Gestalt der verwundeten Frau zurück, um Leid zu klagen, zugefügten Schmerz zu offenbaren. Diesem begegnet der Erzähler im Aufbau seiner Geschichte durchaus provokativ, deutlich herausfordernd: Das erzählte Ich bringt die Klage zum Verstummen, bemächtigt sich der weiblichen Sühnegestalt. Der Erzähler läßt Doktor M. als lächerliche Figur auftreten. Zum Schluß kommt ein als unsinnig leicht durchschaubares Urteil heraus.

Unwillkürlich drängte sich mir die Gestalt des »Steinernen Gastes« aus Mozarts Oper »Don Giovanni« auf, die Gestalt des ermordeten Vaters, die der anarchistische und verwegen alle menschlichen und göttlichen Gesetze verachtende Schloßherr und Verführer herausfordert, am Festmahl teilzunehmen. Der Ermordete erscheint tatsächlich als »Steinerner Gast« beim Fest und fordert vom Gastgeber Reue, Selbstdemütigung, Ablassen von seiner Hybris, die tragendes Merkmal der Don Giovanni-Figur ist. Don Giovanni unterwirft sich nicht und nimmt den eigenen Untergang in Kauf.

Abschließende Bemerkungen

Die mitvollziehende Erzähltätigkeit offenbart ein hohes Maß an praktischem thematischem Verstehen, welches sich als einfühlendes kreatives Mitgestalten einer dramatischen Inszenierung offenbart. Ein »imaginärer« Raum wird vom Zuhörer aktiv nach Spielrahmenvorgabe im Kontakt mit dem erzählendem Gegenüber entworfen und im Sinne einer emotionalen Begleitung durchschritten. Umgekehrt wirbt der Erzähler aktiv um den emotional-kreativen Mitvollzug, um die Begleitung auf dem Weg zu einem Konfliktlösungsprozeß in dramatischer Gestalt. Dies konnte in einem Erzählversuch anschaulich gemacht werden, in dem 24 Studenten als Teilnehmer eines Seminars aufgefordert waren, eine vorgegebene Geschichte einem fiktiven Zuhörer zu erzählen, den sie sich als einer der folgenden sozialen Gruppierungen zugehörig denken sollten: Autoritätsperson, Therapeut, Intimpartner(in), lustige Freundesgruppe in einer Kneipe und ehemaliger Klassenkamerad. Es handelte sich um die kreative erzählerische Nachbereitung einer Szene am Anfang des Romans »Madame Bovary« von GUSTAV FLAUBERT, die in der deutschen Übersetzung durch SCHURIG (1919, S. 10-12) vorgelesen wurde:

»Es war in der Klasse Sitte, beim Eintritt in das Unterrichtszimmer die Mützen wegzuschleudern, um die Hände frei zu bekommen. Es kam darauf an, seine Mütze gleich von der Tür aus unter die richtige Bank zu werfen, wobei sie unter einer tüchtigen Staubwolke laut aufklatschte. Das war so Schuljungenart.

Sei es nun, daß ihm dieses Verfahren entgangen war oder daß er nicht gewagt hatte, es ebenso zu machen, kurz und gut: als das Gebet zu Ende war, hatte der Neuling seine Mütze noch immer vor sich auf den Knien. Das war ein wahrer Wechselbalg von Kopfbedeckung. Bestandteile von ihr erinnerten an eine Bärenmütze, andere an eine Tschapka, wieder andere an einen runden Filzhut, an ein Pelzbarett, an ein wollenes Käppi, mit einem Worte: an allerlei armselige Dinge, deren stumme Häßlichkeit tiefsinnig stimmt wie das Gesicht eines Blödsinnigen. Sie war eiförmig, und Fischbeinstäbchen verliehen ihr den inneren Halt; zuunterst sah man drei runde Wülste, darüber (voneinander durch ein rotes Band getrennt) Rauten aus Samt und Kaninchenfell und zuoberst eine Art Sack, den ein vieleckiger Pappdeckel mit kunterbunter Schnurenstickerei krönte und von dem herab an einem ziemlich dünnen Faden eine kleine goldene Troddel hing. Diese Kopfbedekkung war neu, was man am Glanze der Schirmes erkennen konnte. »Steh auf!« befahl der Lehrer. Der Junge erhob sich. Dabei entglitt ihm sein Turban, und die ganze Klasse fing an zu kichern. Er bückte sich, das Mützenungetüm aufzuheben. Ein Nachbar stieß mit dem Ellenbogen daran, so daß es wiederum zu Boden fiel. Ein abermaliges Sichdanach-Bücken. »Leg doch deinen Helm weg!« sagte der Lehrer, ein Witzbold. Das schallende Gelächter der Schüler brachte den armen Jungen gänzlich aus der Fassung, und nun wußte er gleich gar nicht, ob er seinen »Helm« in der Hand behalten oder auf dem Boden liegen lassen oder aufsetzen sollte. Er nahm Platz und legte die Mütze über seine Knie. »Steh auf«, wiederholte der Lehrer, »und sag mir deinen Namen!« Der Neuling stotterte einen unverständlichen Namen her. »Noch mal!« Dasselbe Silbengestammel machte sich hörbar, von dem Gelächter der Klasse übertönt. »Lauter!« rief der Lehrer. »Lauter!« Nun nahm sich der Neuling fest zusammen, riß den Mund weit auf und gab mit voller Lungenkraft, als ob er jemanden rufen wollte, das Wort von sich: »Kabovary!« Höllenlärm erhob sich und wurde immer stärker; dazwischen gellten Rufe. Man brüllte, heulte, grölte wieder und wieder: »Kabovary! Kabovary!« Nach und nach verlor sich der Spektakel in vereinzeltes Brummen, kam mühsam zur Ruhe, lebte aber in den Bankreihen heimlich weiter, um da und dort plötzlich als halb ersticktes Gekicher wieder aufzukommen, wie eine Rakete, die im Verlöschen immer wieder noch ein paar Funken sprüht. Währenddem ward unter einem Hagel von Strafarbeiten die Ordnung in der Klasse allmählich wiedergewonnen, und es gelang dem Lehrer, den Namen »Karl Bovary« festzustellen, nachdem er sich ihn hatte diktieren, buchstabieren und dann noch einmal im ganzen wiederholen lassen. Alsdann befahl er dem armen Schelm, sich auf die Strafbank dicht vor dem Katheder zusetzen. Der Junge wollte den Befehl ausführen, aber kaum hatte er sich in Gang gesetzt, als er bereits wieder stehenblieb. »Was suchst du?« fragte der Lehrer. »Meine Mü...«, sagte er schüchtern, indem er mit scheuen Blicken Umschau hielt. »Fünfhundert Verse die ganze Klasse!« Wie das *Quos ego* bändigte die Stimme, die diese Worte wütend ausrief, einen neuen Sturm im Entstehen. »Ich bitte mir Ruhe aus!« fuhr der empörte Schulmeister fort, während er sich mit seinem Taschentuche den Schweiss von der Stirne trocknete. »Und du, du Rekrut du, du schreibst mir zwanzigmal den Satz auf: *Ridiculus sum!*« Sein Zorn ließ nach. »Na, und deine Mütze wirst du schon wiederfinden. Die hat dir niemand gestohlen.«

Alles ward wieder ruhig. Die Köpfe versanken in den Heften, und der Neuling verharrte zwei Stunden lang in musterhafter Haltung, obgleich ihm von Zeit zu Zeit mit einem Federhalter abgeschwippte kleine Papierkugeln ins Gesicht flogen. Er wischte sich jedesmal mit der Hand ab, ohne sich weiter zu bewegen noch die Augen aufzuschlagen.«

Die Ergebnisse der persönlichen Adaptation der Story machten zum einen deutlich, wie umstandslos und lebhaft sich die Probanden mit den thematischen Implikationen der Geschichte identifiziert hatten, zum anderen, in welcher Beweglichkeit sie sich auf spezifische Kontextbedingungen einzustellen vermochten, die der Erzählungsgestalt jeweils spezifische Strukturmerkmale abverlangen (dazu auch BUCHHOLZ 1993). Zur Illustration einige Beispiele:

Therapeut als Gegenüber:

»Ich glaube, das habe ich Ihnen noch nie erzählt. Also da war ich an unserem neuen Wohnort, also damals, als wir umzogen nach Zürich, eben als ich das erstemal in die neue Schule ging, ist das passiert. Ich wußte nicht recht, wie ich mich verhalten sollte. Ich habe mich auch sehr verloren und einsam gefühlt. Am liebsten wäre ich umgekehrt und nach Hause zu meiner Mutter gerannt. Die Lehrerin hat mich ins Schulzimmer geführt, und da sollte ich der Klasse sagen, wer ich bin, also wie ich heiße. Aber ich war so nervös, und eben, ich wußte gar nicht mehr, was ich machen soll, und da habe ich eben vor lauter Aufregung gar nichts gesagt. Die Lehrerin hat dann kurz gewartet und hat mich dann nochmals aufgefordert, meinen Namen zu sagen. Ich bin aber nur rot angelaufen und habe ganz leise meinen Namen geflüstert, so daß ihn niemand verstanden hat. Sie hat dann nochmals gesagt, ich soll meinen Namen sagen. Jetzt war sie schon etwas ungeduldig. Und da bin ich noch nervöser geworden. Mir ist ganz heiß geworden, und dann ist mir auch noch die Schultasche auf den Boden gefallen. Da haben alle Kinder gelacht. Und ich habe mich doch so geschämt. Und weil ich es endlich hinter mich bringen wollte, habe ich dann, so laut ich konnte, meinen Namen gesagt. Na, eigentlich müßte man schon eher sagen »geschrien«. Die ganze Klasse hat sich gekrümmt vor Lachen und hat mich nachgeäfft und meinen Namen gesagt. Die Lehrerin, war, glaube ich, auch ziemlich wütend auf mich, daß ich mich so dumm angestellt habe. Auf jeden Fall mußte ich noch an die Wandtafel und meinen Namen hinschreiben. Vor lauter Aufregung habe ich mich noch verschrieben. Die anderen haben so gelacht. Auch die Lehrerin. Am liebsten hätte ich geweint. Aber ich habe mich fest zusammengenommen. Meine Mutter hat ja auch immer gesagt, man darf den anderen nicht zeigen, was man fühlt. Ich hatte zwar einen riesigen Kloß im Hals, aber da habe ich dann einfach nicht daran gedacht. Ich bin an den Platz gegangen, den mir die Lehrerin zugewiesen hat, und habe versucht, an etwas anderes zu denken. Wenn ich nachts Angst hatte, hat meine Mutter auch immer gesagt: Denk was Schönes, denk an Weihnachten. Ich glaube, die anderen haben gar nicht bemerkt, wie elend ich mich gefühlt habe«.

Lustige Freundesgruppe in der Kneipe:

»Schau die mal da an! Die hat aber eine komische Mütze! Ach – ach ja, da fällt mir eine Geschichte aus meiner Schulzeit ein. Damals war meine Familie ständig auf Reisen, und ich wollte als Geschenk immer eine Mütze, wenn sie zurückkammen. Dann habe ich aus all den Mützen eine Einzige zusammengebastelt. Ich war auf mein Mosaik sehr stolz. Eines Tages kam ich zu einer neuen Schule, wo alle die Mützen beim Eintritt in das Zimmer wegschleuderten. Ich habe meine natürlich behalten. Der Lehrer war so ein typischer Militärkopf, wie es die Schulen damals zu haben pflegten. Ich haßte solche Typen und spielte also die Rolle des Trottels. Er fragte mich nach meinem Namen, und ich antwortete so ganz schüchtern »Kabovary«. Alle anderen Kinder lachten. Ich hatte sie schon alle auf meiner Seite. – Entschuldigung, noch ein Bier! – Als Strafe mußten wir dann alle zwanzig Mal schreiben: »Wir sind lächerlich«. Die anderen Kinder warfen mir unterdessen Papiere zu, in denen sie mir ihre Zustimmung mitteilten. Ich war der erste, der es mal gewagt hatte, diesen alten Dummkopf blöd zu stellen. – Aber da kommt ja die Susanne. Wie es weitergeht, erzähl ich dann später«.

Ehemaliger Klassenkamerad als Gegenüber:

»Weißt du noch, damals, als ich neu war, in der ersten Stunde, da nach dem Gebet? – Das war ein totaler Horror für mich. Als der Lehrer damals befahl »steh auf«, das fuhr mir total in die Knochen, und er war mir gleich unsympathisch. Weißt du noch, wie er von meiner Mütze gesprochen hat? Er sagte »Helm«! Gehts noch? Auch wenn sie nicht schön war, eine Mütze war es trotzdem. Sein Hut war ja auch nicht besser. Tja, und dann, als er ihr mich nachgeäfft habt: »Kabovary«. Jetzt lachen wir darüber und finden es lustig. Ich mußte damals meine ganze Kraft zusammennehmen, um es lauter zu sagen. Der Lehrer war ein völliges Trampeltier. Von Pädagogik verstand der nichts. Weißt du noch, wie ich damals zum Katheder gegangen bin? Weißt du, da, als mich der Lehrer gefragt hat, »was suchst du?« Ich habe mich so geschämt. Ich hätte am liebsten nie mehr meine Mütze berührt nachher. Und das mit den Versen und das »Ridiculus sum!« Gott sei Dank wußte ich nicht, was das bedeutete. Ich wäre ja schon ohne das gerne in Grund und Boden versunken. Ja die 500 Verse, die habt ihr ja auch mitgemacht. Irgendwie glaube ich, hat uns die Strafe später geeint gegen den Lehrer. Ohne sie wäre ich vielleicht nachher wirklich abgeschrieben gewesen. Eigentlich war der Lehrer ja noch viel schlimmer dran als wir. Hast du damals gemerkt, wie er sich dauernd den Schweiß von der Stirn wischte? Er hatte das alles nicht im Griff. Das habe dann auch ich gemerkt«.

Autorität als Gegenüber:
»Jetzt, da Sie gerade von der Schulzeit sprechen, fällt mir ein, daß auch ich einmal ein Erlebnis in der Schule hatte, das mir allerdings unangenehm und peinlich war. Das war mein erster Schultag in einer neuen Klasse, und ich war unsicher, weil ich früher nur eine kleine Dorfklasse besucht hatte, und jetzt war mir alles fremd und sehr imponierend. Der Lehrer war groß und hatte ein sehr strenges Gesicht, sogar meinen Namen mußte ich dreimal sagen, bis er mich überhaupt hörte. Er war offenbar schwerhörig. Natürlich wurde ich in meiner Unbeholfenheit zum Gegenstand der Belustigung für die gesamte Klasse, worauf es dann Strafarbeiten hagelte. – Tja, das ist jetzt so ein Erlebnis, was mir gerade zum Thema Schule eingefallen ist«.

Das Erzählen dramatischer Episoden vor partizipierendem Publikum hat zwar sichernde und entlastende Funktionen, jedoch auch konfliktmobilisierende, und zwar dann, wenn diese Erzählung in einer Erzähler-Hörer-Gemeinschaft aufgebrochen, in ihrer Dramaturgie offengelegt wird. Derartiges geschieht in erster Linie in einer therapeutischen oder Selbsterfahrungssituation. Die Konfrontation mit eigenen dramaturgischen Modellen, die sich als autobiographische Selbstentwürfe, als Bewältigungsstrategien und Beziehungsentwürfe darbieten, löst gewöhnlich große emotionale, oft schmerzliche Betroffenheit aus und verknüpft sich häufig mit dem lebhaften Wunsch nach kreativer Erneuerung. Die eindruckvollste Erfahrung machte ich mit einer Gruppe von Lehrerinnen in mittleren und höheren Jahren, die sich jeweils mehrstündigen autobiographischen Interviews unterzogen hatten. Diesen auf Tonband aufgezeichneten Interviews wurden jeweils alle darin enthaltenen episodischen Stories entnommen und allen Mitgliedern der kleinen Gruppe vorgelegt. Sie erlebten diese Geschichten wie eine Konfrontation mit sich selbst in äußerster Verfremdung: Das Vertrauteste wird erst im Fremden faßbar; – und sie sahen sich aufgefordert, in Auseinandersetzung mit diesem ihnen plötzlich fremden Bild eine neue, veränderte Beziehung zu sich selbst zurückzugewinnen. Dabei war die Bereitschaft vorhanden, diese schriftlich fixierten Geschichten mit den jeweils anderen Probandinnen in einer Gruppensituation zu teilen. Das heißt, die dramaturgischen Modelle wurden als Externalisierungen angeboten, die kreative Partizipation ermöglichten, ein emotional sehr bewegendes Teilen von differenten und gemeinsamen Erfahrungen durch die Vermittlung eines dramaturgischen Modells, das erst in der persönlichen mitvollziehenden Praxis seine thematische Dichte zur Betroffenheit aller offenbarte. Hier brach zwar etwas auf, aber dieses Aufbrechen wirkte in der fraglichen Situation nicht zerstörerisch, sondern motivierend zu verändernden Modellierungen auf den Ebenen von Restitution, Reorganisation, Aktualisierung und Identität. Diesen Befund konnte ich in ähnlicher Weise auch in therapeutischen Situationen mit Patienten feststellen. Der Aufbruch dramaturgischer Modellierung kann einerseits regressiv-destabilisierend wirken, aber auch zugleich progressiv-restabilisierende Tendenzen mobilisieren. Im genannten Beispiel war bei den Beteiligten durch den Dekonstruktionsprozeß keine Angst entstanden, sondern Schmerz, Trauer, (seltener) Scham. Emotionen, die teilweise Trennung ermöglichen und Veränderung grundsätzlich erlauben. Mobilisierte Angst hingegen drängt eher auf Restauration oder Flucht, hat regressive oder allenfalls pseudo-progressive Effekte. Klinische Erfahrungen mit Patienten, die unter psychosomatischen Störungen litten, legen die Vermutung nahe, daß verstärkte Angstbereitschaft sich mit verstärkter Rigidität in der Darbietung von autobiographischen Alltagserzählungen verknüpft.

Eine praktische Anwendungsmöglichkeit der Erzählanalyse betrifft die Selbstreflexion psychotherapeutischen Handelns. Die erzählende Präsentation einer Episode und deren Reflexion in der Selbstkonfrontation, die Verfremdung bedeutet, bewirkt die Belebung des Destabilisierungsmoments, die in der Erzählung des Therapeuten enthalten ist. Die Geschlossenheit und damit auch interne Verknüpftheit und Übersichtlichkeit der Erzählung bedeutet einen Spielraum nacherlebender Erfahrung und prospektiver Veränderung, eine sehr kreative und klinisch dichte Erfahrung, die ich als partizipierend Mitvollziehende in Supervisionen inzwischen sehr häufig gemacht habe.

Glossar

Akteur
Handlungsträger im dramatischen Geschehen der Erzählung. Als Handlungsträger kommt erwartungsgemäß menschliches Personal in Frage, aber diese Beschränkung ist nicht zwingend. Tiere, Möbelstücke, Pflanzen, Naturgewalten unter anderem können zu Handlungsträgern werden, zum Beispiel »Der Wind heulte und rüttelte an den Fenstern«; »Die Sonne stach gnadenlos«; »Die alte Eiche reckte sich bedrohlich den Wanderern entgegen«.

Akteur-Schicksal
Im Verlauf der Aktionen des Handlungsträgers oder der Handlungsträger vom Erzählungsbeginn bis zum Erzählungsende.
Verschiedene Muster von Akteur-Schicksalen können erzähltypologisch am hier behandelten Beispielmaterial unterschieden werden:
Aufrechterhaltung von Initiative
Betonung von Initiative
Eingebunden in fremde Initiative
Entzug von Initiative

Aktivität
»Aktivität« ist eine der fünf Dimensionen des dramatischen Prozesses: Sie umfaßt Akt- und Tätigkeitsverben, zum Beispiel geben, nehmen, arbeiten, spielen (Synonym: handeln).

Aktualisierung
In der Erzählung wird Vergangenes präsent, gegenwärtig, aktualisiert (Synonym: Vergegenwärtigung).

Akzentuierung
In der Erzählung wird nicht objektiv, neutral berichtet, was vorgefallen ist, sondern der Erzähler setzt Akzente, Betonungen, Gewichtungen.

Alltagserzählung
Erzählung, die in einen praktischen Interaktionszusammenhang eingebettet ist und in diesem Zusammenhang bestimmte kommunikative Funktionen erfüllt (GÜLICH 1980, S. 336).

Alltagsfiktion
»... die Menge der relevanten Ereignisse, die die Erzählung konstituieren, (ist) eine Funktion der übergeordneten Sprechhandlung ..., und ... die Funktion (wird verwirklicht) über einen fingierenden Diskurs...« (STEMPEL 1980, S. 390). GUMBRECHT (1980, S. 417) spricht von der Idealisierung der biographischen Wirklichkeit des Sprechers. Alltagsfiktion wird der »Identitätspräsentation« zugeordnet.

Aneignungsmotiv
Mit seiner Erzählung verfolgt der Erzähler unter anderem auch das Ziel, sich seine Umwelt, seine Vergangenheit anzueignen, sich seiner Identität zu vergewissern.

Anliegen
Der autobiographische mündliche Erzähler im Alltag hat nicht nur einen situationsspezifischen Erzählanlaß, sondern verfolgt auch subjektive Bestätigungs-, Entlastungs- und Befriedigungsinteressen. Diese werden in der Erzählanalyse *Jakob* im Sinne von Modellierungsleistungen herausgearbeitet.

Antwort
Der autobiographische Alltagserzähler entwirft in seiner Erzählung eine Art Antwort – oder auch Aufgabenlösung – auf eine ihn subjektiv bedrängende Frage. Diese Frage geht gewöhnlich von einer als destabilisierend erlebten Situation aus, die selbst wiederum Neuauflage früherer Momente einer Destabilisierung sein kann.

Argumentative Struktur
Die narrative Sequenzentwicklung in der Alltagserzählung vermittelt eine persönliche Argumentation, die zum Ausdruck bringt, wie die Geschichte subjektiv-optimal endet, wie also die Sitation auf ein subjektives Optimum hin korrigiert werden sollte. Dieses der Erzählung inhärente argumentative Verknüpfungsprinzip einer »subjektiven Moral«, das JOLLES (1974, S. 240ff.) in vergleichbarem Sinn für das Volksmärchen herausgearbeitet hat, ist nicht zu verwechseln mit der verbreiteten Alltagsstrategie des Einbaus von Erzählungen in übergeordnete argumentative Zusammenhänge wie: Rechtfertigung, Entschuldigung und Anklage.

Artikulation
Die autobiographische Alltagserzählung bringt »die Ordnung hervor, die sie zu beschreiben vorgibt« (WIEDEMANN 1986, S. 108). Die narra-

tive Sprache schafft prägnante autobiographische Erinnerungen, die im Sprachspiel der emotionalen Bewertung subjektiv gewichtet werden. Damit wird Erzählen zum Beispiel der »Artikulation« im Sinne TAYLORS (1985) zum sprachlichen Prozeß der Herstellung einer psychischen Innenwelt. TAYLOR entwickelte das Konzept der »Artikulation« zur begrifflichen Klärung dessen, was wir unter »psychischen Gegebenheiten« zu verstehen haben. Psychisch Gegebenes besitzt demnach keine Existenz, die *unabhängig* von der Arbeit ihrer Aneignung wäre. Die Möglichkeit, psychisches Geschehen als in sich differenziertes, vielgestaltiges Spektrum zu behandeln, ist nicht etwa vorhanden aufgrund einer Unterschiedenheit per se im »Raum des Psychischen«, sondern Ergebnis einer Aktivität: des *Unterschiede-Herstellens*, der Interpunktion (im systemtheoretischen Sinn), der Konturgebung und Markierung. Mit Artikulation verknüpft sich somit die Auffassung, daß seelische Regungen als subjektiv faßbare und intersubjektiv mitteilbare einer Arbeit der Modellierung unterliegen, die das Erlebte zur identifizierten Figur werden läßt.

Attraktion
»Attraktion/Sympathie« ist eine der fünf Dimensionen des dramatischen Prozesses. Sie umfaßt Verben der libidinösen, aggressiven, narzißtischen Bezugnahme, zum Beispiel lieben, hassen.

Aufgabe der autobiographischen Alltagserzählung
Die autobiographische Alltagserzählung stellt implizit eine für den Erzähler subjektiv bedeutsame Aufgabe, die im Vollzug der narrativen Handlungsentwicklung einer Lösung zugeführt werden soll.

Autobiographische Alltagserzählung
Narrative mündliche Darbietung eines Ereignisses, eines Vorfalls, einer Begebenheit, welche der Erzähler als Teil seiner persönlichen Geschichte in Anspruch nimmt. Dabei geht es keineswegs allein um Erzählungen, die in der Perspektive eines subjektiven Lebensentwurfs als besonders relevant deklariert werden, sondern durchaus auch um einfache, unauffällige Alltagsgeschichten, in denen allerdings der Erzähler als Ich-Figur eine wichtige Rolle spielt. Auch Traumerzählungen werden den autobiographischen Alltagserzählungen zugerechnet. Untersucht werden durch die Erzählanalyse *Jakob* autobiographische Alltagserzählungen, die folgenden strikten Kriterien genügen sollten. Die »Erzählung« oder »erzählte Episode« als sprachliche Inszenierung: Eine zum Ganzen verknüpfte Äußerungssequenz mit erkennbarem/markiertem Anfang und erkennbarem/markiertem Ende im Sinne von Erzähl-

einstieg und Erzählausleitung (LABOV u. FANSHEL 1977; WEINRICH 1985), die ein Handeln oder Geschehen als individuellen Verlauf mit Anfang und Ende thematisiert. Aktualisierung des Vergangenen im Sinne einer dramatischen Handlung mit Rollenzuweisungen, unter Regieführung des Erzählers, vor urteilendem Auditorium (= Therapeut als 1 Mann/1 Frau-Publikum). Es ist wichtig, darauf hinzuweisen, daß es sich bei der »Erzählung als formale Texteinheit« und bei der »Erzählung als sprachliche Inszenierung« um sehr enge Festlegungen handelt. Man könnte die solchermaßen determinierte Erzählung auch als »Episode« ansprechen, um hervorzuheben, daß hier nur sprachliche Sequenzen berücksichtigt werden, die – im klassisch aristotelischen Sinn – eine zeitlich-räumlich geschlossene Aktionseinheit aufweisen. Der Vorteil dieser engen Bestimmung ist darin zu sehen, daß die Aufmerksamkeit konsequent auf dem dramatischen Vollzug als begrenztem Vorgang in begrenzter Zeit liegt.

Bewertung in der Erzählung

(1) »Die Bewertung steuert die Assertionsverkettung (= Verknüpfung der Äußerungen in der Erzählung, B.B.) von Anfang bis Ende in der Form eines Erzählfokus des Sprechers (Ziel der Verkettungsprozesse) und ist das treibende Moment«.
(2) Bewertung liefert die Kategorien der Bewußtmachung des Geschehens für den Sprecher.
(3) Bewertung liefert sukzessive Einschätzung des Geschehens.
(4) Bewerten tendiert nach Verallgemeinerung.
(5) Erst mit der Äußerung des endgültigen Bewertungsresultats gelangt die Geschichte zu dem Punkt, an dem der Hörer sehen kann, weshalb sie erzählt wird.
(6) Bewertung kann immer vorweggenommen werden (zitiert, bzw. zusammengefaßt nach REHBEIN 1980, S. 78).

Beziehungsdefinition

Die narrative Selbstmitteilung definiert immer auch die Beziehungen der Ich-Figur zu anderen Figuren in der Erzählung. Für eine systematische Auswertung von Erzählungen unter diesem Aspekt werden Leitfragen und Antwortvorgaben entwickelt, die folgende Dimensionen erfassen: Nähe-Distanz; Verhalten der Ich-Figur in Richtung auf die Partnerfigur; gewünschte Art der Beziehung; Rollenzuweisung an die Partner-Figur; erstrebte Befriedigung.

Bühne

Podium, zur Realisierung einer Schaustellung dienend. Bei der Realisierung des Erzählvorgangs wird dieses »Podium« durch die Strategie der Inanspruchnahme des Rederechts ersetzt – oder gegebenenfalls ergänzt –, denn bei unterhaltsamen narrativen Darbietungen im feuchtfröhlichen Kreis besteigt der erzählerische »Schausteller« durchaus auch einmal Tische und Stühle, um seine Präsentationsrolle zu profilieren.

Bühnenpersonal/Bühnenausstattung
In dieser dramatischen Aufbaueinheit sind personale und nicht-personale Rollenträger sowie Ausstattungselemente der Bühne zusammengefaßt.

Bühnenraum
Es wird davon ausgegangen, daß eine Erzählung einen imaginären Bühnenraum *herstellt*, aber auch im Verlauf des Erzählprozesses aus diesem Bühnenraum heraustreten kann (Regie). Zur dramatischen Aufbaueinheit »Bühnenraum« gehören die sprachliche Bestimmung des Ortes samt Positionierung und Richtung im Bühnenraum sowie Zuständlichkeit und Prozessualität, Konstellationen und konstellative Positionen.

Darstellung
Die Tätigkeit des Erzählens hat darstellenden oder zeigenden Charakter, jedoch nicht im Sinne eines Verweisens auf ein dargestelltes Gegenüber, das einen Vergleich der Darstellung mit dem Dargestellten erlauben würde. Was gezeigt wird, entsteht hier im Prozeß der Darstellung selbst (dies am Phantasma, nach BÜHLER 1978) und hat keine Existenz unabhängig vom Erzählprodukt. Darstellen heißt beim Erzählen: Herstellen eines kommunikativen Gemeinschaftsprodukts durch identifikatorischen Mitvollzug der sprachlichen Regieführung.

Darstellungsschablone
Muster beziehungsweise Konventionen, wie gewisse Tatsachen, Begebenheiten, Ereignisse sprachlich dargestellt werden. Im allgemeinen muß ein Erzähler gewisse Erwartungen an den Aufbau seiner Erzählung erfüllen, um beim Zuhörer Erfolg zu haben (FLADER u. GIESECKE 1980, S. 219-222).

deskriptives Element
Deskriptive Elemente einer Erzählung geben Situationsaspekte orientierend wieder.

Destabilisierung
Psychische Reaktion, die gekennzeichnet ist durch Verlust des Gefühls sozialer Verbundenheit, emotionalen Druck, konfliktäre Entgleisung und Beeinträchtigung des Identitätsgefühls. Zweck der Erzählung ist es, diese Destabilisierung aufzuheben.

Destabilisierungsmoment
Unter dem Destabilisierungsmoment einer Erzählung ist die Orientierung des erzählten Entwicklungsprozesses (des Spannungsbogens zwischen Sein und Sollen) an einer persönlichen Konfliktspannung (entweder durch einen tatsächlich ungelösten individuellen Konflikt oder durch identifikatorisch im Zuhörer entstandene konfliktäre Spannung) zu verstehen.

Deutung (psychoanalytisch)
»Deutungen sind Kommentare des Analytikers zu Äußerungen und Handlungen des Patienten, durch die er ihren unbewußten Sinn bzw. die sich in ihnen andeutenden unbewußten Phantasien, Wünsche und Ängste zu interpretieren versucht. Damit wird der Patient implizit – mindestens im Hinblick auf den gedeuteten Sinn seiner Äußerung – so definiert, daß er meist nicht in vollem Umfang weiß, was er sagt« (SCHRÖTER 1979, S. 179).

Dimension
Aufteilung des Forschungsgegenstandes nach thematischen Gesichtspunkten. »Konstruktion von Grundproblemen der Beobachtung«. Demgegenüber sind die »Kategorien« die »differenzierte Bestandsaufnahme der einzelnen Ausdrucksformen« innerhalb einer Dimension (RUST 1983, S. 92).

Dimensionen des dramatischen Prozesses
Im Kodierungssystem der Erzählanalyse *Jakob* werden fünf Dimensionen unterschieden, in die die Verben und Verbausdrücke eingeordnet werden. Diese Dimensionen sind:
- Attraktion/Sympathie
- Vollzug
- Motivation
- Aktivität
- Interaktion

Diskurs
»Zusammenwirken von sprachlichen, interaktiven und interpretativen

Aktivitäten im Prozeß der Verständigung« (FLADER u. SCHRÖTER 1982, S. 10).

Linguistische **Diskurs**analyse
untersucht die »interaktionellen Leistungen der Sprache«. Neuere »Forschungsrichtung der Linguistik, die Ansätze der Sprechakttheorie und der Ethnomethodologie bzw. Konversationsanalyse aufgenommen hat, untersucht die Komplexität der regelgeleiteten Sprech- und Höraktivitäten, die den Prozeß der Kommunikation als eine gemeinschaftliche Handlung herstellen. »Diskurs« wird dabei gefaßt als das Zusammenwirken von sprachlichen, interaktiven und interpretativen Aktivitäten im Prozeß der Verständigung« (FLADER u. SCHRÖTER 1982, S. 9f.).

Psychoanalyse als linguistische **Diskurs**analyse
Psychoanalyse als soziale Institution, »bei der eine externe und eine interne Sicht zu unterscheiden sind. Aus externer (d.h. hier: gesellschaftlicher) Sicht können therapeutische Verfahren ... als Antworten der Gesellschaft auf bestimmte historische psychische Probleme begriffen werden, die sich in ihren Lebensbedingungen ergeben ... Aus interner (diskurslinguistischer) Sicht werden die Strukturformen des therapeutischen Gesprächs, die unabhängig von den beteiligten Personen (Analytiker und Patient) auftreten und diskurstypischen Charakter haben, als »organisatorische« Lösungen der Aufgabe begriffen, die aufgrund der therapeutischen Ziele an den Gesprächsvorgang gestellt sind« (FLADER u. SCHRÖTER 1982, S. 10).

doings/happenings/states
doings: Hiermit werden Verbausdrücke bezeichnet, die ein Handeln beschreiben (vergleiche »happenings« und »states«).
happenings: Hiermit werden Verbausdrücke bezeichnet, die ein Geschehen (passiv »Erduldetes«) beschreiben.
states: Hiermit werden Verbausdrücke bezeichnet, die Zustände beschreiben (nach VAN DIJK, 1980).

Drama
Darstellende Sprache in dialogisch-körperlich gezeigter Handlungsentwicklung mit Anfangs- und Schlußinterpunktion. Die Erzählung verwendet darstellende Sprache mit Anfangs- und Schlußinterpunktion; hier tritt jedoch ein Regieführer (oder »Mittler« nach STANZEL 1988) aktiv in den Vordergrund; die auch in der Erzählung zentralen dialogisch gestalteten Figurenrollen werden außschließlich von der Erzäh-

ler-Person in der Rolle einer Ich-Figur oder gegebenenfalls anderer Figuren übernommen.

Dramatische Aufbaueinheiten
Die Zerlegung der Episode erfolgt in der Erzählanalyse Jakobs als Aufgliederung in *dramatische Aufbaueinheiten:*
Bühnenraum / Regie
Bühnenpersonal / Bühnenausstattung
dramatischer Prozeß
Diese dramatischen Aufbaueinheiten dienen zur *systematischen rekonstruktiven Aufgliederung* der Erzählung.

dramatischer Prozeß
In dieser dramatischen Aufbaueinheit der Erzählanalyse *Jakob* ist das durch Verben bestimmte sprachliche Material erfaßt.

Dramaturgie
Traditionell die Lehre von den Form- und Wirkungsgesetzen des Dramas. Seit GOFFMAN (1959) Bezeichnung für einen in sozialwissenschaftlicher Perspektive entwickelten Denkansatz zur Erschließung alltäglicher sozialer Verkehrsformen und alltäglicher Selbstverständigung. Dieser Denkansatz begreift das Leben als eine Art »Theater«, in dem sich eine »show« abspielt, die von Akteuren »inszeniert« wird (MESSINGER et al. 1962). Identität und Beziehung entstehen in dieser Perspektive aus einer Fülle sich wiederholender und verzweigender Inszenierungen, zu denen sich der Akteur affirmativ oder distanzierend ins Verhältnis setzt (BRISSETT u. EDGLEY 1990).

dramaturgischer Sprachmodus
Beim dramaturgischen Sprachmodus handelt es sich um Techniken des Sprachgebrauchs, die sich dadurch auszeichnen, daß Worte verwendet werden, um auf der Ebene der Sprache eine dramatische Szene oder Szenen-Einstellung mit neudefiniertem Schauplatz und neudefiniertem Kontext herzustellen. Dies impliziert, daß der sprachliche Bauplan inklusive Wortwahlen im Prinzip nicht austauschbar ist. Auf der Ebene der Erzählung bedeutet das: Sprecher und Hörer schaffen gemeinsam einen imaginären szenischen Ablauf (siehe BÜHLERS deixis am Phantasma, nach FLADER u. GIESECKE 1980), eine dramatische Bühneninszenierung (GOFFMAN 1977; WALTER 1986) mit Hilfe *sprachlich-gestischer Mittel*, die sich als *multiperspektivische, identifikatorische, implizite Rollenübernahme* etabliert. Das erzählend Gezeigte und erzählend neu inszenierte Geschehen wird sprachlich als sequentielle

Struktur dargeboten; es bildet eine *geordnete Ganzheit mit intern aufeinander verweisenden und intern voneinander abhängigen Teilelementen.* Erzählendes Zeigen ist nicht zu verstehen als Fall von »Hindeuten«, hier auf etwas Imaginäres; es handelt sich vielmehr um ein sprachliches *Zeigen durch Evokation*: Vorgänge, Szenen, Objekte werden für den Autor und Hörer in die spezifische aktuelle Situation »*gerufen*«, und zwar mittels geeigneter Verbalisierungen.

Dynamik der autobiographischen Alltagserzählung
Die Erzähler-Person erschafft rekonstruktiv die Dramaturgie ihres Lebens; das heißt, dramaturgische Konstellationen mit Ereignischarakter werden in thematisch verknüpftem Zusammenhang für einen real vorhandenen oder vorgestellten Hörer zur Darstellung gebracht. Sprecher und Gesprächspartner verstehen den thematischen Zusammenhang durch Identifikation, das heißt, durch kreative Ausführung der dramaturgischen Anweisungen. Die Art der Selbstvergewisserung über das eigene »Sein in der Welt« erfolgt in der Erzählung auf dem Weg der Gestaltung einer dramatischen Episode bzw. einer verbundenen Episodenstruktur. Diese Episode ist thematisch organisiert (sie impliziert ein subjektives Thema); und *die Sequenz organisiert sich als gestaltete dramatische Spannung zwischen einem »Sein« und einem »Sollen«.*

in effigie
bildhaft.

egozentrische Perspektive
Das in einer Erzählung Geschilderte verweist auf den Erzähler als Zeigenden, als Mittler zurück. Die Erzählung zeigt eine »schöpferzentrierte« Realität.

Einzelfallanalyse
»Untersuchung, die sich auf die detaillierte Analyse einer Einheit (Person, Organisation, Gemeinde) beschränkt« (LAMNEK 1988, S. 247).

Episode
»... im altgriech. Drama zwischen die Chorgesänge eingeschobene Handlung; (heute) eingeschobene Nebenhandlung im Drama od. Roman; Einschaltung...« (WAHRIG, 1980, S. 1133).
Eine erzählte Handlung innerhalb einer größeren Rede. Im vorliegenden Zusammenhang ist darunter die »platte Abfolge« der Verknüpfungen von Figuren mit Aktivitäten zu verstehen. Die Episode wird aufgeteilt in Handlungsbeginn, -entwicklung und -abschluß. Wenn Beginn

und/oder Abschluß der Episode nicht mit dem Handlungsbeginn oder -abschluß identisch sind, definieren Beginn- und Abschlußmarkierungen die Einheit »Episode«.

episodische Story
In sich geschlossene Erzählung/Geschichte einer Handlungsabfolge, eines Geschehens. Die Story ist ihrer Bauart nach dramatisch.

Ereignis
Das Ereignis ist, zugeschnitten auf die Erzählanalyse *Jakob*, zu verstehen als konturierte sprachliche Episode, die spezifisch inhaltliche Merkmale aufweist, nämlich Einstiegs- und Ausstiegsmarkierungen mit Versetzungsanweisungen in eine dramatisch entwickelte Sequenz. Das Erzähl-Ereignis erfüllt dabei 3 von 4 Merkmalen, die THOMANN (1990) für subjektive Ereignisse herausgearbeitet hat: Das Ereignis ...« ist an das (vom Ereignis sprechende) Subjekt gebunden; ... es enthält eine Bedeutsamkeit für das Subjekt; ... es hat Folgen für das Subjekt« (S. 36). In der Tat sind Ereignis und Ereignisproduzent im Fall der Erzählung nicht unabhängig von einander zu denken; die Erzählung, insbesondere die autobiographische Erzählung, ist von hoher emotionaler Bedeutung; und sie ist schließlich geradezu der Prototyp des auf Folgen oder Konsequenzen gerichteten Ereignisses: Sie wird erzählt, weil sie Destabilisierung und Veränderung zum Ausdruck bringt. THOMANN (1990) bestimmt für das subjektive Ereignis darüberhinaus dessen Überraschungscharakter. Diese Bestimmung ist sehr sinnvoll für alles, was dem Individuum im Hier und Jetzt begegnet. Die Erzählung aber stellt kein Erinnerungs-Ereignis dar; es handelt sich hier um eine Ereignis-Deklaration. Das Moment der Überraschung ist beim Erzähl-Ereignis indirekt gegeben, nämlich durch die Hineinnahme des Destabilisierungsmoments.

Erzählanalyse
Semantische Analyse solcher sprachlicher Inszenierungen, die einen individuellen Handlungs- oder Geschehensverlauf wiedergeben, der als bestimmtes, raum-zeitlich festgelegtes Ereignis vom Sprecher gekennzeichnet wird. Die Analyse erarbeitet organisierende Merkmale der Erzählung als Handlungsmodell.
Reproduktion des Vorfalls beim Erzählen: »Im Erzählen wird der Vorfall sozusagen noch einmal ›nachgestellt‹ und zwar nicht nur propositional, sondern auch illokutiv. Im Erzählen wird eine bestimmte Seite aus der Potentialität des Gesamtverlaufs, nämlich die, in die der Aktant verstrickt war und noch ist, verbal noch einmal repräsentiert. Beide

Kriterien, das der Verbalisierung und das des Nocheinmal-Durchlaufens, fassen wir als ›Reproduktion des Vorfalls‹ beim Erzählen zusammen« (REHBEIN 1980, S. 84).

Erzähl-Ereignis
Subjektives Ereignis (THOMANN 1990, S. 36ff.); Ereignis-Deklaration; Spezialfall eines Erinnerungs-Ereignisses.

Erzählerstandpunkt
Es können drei Erzählerstandpunkte/-perspektiven unterschieden werden:

- Die Position des Erzählenden zum Zeitpunkt des erzählten Geschehens: personengebundene Ereignisbeteiligung, Anweisungen an den Hörer zur Standpunktübernahme, Re-Inszenierung des Geschehenen.
- Die Perspektive des Trägers von Bildern, von denen der Erzähler annimmt, daß sie andere von ihm hegen (soziale Einschätzung der Person des Erzählers durch eine Bezugsgruppe): vom Erzähler unterstellte Allgemeinperspektive.
- Die Perspektive des Erlebenden im Ablauf des Geschehens: subjektives Erleben, Gefühle, Meinungen des Erzählers in bezug auf das erzählte Geschehen (FLADER u. GIESECKE 1980, S. 213-218).

Erzählforschung
Existiert auf poetologischer, soziologischer, linguistischer, historischer, ethnologischer Ebene; noch zuwenig auf psychologischem, besonders psychoanalytischem Gebiet, welch letzteres aufregende Ansatzpunkte böte: vor allem durch die psychoanalytischen Konzepte der »Szene« und »Inszenierung«. Hier liegen Grundmarkierungen für eine »psychoanalytische Sprachwissenschaft« (FLADER u. GIESECKE 1980, S. 209), die freilich weiter fundiert und ausgearbeitet werden müssen:
»Wir gehen davon aus, daß Therapeuten, wenn sie mit einem Patienten ein diagnostisches Erstinterview durchführen, neben vielen anderen Informationsquellen auch die Erzählungen des Patienten zur Bildung eines diagnostischen Urteils heranziehen. Die psychoanalytische Literatur, in der diese alltägliche klinische Praxis beschrieben und theoretisch reflektiert wird, legt die Vermutung nah, daß dieser Prozeß der Infromationsverarbeitung und Urteilsbildung in seinen Details bislang kaum durchschaut ist. Eine besondere Schwierigkeit ist offenbar, mittels der von Sigmund Freud überlieferten Begriffssprache die kommunikativen Erfahrungen des Psychoanalytikers und sein praktisches

Können in diesem Bereich beschreibend zu rekonstruieren« (FLADER u. GIESECKE 1980, S. 210).

Erzählgrammatik
Abgeleitet von einem allgemeinen Textmodell, nach generativer Transformationsgrammatik (VAN DIJK 1976a, 1980). Erzählgrammatik soll »narrative Kompetenz« beschreiben – Regeln sind zu formulieren, »die die Produktion und Rezeption wohlgeformter narrativer Texte ... ermöglichen.« »Die der narrativen Kompetenz entsprechenden Regeln erzeugen abstrakte Tiefenstrukturen narrativer Texte« = Makrostruktur (GÜLICH u. RAIBLE 1977, S. 252). Die sogenannte Globalstruktur einer Erzählung hat fünf elementare Konstituenten: *Orientierung – Komplikation – Evaluation – Auflösung – Coda* (GÜLICH u. RAIBLE 1977, S. 255). Eine wohlgeformte Makrostruktur besteht aus fünf Makro-Propositionen (oder Textoiden).

Erzählperspektive
Die Erzählung als »Medium der Mittelbarkeit« (STANZEL 1988) vermittelt zum einen den Standpunkt des Erzählers gegenüber den Elementen der dargestellten Situation, zum Beispiel durch offene und verdeckte Bewertungen, durch die Art der Bildeinstellung und die Auswahl der sprachlichen Mittel der Auskleidung von Ort, Ausstattung, Personal, Handlung, durch die Herstellung einer spezifischen soziologischen und kulturellen Welt in der Erzählung, die ihre eigenen Selbstverständlichkeiten und Auffälligkeiten hat. Die Erzählung vermittelt zum andern eine mehr oder weniger differenzierte Perspektivik innerhalb des Raumes der Erzählung selbst, indem hier beispielsweise mit den Augen der dort auftretenden Ich-Figur von einem bestimmten raum-zeitlich-situativen Standpunkt aus wahrgenommen wird, aber auch andere Figurenperspektiven eingenommen werden können (nur bedingt in der autobiographischen Erzählung!).

Erzählraum
»Beim Erzählen ist die Reproduktion der Geschichte an die Konstruktion eines gemeinsamen Vorstellungsraums gebunden: er ist vorwiegend szenischer Vorstellungsraum« (REHBEIN 1980, S. 85). Es entsteht ein gemeinsamer imaginierter Raum.

Erzählsituation
(a) Situative Einbettung des Erzähl-Ereignisses: Äußere Umstände (Ort, Zeit, Interaktionspartner), unter denen eine Erzählung erfolgt. (b) In der Erzählung sprachlich hergestellte Situation.

Interaktionssoziologische **Erzählstruktur**
Voraussetzung zum Aufbau der sozialen Interaktion nach Schutz sind drei Idealisierungen:
(1) Orientierung, »Versetzungsanweisung«, die den zeitlich-räumlichen Bezugsparameter markiert
(2) Reinszenierung des Geschehens (am »Phantasma«)
(3) Bestimmung der persönlichen Identität durch Maxime (FLADER u. GIESECKE 1980, S. 215).

Erzähl(text)analyse (geschichtlich)
geht zurück auf VLADIMAR PROPP (1968):
(1) Erzählung wird als Ganzes mit geordneter Menge von Teilen begriffen. Diese Teile werden als Handlungseinheiten gesehen. Diese Handlungseinheiten haben Funktionen bezüglich des Ganzen. Personen interessieren nicht als Charaktere, sondern als invariante Rollenträger.
(2) 2 Analyseebenen: Erzähltext, Handlungssubstrat. Interesse der Erzählanalyse nach PROPP: Handlungssubstrat = Ebene der Funktionen und Sequenzen.
(3) Grundlegend für die Erzählanalyse als Handlungssequenz ist die Subjekt-Prädikat-Beziehung (GÜLICH u. RAIBLE 1977, S. 200f.). Als Nachfolger sind zu erwähnen: LÉVI-STRAUSS, BRÉMOND, GREIMAS, TODOROV.

Erzähltypen (Beispiele)
(1) Glücksgeschichte/Siegesgeschichte: Erzähler inszeniert sich als Erfolgreicher oder Glücklicher.
(2) Erzählung merkwürdiger Begebenheiten: Erzähler inszeniert sich als nicht-durchschauender Beobachter.
(3) Leidensgeschichte: Erzähler ist unschuldiges Opfer. Hier gibt es den abgeschloßenen und den nicht abgeschlossenen Typ: Ersterer signalisiert Resignation, letzterer ist in den Handlungsprozeß der Beschwerde, des Protests eingebunden (s. REHBEIN 1980, S. 66-67).

Erzählung
Mündliche Schilderung, deren Hauptfigur der Erzähler ist, und die ein Ereignis aus der fernen oder nahen persönlichen Vergangenheit des Erzählers zum Gegenstand hat. »Großform des Sprechens ... mit Reproduktionsfähigkeit in verschiedenen Handlungskontexten« (REHBEIN 1980, S. 70).

Kennzeichen einer Erzählung:

- Vergangene Ereignisse, Handlungsabläufe, Geschichten werden dargestellt.
- Einem Ausgangszustand steht ein veränderter Endzustand gegenüber.
- An den erzählten Ereignissen sind belebte, im allgemeinen menschliche Handlungsträger beteiligt (GÜLICH 1976, S. 225; zit. nach RATH 1982, S. 34).

Ablaufschema der **Erzählung**
Es existieren zahlreiche Varianten solcher Schemata (Stichwort: »Erzählgrammatik« bei VAN DIJK). Als Beispiel dient hier das Ablaufschema von FLADER u. GIESECKE (1980, S. 209-262):
1. Themenankündigung
2. Orientierung
3. Ausgangslage ->Verdeutlichung
4. Höhepunkt -> Komplikation
5. a) Problemverdeutlichung
5. b) Lösung
6. Maxime, Moral

Kommunikative Funktionen der **Erzählung**

- Sprecherorientierte Funktionen: Selbstdarstellung, psychische, kommunikative Entlastung
- Hörerorientierte Funktionen: Information, Unterhaltung, Belustigung.
- Kontextorientierte Funktionen: exemplifizierend oder konkretisierend eine Behauptung, einen Vorwurf, eine Rechtfertigung oder zukünftige Handlung des Zuhörers unterstützen beziehungsweise auslösen (QUASTHOFF 1980, S. 136).

Psychosoziale Funktionen der **Erzählung**
(1) Sprecher ermöglicht dem Zuhörer die Teilhabe an eigenen Erfahrungen – diese sind Interaktionserfahrungen.
(2) Entlastungsfunktion der Erzählung: Teilen des eigenen Erlebens, »verstandenes Glied einer menschlichen Gemeinschaft zu sein«. Wer über diese Entlastungsfunktion nicht verfügt, leidet unter einer »sozialen Krankheit« (FLADER u. GIESECKE 1980, S. 212).

Die in der **Erzählung** wiedergegebene Erfahrung vermittelt sich als »partikulares Erlebniswissen« (REHBEIN 1980).

Erzählung versus Bericht
»In Berichten liegt keineswegs eine einfache unbewertete Wiedergabe eines Ereignisses, Vorfalls usw. vor. Bei einem Bericht ist der Sprecher neutral mit dem zu berichtenden Sachverhalt »fertig«: Er hat ihn kategorisiert und damit eine feste Stellung zu dem Vorfall bezogen, ist also nicht mehr direkt in ihn involviert.« Wir sprechen vom »Bericht«, wenn Geschichten vom Resultat her organisiert sind. Im Bericht sind die Geschehnisse kategorisiert (alltäglich/fachspezifisch). Im Bericht organisiert sich die Wiedergabe als Geschehen nach dem beurteilten Informationswert – in der Erzählung nach dem Bezug der Geschehnisse zum »Skandalon« (zitiert und zusammengefaßt nach REHBEIN 1980, S. 83-84).

Ethnomethodologie
»Forschungsrichtung zur Erfassung der alltagsweltlichen Methoden, mit denen die Gesellschaftsmitglieder die tagtäglichen Routineangelegenheiten ihrer Handlungs- und Interaktionspraxis, einschließlich der Praxis wissenschaftlichen Handelns, zu bewältigen suchen und diese Bewältigung einander wechselseitig als normal anzusinnen und zu vermitteln trachten ..., um (auf) die universellen Weisen, in denen die Gesellschaftsmitglieder auf die soziostrukturell institutionalisierten Wissensbestände ... zurückzugreifen, diese situationsspezifisch anzuwenden und dabei in Ad-hoc-Strategien zu reinterpretieren« (FUCHS et al. 1978, S. 248, zit. nach LAMNEK 1988).

Evaluation
Die Erzählung erfüllt neben thematisierenden und profilierenden auch bewertende (evaluierende) Aufgaben.

Evokation
In seiner Erzählung ruft (»evoziert«) der Erzähler in seiner Vorstellung und der des Zuhörers mit Hilfe von Verbalisierungen Vorgänge, Szenen und Objekte hervor.

Externalisierung
Der Erzähler als Dramaturg bedient sich im Sinne der Wunscherfüllung in effigie beziehungsweise der Sicherheitsgewinnung in effigie der Externalisierung: Die emotionalen Motive werden in einem äußeren Geschehen plaziert und dort als konfliktäres Geschehen organisiert. Dieses äußere Geschehen ist als im interpunktierbaren Ablauf eingeschlossen überschaubar. Der Erzähler erreicht so Kontrolle durch Überblick.

Faktizität/Faktisches
Vorgefallenes, Geschehenes, tatsächliches Ereignis. Faktisches dient in der Erzählung nur als Anknüpfungspunkt, nicht als Prüfinstanz; Erlebtes wird thematisch organisiert, das heißt, im Interesse subjektiver Aneignung dargestellt. Erzählerisch geschaffene Wirklichkeit wird aus Identifikationen des Erzählers mit seinen Figuren, besonders der Ich-Figur, dargeboten, und dieses Zeigen und Sich-Selbst-Zeigen bedeutet zugleich ein Spektrum von Identifikationsangeboten für den/die Hörer. In dieser doppelten – subjekt- und objektgerichteten – identifikatorischen Funktion liegt das Charakteristikum der Erzähl-Form begründet, *zugleich ein Allgemeines und ein Subjektiv-Persönliches zu repräsentieren.*

Funktionsrahmen
(Abstraktes) Regelsystem, innerhalb dessen sich eine Aktivität ereignen kann. So stellen zum Beispiel die einzelnen Spielzüge eines Spiels seine Funktionen dar. Die Funktionen sind die Regeln eines Spiels; sie geben allerdings keinen Aufschluß darüber, wie das individuelle Spiel vollzogen wird. Der Funktionsrahmen stellt den Kontext innerhalb dessen sich ein Ereignis vollzieht dar.

Gefühlsausdruck
Es ist zu unterscheiden zwischen »Gefühlsausdruck« und »Gefühlsmitteilung«. Ein Gefühl hat eine unmittelbare expressive und eine deskriptive Komponente. Die expressive Komponente (»Gefühlsausdruck«) umfaßt das unmittelbare emotionale Erleben und dessen Ausdruck.

Gefühlsmitteilung
Im Gegensatz zum Gefühlsausdruck stellt die Gefühlsmitteilung eine Abstraktion vom unmittelbaren emotionalen Geschehen dar. In der Gefühlsmitteilung wird ein Gefühl beschrieben, verbal einem Gegenüber vermittelt.

Gruppendiskussion
(Interview)-Methode, bei der mehrere Personen gleichzeitig befragt werden. Das Ziel besteht unter anderem darin, Gruppenprozeße zwischen den Befragten zu initiieren und zu untersuchen (LAMNEK 1988, S. 249).

Handlung
Ein spezieller Handlungstyp, das zielgerichtete Handlen, wird durch

Cranach et al. (1980) wie folgt definiert: »Wir verstehen darunter ein Verhalten, das (wenigstens zum Teil) bewußt, auf ein Ziel ausgerichtet, geplant und beabsichtigt (intendiert, gewollt) verläuft. Eine Einheit des Handelns, die sich durch ihre Ausrichtung auf ein bestimmtes Ziel kennzeichnen läßt, bezeichnen wir als ›Handlung‹« (S. 24). Große Bereiche dessen, was wir im Alltag als Handeln bezeichnen, kann freilich nicht sinnvoll als durch Zielorientierung organisiert beschrieben werden; – etwa so unterschiedliche Fälle wie Spazierengehen, Klavierspielen, Lesen, Beobachten, Predigen. Allen diesen Beispielen von »Handlung« kommt episodischer Charakter zu; die Durchführung verlangt Intelligenz, zum Teil Kreativität; Handlungen bedürfen eines sozialen Kontextes. Weiter gehen die Gemeinsamkeiten nicht. Das Konzept der Handlung bildet eine vielköpfige »Familie« (Wittgenstein 1967) mit vielen Verzweigungen, deren Mitglieder untereinander unterschiedliche Grade von »Familienähnlichkeit« aufweisen.

Handlungsbeschreibung

Inwieweit können strukturierte Handlungabläufe als Substrate für Erzähltexte angenommen werden – oder werden Strukturen von Handlungsabläufen erst durch sprachliche Formulierung sichtbar?

Handlungsbeschreibung = Menge von Handlungssätzen

Handlungssatz = mindestens ein Handlungsprädikat + als Argument mindestens ein Name für Agens. »Sätze mit Verben, die Zustände oder Vorgänge beschreiben, oder Sätze ohne belebtes Subjekt sind demnach keine Handlungssätze. Einen unklaren Status haben solche Sätze, die Gemütsbewegungen wiedergeben oder solche Vorgänge, die unter Umständen vom Handelnden kontrolliert oder absichtlich herbeigeführt werden können« (Gülich u. Raible 1977, S. 263). Ein narrativer Handlungsdiskurs zeichnet sich dadurch aus, »daß nicht nur Handlungen, sondern auch Gemütsbewegungen wiedergegeben werden, die relevant für Handlungen sind, sie also zum Beispiel motivieren oder erklären. Ebenso werden Zustände beschrieben, die den Rahmen (setting) für eine Handlungsbeschreibung bilden, oder Ereignisse, die die Bedingungen für Handlungen darstellen« (S. 264). Nicht alle Handlungsbeschreibungen sind Erzählungen. Daher gelten Zusatzbedingungen, besonders die spezifische Einbettung in den kommunikativen Kontext. Erzählungen haben praktische (Erfahrungsmodell) und emotionale (Hörerresonanz) Funktionen (zitiert und zusammengefaßt nach Gülich u. Raible 1977, S. 265).

Handlungsmodell

Einfache Erzählungen wie beispielsweise Märchen werden als prototypische Sequenzen dargestellt. BRÉMOND entwickelt ein dreiphasiges Modell:

Ausgangszustand → eigentlicher Handlungsprozeß → Ergebnis der Handlung

Im Vergleich nimmt DUNDES zwei Phasen an: Mangel → Behebung des Mangels

PROPP stellt ein dreiphasiges »Mangel«-Modell vor: Mangel → Unternehmen zur Behebung → behobener Mangel.

»Handlungsprozeß« oder »elementare Sequenz« nach BRÉMOND (1964):

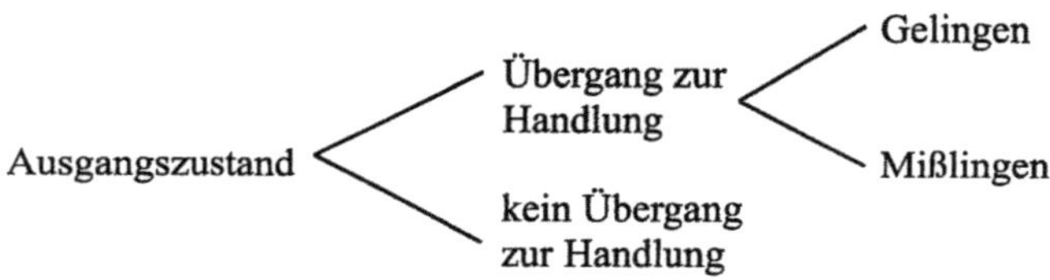

Elementare Sequenzen lassen sich zu komplexeren Einheiten verknüpfen.

(a) Reihung elementarer Sequenzen
(b) Einbettung elementarer Sequenzen
(c) gleichzeitige Entwicklung zweier elementarer Sequenzen:
  – Typologie von Handlungsrollen (zum Beispiel Verhinderer, Verbesserer)
  – Lexikon von Handlungsprozessen (zusammengestellt nach GÜLICH u. RAIBLE 1977, S. 206).

Handlungsorientierung

In der Erzählung kommt eine Handlungsbereitschaft bzw. kommen bevorzugte Handlungsmuster zum Ausdruck. Die Erzählung inszeniert das Modell einer inneren Handlungsorientierung.

Elemente einer **Handlungstheorie**

VAN DIJK definiert »Handlung« durch »Veränderung« und »Intentionalität«. »Eine Handlung liegt dann vor, wenn eine Person mit einer bestimmten Intention und zu einem bestimmten Zweck die Veränderung eines Zustands bewirkt«. Intentionalität unterscheidet »actions« von »doings«. Zu »actions« gehören »preventions«, »forbearances«, »lettings«.

	Veränderung eines Zustands	Verhinderung einer Zustandsveränderung
herbeiführen	action	prevention
unterlassen	forbearance	letting

(dargestellt nach GÜLICH u. RAIBLE 1977, S. 261f.).

Ich-Figur
Hier handelt es sich um diejenige Figur innerhalb der autobiographischen Erzählung, welche die Aufgabe hat, die Person des Erzählers im Raum des Erzählten darzustellen. Sie darf nicht mit dem Erzähler verwechselt werden.

Inhaltsanalyse (Aussagenanalyse)
»Verfahren zur Erfassung feststellbarer Eigenschaften von Kommunikationsinhalten, wobei sowohl der manifeste als auch der latente Inhalt untersucht werden kann. Inhaltsanalysen können unter quantitativer wie auch unter qualitativer Zielsetzung durchgeführt werden« (LAMNEK 1988, S. 251). Ablaufschema klassischer Inhaltsanalyse (FISCHER 1982, S. 189):

- Bildung zu analysierender Einheiten in den Rohdaten (unitizing)
- Auswahl der Einheiten für Analysezwecke (sampling)
- Zuordnung der Einheiten zu den Kategorien (coding)
- Reduktion der kodierten (kategorisierten) Daten auf statistische Indizes
- Schlüsse von den Daten auf Gegenstände außerhalb des Inhalts
- Analyse
- Validierung des Analyseresultats an anderen Datensätzen oder Kriterien

Initialerzählung
Die erste spontan vorgebrachte Erzählung in der psychotherapeutischen Situation.

Sprachliche **Inszenierung**
Hier festgelegt als interessengelenktes, zum »Drama« gestaltetes Modell einer Interaktion, realisiert in sprachlicher Darstellung, durch eine Person, den Erzähler, gerichtet an ein Publikum, den Zuhörer.

intentionale Perspektive
Die Erzählung wird im Sinne der spezifischen Interessen des Erzählers organisiert und kontrolliert. Sie gibt die Situationsauffassung des Erzählers wieder; seine Perspektive strukturiert die erzählte Situation. Man kann die intentionale Perspektive mit dem »Thema« gleichsetzen.

Intentionalität
»Als vorbereitende Formulierung mag dies dienen: Intentionalität ist diejenige Eigenschaft vieler geistiger Zustände und Ereignisse, durch die sie auf Gegenstände oder Sachverhalte in der Welt gerichtet sind oder von ihnen handeln.« (SEARLE 1987, S. 15).

»Worin genau besteht die Beziehung zwischen intentionalen Zuständen und den Gegenständen und Sachverhalten, auf die sie in irgendeinem Sinn gerichtet sind oder von denen sie handeln? Was für eine Art von Beziehung wird denn eigentlich »Intentionalität« genannt, und wie können wir Intentionalität erklären, ohne Metaphern wie »gerichtet« zu benutzen? Man beachte, daß Intentionalität keine gewöhnliche Beziehung sein kann, keine Beziehung wie Auf-etwas-Sitzen oder Etwas-mit-der-Faust-Schlagen. Denn bei sehr vielen intentionalen Zuständen kann es ja sein, daß ich in dem intentionalen Zustand bin, ohne daß der Gegenstand oder Sachverhalt überhaupt existiert, auf den der intentionale Zustand »gerichtet« ist. Ich kann hoffen, daß es gerade regnet, auch wenn es gerade nicht regnet, und ich kann glauben, daß der König von Frankreich eine Glatze hat, auch wenn es gar keinen König von Frankreich gibt« (SEARLE 1987, S. 18f.).

Interaktion
»Interaktion« ist eine der fünf Dimensionen des dramatischen Prozesses. Sie umfaßt Verben der Beziehung und Kommunikation mit inneren und äußeren Objekten, zum Beispiel sich unterwerfen, gehorchen, bestimmen.

Interaktionskompetenz
»Für das Erzählen sehen wir das Bedürfnis als grundlegend an, den Alleinbesitz eines wichtigen Erlebnisses aufzuheben, indem einem anderen Menschen die Teilnahme daran ermöglicht wird. Als Sinnfunktion des Erzählens betrachten wir die Befriedigung dieses Bedürfnißes in einer kommunikativen Interaktionsform« (FLADER u. GIESEKKE 1980, S. 212).
»Wir nehmen aber an, daß das Erzählen in unserer Kultur eine unverzichtbare Interaktionsform für jedes Mitglied der Kommunikationsgemeinschaft ist. Menschen, die über diese Interaktionsform nicht oder

nur ungenügend verfügen, fehlt ein Stück unverzichtbare Interaktionskompetenz« (FLADER u. GIESECKE 1980, S. 212).

interaktives Element
In den interaktiven Elementen einer Erzählung finden sich alle Formen der Beziehungsaufnahme des Erzählers zum Zuhörer.

Interpunktieren/Interpunktion
Zeichensetzung. Im vorliegenden Zusammenhang ist darunter im systemtheoretischen Sinn der Prozeß zu verstehen, durch den ein Ereignis Prägnanz erhält, aus einem Geschehensfluß als prägnant eingegrenztes Ereignis hervortritt.

Kategorie
»... die letzten inhaltlichen Bezugspunkte der Inhaltsanalyse. Kategorien stellen die ›inhaltliche Auswahl‹ aus einem prinzipiell unendlichen Universum von Aspekten dar. Inhaltliche Fokussierung: strukturelle Aspekte des Samples« (RUST 1983, S. 89).
Die verwendeten Kategorien müssen 3 Bedingungen erfüllen:
(1) vollständige Repräsentation der Fragestellung,
(2) deutliche Abgrenzung untereinander,
(3) eindeutige Formulierung (RUST 1983, S. 90).

Kern/Rahmen
Eine Erzählung enthält:
- szenische Elemente = dramatischer Handlungs-/Geschehensablauf
- narrative Elemente = Schilderung des Handlungs-/Geschehensablaufs
- deskriptive Elemente = orientierende Wiedergabe von Situationsaspekten
- kommentierende Elemente = Beurteilung des szenisch, narrativ, beschreibend Wiedergegebenen durch den Erzähler
- interaktive Elemente = Formen der Beziehungsaufnahme zum Hörer im Erzählungsablauf

Szenische und narrative Elemente werden als Kernelemente, die übrigen als Rahmenelemente der Erzählung bezeichnet.

Klassifikation
Qualitative Bestimmung eines inhaltlichen Aspektes mit Hilfe von Kategorien (RUST 1983, S. 365).

Kodierung
»Prozeß der Zuordnung von in Untersuchungseinheiten zerlegten Texten mit Hilfe entwickelter Kategoriensysteme und Skalen« (RUST, 1983, S. 362).

Kognitives Schema
Nach BARTLETT (1932) weiterentwickelt von Kognitionstheoretikern: MINSKY 1975; RUMELHART 1975; SCHANK u. ABELSON 1977; WINOGRAD 1972. Schemata sind Bausteine unserer kognitiven Repräsentation der Welt. Gebildet aufgrund von Erfahrungen, stellen sie typische Zusammenhänge in einem Realitätsbereich dar. »Der Aufbau einer Wissensstruktur läßt sich somit als Aktivierung von Schemata betrachten, wobei deren Leerstellen durch geeignete Konzepte ausgefüllt werden. Propositionen sind demnach kognitive Schemata mit ausgefüllten Leerstellen« (SCHNOTZ 1982, S. 232).

kommentierendes Element
In kommentierenden Elementen tritt der Erzähler gleichsam aus der Erzählung heraus, um das szenisch, narrativ, deskriptiv (vgl. die entsprechenden Einträge) Wiedergegebene zu beurteilen.

Kommunikationswissenschaftlicher Analyseansatz
Grundlagentheoretische Konzepte und Analysemethoden des symbolischen Interaktionismus, der phänomenologischen Soziologie, der Ethnomethodologie/Konversationsanalyse und der Ethnotheorien (FLADER u. SCHRÖTER 1982, S. 12).

Komplikation
Zwischen dem Ausgangs- und dem Ergebniszustand einer Erzählung liegt eine verändernde Bewegung, die in der Erzählforschung oft als »Komplikation« bezeichnet wird.

psychischer **Konflikt**
»Bei der Konzeption des ›pathogenen psychischen Konflikts‹ handelt es sich um ein motivationales Modell, in dem eine psychische Strebung einer zweiten, welche erstere hemmt, entgegensteht. Bei der 1. psychischen Strebung handelt es sich meist um einen ›Wunsch‹, welcher spezifischen Beziehungskonstellationen in Verbindung mit spezifischen Bedürfnissen aus der frühen individuellen Kindheitsentwicklung entstammt. Dieser ›Wunsch‹ wird gehemmt durch eine entgegengesetzte Strebung, nämlich einer spezifischen Gefahrenangst, die Erfahrungen mit spezifischen Beziehungskonstellationen aus der frühen individuel-

len Kindheitsentwicklung entstammt. Weder die 1. noch die 2. Strebung gewinnt in der Konfliktspannung letztlich die Oberhand, sondern es kommt zur Bildung eines ›neurotischen Kompromisses‹, der als psychische Ersatzbildung (meist im Symptom) für die ursprünglich gewünschte Befriedigung (= 1. Strebung) bzw. die ursprünglich forcierte Unterdrückung (= 2. Strebung) dient und so eine partielle Befriedigung beider widersprüchlicher Strebungen erreichen soll, was aber zwangsläufig scheitern muß« (HOFFMANN u. HOCHAPFEL 1979, S. 49).
Beispiel: »Als Konversionssymptom relativ selten sind spastische Störungen. Das nachstehende Fallbeispiel ist ein eindrucksvolles Bild, weil die Patientin in ihrem sprachlichen Ausdruck den Symbol-Gehalt des Symptoms darstellen kann: Eine 24jährige Studentin leidet an einem Schiefhals (Torticollis spasticus). Dem Therapeuten, den sie aufsucht, schildert sie rasch biographische Aspekte. Die Eltern hätten einen kleinen Laden gehabt. Deswegen sei immer nur wenig Zeit für sie selbst dagewesen. Sie habe auch oft im Laden aushelfen müssen. In den letzten Semesterferien sei sie wieder zu Hause gewesen, und man habe wieder wie selbstverständlich erwartet, daß sie im Laden mit bediene. Dabei sei ganz plötzlich das Symptom aufgetreten: ›Ich rein in den Laden, der erste Kunde kommt rein und der Hals zieht zur Seite ... und ich natürlich von dem Moment an kein' Schritt mehr in den Laden! Stellen Sie sich die Aufregung vor!‹ Hier hat das Konversionssymptom des Schiefhalses noch ganz klassisch die Ausdruckbewegung der Verneinung: Die Patientin verweigert sich als erwachsene Frau den Eltern. Diese Verweigerung wird direkt im Symptom symbolisiert. Die Patientin hat dabei ein eindrucksvolles Gespür für die unbewußte Determinierung ihres Symptoms. Zum Therapeuten: ›Sie meinen doch nicht, daß ich deswegen die Schmerzen im Hals habe, weil ich etwas Unangenehmes damit abbiegen will!‹ Genauso, wie sie es in der Verneinung ausdrückt, verhält es sich in diesem Beispiel. Die Patientin verbiegt den Hals, um etwas für sie Unangenehmes damit abzubiegen. Es sei erwähnt, daß die weitere Therapie noch erhebliche, insbesondere ödipale Konflikte aufdeckte, die in charakteristischer Weise das Symptom mit determinierten« (HOFFMANN u. HOCHAPFEL 1979, S. 108; siehe auch MENTZOS 1982, S. 77).

Konstellationen
In der Erzählung sind gewisse Beziehungen zwischen Akteuren und Objekten angelegt (vgl. »Bühnenraum«).

Konversations- und narrationsstruktureller Ansatz
Grundlage: Text = Dokumentation eines Interviews, vorzugsweise nar-

ratives Interview. Auswertung durch Konversationsanalyse = Rekonstruktion von Zugzwängen und Ablaufmustern des Gesprächs. Man schließt – nach SCHÜTZE (1977) – in der Auswertung »aus zufälligen Schwankungen im Detaillierungsgrad und aus sonstigen »Durchbrechungen« des Erzählschemas auf mangelnde Konstanz und Inkongruenzen der Wirklichkeitskonstruktion im Erzählprozeß ... Kritische Stellen im Konstruktionprozeß aber indizieren nach Schütze auch kritische Stellen in der biotherapeutischen Wirklichkeit«. (LAMNEK 1988, S. 34f.)

Lexikalische Analyse
Die Analyse der individuellen Wortwahlen, die ein einzelner Erzähler im Aufbau seiner Geschichte vorgenommen hat.

Lexikalische Wahl
Wortwahl, individuelle Wahl eines konkreten verbalen Ausdrucks innerhalb einer Äußerung.

Linguistik, Sprachphilosophie, Ordinary language Philosophie
»Ich unterscheide zwischen Sprachphilosophie und linguistischer Philosophie. Die linguistische Philosophie stellt den Versuch dar, bestimmte philosophische Probleme dadurch zu lösen, daß sie auf den gewöhnlichen Gebrauch einzelner Wörter oder anderer Elemente in einer bestimmten Sprache achtet. Die Sprachphilosophie stellt den Versuch dar, zu philosophisch aufschlußreichen Beschreibungen bestimmter allgemeiner Sprachmerkmale – wie zum Beispiel: Referenz, Wahrheit, Bedeutung und Notwendigkeit – zu gelangen, und sie beschäftigt sich nur beiläufig mit bestimmten Elementen einer einzelnen Sprache, obwohl ihre eher empirische und rationale als apriorische und spekulative Forschungsmethode sie natürlich dazu zwingt, genauestens auf die Tatsachen der natürlichen Sprachen zu achten. »Linguistische Philosophie« ist primär der Name für eine Methode, »Sprachphilosophie« der für einen Gegenstand ... Die Linguistik versucht die jeweiligen Strukturen – phonologischer, syntaktischer und semantischer Art – der natürlichen menschlichen Sprachen zu beschreiben. Die »Daten« der Sprachphilosophie stammen gewöhnlich aus den natürlichen menschlichen Sprachen, aber viele der Schlüsse – zum Beispiel in bezug darauf, was heißt, etwas ist wahr oder stellt eine Behauptung oder ein Versprechen dar – müßten, wenn sie richtig sind, für jede Sprache gelten, in der Wahrheiten oder Behauptungen oder Versprechungen vorkommen. In diesem Sinne geht es nicht um einzelne Sprachen wie Französisch, Englisch oder Suaheli, sondern um die Sprache« (SEARLE 1971, S. 12-13).

Lust/Unlust
Die Aktivität der Herstellung einer mehr oder weniger deutlich umrissenen Erzähl-Gestalt begründet sich in der Tendenz, *Unlust zu vermeiden*; hier orientiere ich mich an einem psychoanalytischen Kernpostulat, das zwar umstritten ist, aber gleichwohl hohe anthropologische Plausibilität für sich beanspruchen kann (LAPLANCHE u. PONTALIS 1972, S. 267ff.). Dieser Tendenz entsprechend weicht man dem, was Unbehagen macht, nach Möglichkeit unmittelbar aus. Die Konservierung dessen, was Lust oder Behagen macht, ist in dieser Sicht als *sekundäre Leistung* zu würdigen; sie entspricht in ihrer ursprünglichen Form der strategischen Abwehr unlustvoller Spannung durch das, was FREUD (1900, S. 570ff.) als »halluzinatorische Wunschbefriedigung« kennzeichnete: Die *Neudefinition* der Situation mit den Mitteln des Phantasierens, und zwar so, daß der Unlustcharakter der realen Befindlichkeit durch die Vorstellung, wenigstens vorübergehend, *aufgehoben* wird. Auf dieser Basis markieren sich die individuell je besonderen Lust-Unlust-Bezirke subjektiven Erlebens, im Sinne der bereits erwähnten Aktivität des *Unterschiede-Herstellens*, die den Raum des Psychischen entfaltet.

Hierarchie der **Makro**-Kategorien (VAN DIJK 1974)

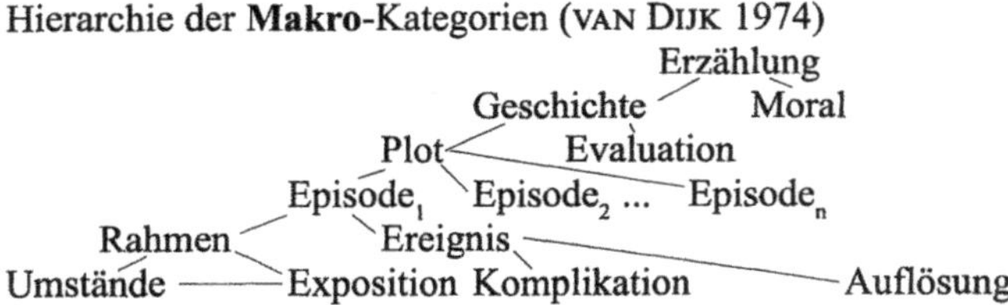

Medium der Mittelbarkeit
Das erzählende Zeigen macht den Erzähler als Mittler (= Regisseur und Bewerter) sichtbar (STANZEL 1988). So ist die Erzählung eine kommunikative Form, die eine Neuinszenierung als dramatischen Verlauf präsentiert und zugleich einen sich beteiligenden und sich distanzierenden Hersteller und Betrachter dieser Situation.

Modellierung
Formung, Gestaltung. Konturierung psychischer Funktionen innerhalb einer sozialen Gestalt. Bei der autobiographischen Alltagserzählung werden im Rahmen der Erzählanalyse *Jakob* vier Modellierungsleistungen unterschieden:

- Die Erzählung modelliert eigene Identität vor dem sozialen Gegenüber (soziale Integration).
- Die Erzählung modelliert Situationen im Licht einer spezifischen, meist konfliktären, Wunscherfüllungstendenz (Lustprinzip).
- Die Erzählung repariert Desintegration und Destabilisierung in Richtung auf ein organisiertes verfügbares Ganzes (Verwandlung von Passivität in Aktivität).
- Die Erzählung aktualisiert Vergangenes und stellt damit Verbindung zur gegenwärtigen Situation her (Erinnerung).

Monoperspektivität/Multiperspektivität
Eine Erzählung kann vom Standpunkt der Ich-Figur ausgehend entwickelt werden (monoperspektivisch). Oder sie differenziert verschiedene Figurenperspektiven aus (multiperspektivisch). Letzteres ist nur in als fiktiv deklarierten Geschichten möglich. Das Einnehmen der Perspektiven von Nicht-Ich-Figuren ist in autobiographischen Alltagserzählungen nur annäherungsweise möglich, zum Beispiel durch Formulierung von Hypothesen des Erzählers, der sich als Regisseur einschaltet, zum Beispiel »Da wird er gedacht haben, der spinnt wohl«.

Motiv
Thematisches Element einer sprachlichen Gestalt: »Das kleinste Element einer Erzählung, das die Kraft hat, sich in der Überlieferung zu erhalten« (FRENZEL 1966, S. 27f.).

Motivation
»Motivation« ist eine der fünf Dimensionen des dramatischen Prozesses. Sie umfaßt Verben, die Zielorientierungen angeben, zum Beispiel: wollen, wählen.

narratives Element
Narrative Elemente einer Erzählung schildern den Handlungs-/Geschehensablauf. Im Gegensatz zum szenischen Element, das das Geschehen an sich meint, wird das Geschehen im narrativen Element geschildert oder beschrieben.

strukturalistische Narrativik (Erzählforschung)
»Forschungsbereich der → Textlinguistik, der sich mit der Analyse und Typologie von Erzähltexten befaßt, das heißt, von Geschichten, Alltagserzählungen, Märchen, literarischen Erzählgattungen unter an-

derem. Die N. hat sich nach Anfängen im russischen Formalismus (V. Propp) aus der Erzähltheorie der strukturalistischen Literaturwissenschaft (R. Barthes, C. Brémond) entwickelt und nimmt heute eine Mittlerstellung ein zwischen Linguistik und Literaturwissenschaft. Ansatzpunkt der Forschung ist die Annahme abstrakter, den Erzähltexten zugrundeliegender → Narrativer Strukturen, die hierarchisch aus narrativen Kategorien aufgebaut sind und sich zum Beispiel in Form von → Geschichtengrammatiken beschreiben lassen« (BUSSMANN 1990, S. 512).

Objektive Hermeneutik
Das »Verfahren zielt darauf ab, in Interaktionen emergierende Bedeutungsstrukturen, die von den beteiligten Subjekten nur teilweise intendiert oder nachträglich realisiert werden, sowie den selektiven Umgang der Subjekte mit diesen Strukturen zu rekonstruieren« (FLADER u. SCHRÖTER 1982, S. 12).

personal-emotionale Involviertheit
Gefühlsmäßige Betroffenheit des Erzählers, und zwar nicht als mitfühlend schildernder Beobachter, sondern als direkt beteiligte Person.

Positionierung
Innerhalb des imaginierten Raums, den eine Erzählung beschreibt, sind die Akteure und Objekte positioniert, nehmen Positionen ein.

Präsenz
Durch die Erzählung wird vergangenem Geschehen Gegenwärtigkeit (»Präsenz«) verliehen. Vergangenes wird gegenwärtig, ist »anwesend« im Hier und Jetzt.

Pragmatik/Pragmalinguistik
»Wie Semantik und Syntax Komponente der allgemeinen Zeichentheorie (= Semiotik). Behandelt die Beziehung zwischen Zeichen und Zeichenbenutzern. Pragmalinguistik wird auch als Textlinguistik bezeichnet, weil in Texten die Rolle des Sprachbenützers besonders deutlich ist. Zur Pragma- oder Textlinguistik gehören Konzepte wie Intention, Zweck der Kommunikation, Rollenbezug der Kommunikationspartner, variabler Kontext, Kommunikationsstrategien, nonverbale Kommunikation. Programmatisch für die Pragma- oder Textlinguistik sind Texttheorie, Sprechakttheorie« (DORSCH 1982, Stichwort: Pragmatik).

Profilierung
In der Erzählung wird für die Entwicklung des Handlungsablaufs Wesentliches herausgehoben. Wesentliche Aspekte oder Komponenten erhalten Profil.

Typologie **qualitativer** Sozialforschung
Drei Perspektiven:
(1) Nachvollzug subjektiv gemeinten Sinnes,
(2) Deskription sozialen Handeln und sozialer Milieus,
(3) Rekonstruktion deutungs- versus handlungsgenerierender Tiefenstrukturen (LAMNEK 1988, S. 32).

Quantifizierung
»Transformation der qualitativen Eigenschaften des Untersuchungsgegenstandes in metrischen Einheiten, von denen man begründet annehmen kann, daß sie eine Repräsentation der Verteilung von Merkmalen oder der Intensität von Merkmalausprägungen darstellen. Die Begründung der Transformation obliegt dem Validierungsverfahren« (RUST 1983, S. 368).

Regie
Alles, was sich in der erzählerischen Darbietung außerhalb der Abwicklung des situationsverändernden Prozesses abspielt, wird mit dem Begriff »Regie« bezeichnet.

Reliabilität
Allgemein: Verläßlichkeit der Forschungsinstrumente. Spezifisch: (Meist) statistisch ermittelter Grad der Genauigkeit eines Meßinstruments und der übereinstimmenden Handhabung dieses Instrumentes durch die Forscher (RUST 1983, S. 368).

Reorganisation
In der Erzählung wird nachträglich ein traumatisierendes oder euphorisierendes Erlebnis aktiv gestaltet, rekonstruiert und somit integriert. Dies trägt zur Erregungssenkung und Stabilisierung bei.

Repräsentation von Wissensstrukturen bei Texten
»Systeme zur Repräsentation von Wissensstrukturen bei Texten wurden – beeinflußt von Modellen zum semantischen Gedächtnis – unter anderem von KINTSCH (1974) ... entwickelt.« Gemeinsamer Grundgedanke: »Das darzustellende Wissen wird in Sinneinheiten (sogenannte Propositionen) zerlegt. Diese bestehen aus Begriffen, die miteinander

durch semantische Relationen verbunden sind. Die Propositionen sind ihrerseits wieder durch bestimmte Relationen zu einem integrierten Ganzen verknüpft, das die betreffende Wissensstruktur repräsentiert. Die Darstellung kann graphisch mit Hilfe von Netzwerken erfolgen, in denen Knoten für Begriffe und Pfeile zwischen den Knoten für semantische Relationen stehen« (SCHNOTZ 1982, S. 221).

Resonanz
Mitfühlendes, mitschwingendes Zuhören.

Restitution
Korrektur des Gewesenen in Richtung auf das Wünschbare, nachträgliche Befriedigung.

retrospektive Kategorisierung
In der Erzählung wird im Nachhinein Erlebtes eingeordnet. Dieser Prozeß ist von zwei Interessen bestimmt, dem nach »Selbst-Bestätigung« und nach »Selbst-Transzendenz« (HERNARDI 1980-81).

Rhetorik
»Gebrauch von Sprache in solch einer Weise, daß ein gewünschter Eindruck auf den Hörer oder den Leser erzeugt wird« (UEDING 1976, S. 187).

Rollenträger
Meist menschliche und belebte Objekte innerhalb einer Erzählung, die an den erzählten Ereignissen beteiligt sind und eine bestimmte Funktion übernehmen (ähnlich eines Schauspielers, der in einem Stück eine Rolle übernimmt).

Sein/Sollen
Erreichtes versus wünschbares oder optimales Ergebnis der Erzählung.

Sein/Sollen-Diskrepanz
Im Erzählungverlauf angelegte Hinderungsgründe, welche der Erreichung eines subjektiv optimalen Ergebnisses (des »Sollens«) im Wege stehen.

Selbst-Bestätigung
Eine im Erzähler schon vorbereitete Perspektive des Erlebten und Erfahrenen sowie eine schon vorbereitete Version des Verstehens wird durch die Darstellung der autobiographischen Daten bestätigt.

Selbst-Transzendenz
Das Erlebte und Erfahrene wird in der Erzählung multiperspektivisch dargestellt, und Versionen des Verstehens sind revidierbar und veränderbar. Der Erzähler »überwindet« (transzendiert) seinen monoperspektivischen Standpunkt.

Selbstentwurf
Jeder Mensch hat einen Entwurf seiner selbst: Vorstellungen, Pläne, wie er ist oder sein möchte.

Semiotik
»Lehre, die den allgemeinen Bedeutungsaustausch handelnder/miteinander kommunizierender Individuen zum Gegenstand hat« (SCHULTE-SASSE 1977, S. 33).
Unterschieden werden:
- eigentliche sprachliche Zeichen (Wörter, Sätze)
- Zeichenbenutzer (Personen, Gesellschaft)
- Objekte, auf die sich die Zeichen beziehen
- Abbilder der Objekte im Bewußtsein der Benutzer

Grundlegende Fragestellungen bei der Analyse von Texten:
- Konstruktionsmerkmale des Textes aus der Zeichenmenge = Syntaktik
- Inhaltliche Interpretation der Zeichen = Semantik
- Relation Zeichen + Zeichenbenützer = Pragmatik
- Relation Zeichen + Bezeichnetes = Sigmatik (MAYRING 1983, S. 33).

sinnliche Vergegenwärtigung
In Anlehnung an die Lyrikerin Droste-Hülshoff wird der Ausdruck »sinnliche Vergegenwärtigung« hier verwendet, um zu verdeutlichen, daß die Wahl eines individuellen Wortausdrucks im Zuhörer oder Leser einen mit den Sinnen erfahrbaren Eindruck weckt.

Situationsveränderung
Es wird davon ausgegangen, daß in der Erzählung *ein prozessualer Ablauf stattfindet, in dem sich eine Sitautionsveränderung ereignet* (die Grenzfälle des Verharrens wie der Rücknahme von Veränderung sind mitgedacht).

Spannung
In strukturalistischer Orientierung bestimmt WERLING (1989, S. 177) die Erzählung im Sinne eines Mikrokosmos als »ein quasi eigenständi-

ges, fiktives Handlungssystem, das durch die Überführung einer Anfangs- in die Endsituation definiert ist«. Hier geht es nicht um Erzählungsanfang und Erzählungsende, sondern um die Intentionalität der Erzählung, die von einem »Sein« (oder Startzustand) auf ein »Sollen« (ein wünschbares Ergebnis) hin operiert. Der thematisch organisierte dramatische Ablauf stellt eine Sequenz dar, die sich auf Sprecher- und auf Hörerseite unmittelbar zum emotionalen Engagement anbietet. Sie modelliert einen Spannungsbogen zwischen einer Startsituation und ihrer Entwicklung auf ein Ergebnis oder eine Endsituation hin. Diese Modellierung lädt zu unmittelbarem Engagement ein, weil sie das Interesse an Unlustvermeidung bzw. Lustgewinn thematisch trifft, und zwar, indem die narrative Sequenz einen derartigen Prozeß exemplarisch gestaltet: Jeder Alltagserzähler und jeder Alltagshörer gewinnt emotionales Engagement im Erzählprozeß durch das Interesse an befriedigender Abrundung der Sequenzentwicklung, orientiert an der Ausgangslage.

Spielregel
Elemente, die als Angaben über »Spielregeln« innerhalb der Erzählung zu verstehen sind:

(1) Mitteilung über Sachverhalte, welche das Ziel haben, die Ausgangsbasis in effigie herzustellen,
(2) Angaben zur raum-zeitlichen Orientierung,
(3) Angaben über »Mitspieler« (= Rollenträger als belebte und nichtbelebte Objekte, die die Gestaltung des Spielablaufs tragen oder systematisch in ihn einbezogen sind).

Stoff
»Stoff im engeren ... Sinne ist ... nicht ... Rohstoff, sondern eine schon außerhalb der Dichtung vorgeprägte Fabel, ein ›Plot‹, der als Erlebnis innerer oder äußerer Art, als Bericht ..., als Fabel ... oder auch als selbsterfundene Handlung dichterisch gestaltet wird. So verstanden ist poetischer Stoff bereits ein durch einen geistigen Prozeß erzeugtes Substrat aus dem, was in der natürlichen Welt als Stoff gilt« (Frenzel 1966, S. 22).

Struktur
»Allgemeine Bezeichnung für die Charakteristik der Relationen verschiedener Elemente eines Systems« (Rust 1983, S. 369).

Szene
(a) Im psychoanalytischen Verständnis: meist nicht-bewußte Herstel-

lung einer interaktiven Struktur mit Rollenzuweisungen an das Selbst und die in die Szene verstrickten Objekte, die für den Akteur hohe emotionale Bedeutung haben. (b) Synonym verwendet für »episodische Erzählung«, »Story«.

szenisches Element
Szenische Elemente einer Erzählung erfassen den dramatischen Handlungs-/Geschehensablauf.

Texttheorie
erforscht Voraussetzungen und Bedingungen konkreter Textproduktion und -rezeption im Kommunikationsprozeß.

Thema
Verknüpfungsprinzip der Elemente einer sprachlichen Kette, das ihre semantische Kohärenz ausmacht (LAMNEK 1988). Im Rahmen der Erzählanalyse kann als Thema einer Erzählung die Aufgabe, die in der Einleitung der Erzählung gestellt und deren Lösungsschicksal im Verlauf der Erzählung entwickelt wird, bezeichnet werden.

thematisches Feld
Gesamtheit der zu einem Thema gehörenden Sachverhalte, Begebenheiten.

thematische Organisation
Die Erzählung wird durch die egozentrische Perspektive thematisch organisiert.

Thematisierung
»Mit dem Terminus ›Thematisieren‹ wird die in jedem Bewußtseinsmoment vollzogene Selektion eines zentralen Objekts unserer Aufmerksamkeit aus der Fülle simultaner Wahrnehmungen bezeichnet ...« (GUMBRECHT 1980, S. 408). Anders ausgedrückt könnte man die Thematisierung im Rahmen einer Erzählung als das subjektive Konzentrieren des Erzählers auf ihn interessierende Sachverhalte, Begebenheiten bezeichnen.

Trugschluß von der Prägnanz
Die Eindringlichkeit und Lebhaftigkeit der erzählerischen Präsentation verführt dazu, das identifikatorisch Mitvollzogene für faktisch wahr zu halten.

Untersuchungseinheit
»Jede Einteilung des Untersuchungstextes oder der zeitlichen Abläufe in einzelne Segmente, auf das sich die Kategorisierung bezieht« (RUST 1983, S. 370).

Versetzung
Der Erzähler »versetzt« den Zuhörer zeitlich und räumlich aus der aktuellen Umgebungssituation in einen imaginären Raum. Mit »Versetzung« wird sowohl die kommunikative Leistung des Sprechers als auch die des Zuhörers, sich aus einer aktuellen Situation heraus in eine imaginierte Situation hineinzudenken, bezeichnet (FLADER u. GIESECKE 1980).

Verstehens-Schema
Art und Weise, wie ein Individuum seine Umwelt, das, was ihm geschieht, für sich selbst generell erklärt und versteht.

Vollzug
Innerhalb eines bestimmten Funktionsrahmens vollzieht sich ein individuelles Ereignis. Der »Vollzug« eines Spiels ist also ein individuelles Geschehen, ein geschichtliches Ereignis, das innerhalb eines bestimmten Regelsystems zu verstehen ist. Gleichzeitig beschreibt der Begriff »Vollzug« auch eine der fünf Dimensionen des dramatischen Prozeßes. Die Dimension »Vollzug« umfaßt Verben der körperlichen und nichtkörperlichen Vollzüge, zum Beispiel: blinzeln, lachen, ruhen, gehen.

Wahrheit der autobiographischen Alltagserzählung
Wird beurteilt nach dem Ausmaß, in dem der Aufforderungscharakter, mit dem der Erzähler das von ihm als gegeben Bestimmte auskleidet, in der Erzählung transparent wird.

Wunsch
Dem Vorschlag von LAPLANCHE u. PONTALIS (1972, S. 635) folgend, soll der »Wunsch« mit FREUD über seine Analyse des sogenannten »Befriedigungserlebnisses« vorgenommen werden:
»Ein wesentlicher Bestandteil dieses Erlebnisses ist das Erscheinen einer gewissen Wahrnehmung, deren Erinnerungsbild von jetzt an mit der Gedächtnisspur der Bedürfniserregung assoziiert bleibt. Sobald dies Bedürfnis ein nächstesmal auftritt, wird sich, dank der hergestellten Verknüpfung, eine psychische Regung ergeben, welche das Erinnerungsbild jener Wahrnehmung wieder besetzen, und die Wahrnehmung

selbst wieder hervorrufen, also eigentlich die Situation der ersten Befriedigung wieder herstellen will. Eine solche Regung ist das, was wir einen Wunsch heißen; das Wiedererscheinen der Wahrnehmung ist die Wunscherfüllung ...« (FREUD 1900, S. 571).

Literatur

ABRAHAM, H.; FREUD, E. (Hg.)(1965): A psycho-analytic dialogue: The letters of Sigmund Freud and Karl Abraham 1907-1926. Basic Books, New York.

ANDEREGG, J. (1973): Fiktion und Kommunikation. Vandenhoeck u. Ruprecht, Göttingen.

ANDERMATT, M. (1988): Haus und Zimmer im Roman. Zürcher Germanistische Studien (Bd. 8). Huber, Bern.

ANZIEU, D. (1989): Freuds Selbstanalyse und die Entdeckung der Psychoanalyse Bd.1. 1895-1898. Verlag Internationaler Psychoanalyse, München.

ARGELANDER, H. (1970): Das Erstinterview in der Psychotherapie. Wissenschaftliche Buchgesellschaft, Darmstadt.

ARGELANDER, H. (1970a): Die szenische Funktion des Ich und ihr Anteil an der Symptom- und Charakterbildung. Psyche 24: 325-345.

ARGELANDER, H. (1979): Die kognitive Organisation psychischen Geschehens. Klett-Cotta, Stuttgart.

AUSTIN, J.L. (1972): Zur Theorie der Sprechakte. Reclam, Stuttgart.

BAACKE, D.; SCHULZE, T. (Hg.)(1984): Aus Geschichten lernen. Juventa, München.

BACHELARD, G. (1975): Die Poetik des Raumes. Ullstein, Frankfurt a. M.

BARTLETT, F.C. (1932): Remembering. a Study in experimental and social psychology. Cambridge University Press, Cambridge.

BAUSINGER, H. (1980): Formen der »Volkspoesie« (2. Aufl.). Erich Schmidt Verlag, Berlin.

BECKETT, S. (1983): Mal vu mal dit. Schlecht gesehen schlecht gesagt. Suhrkamp, Franfurt a.M.

BIERI, P. (Hg.)(1981): Analytische Philosophie des Geistes. Hain, Meisenheim.

BITTNER, G. (1984): Zur psychoanalytischen Dimension biographischer Erzählungen. In: BAACKE, D.; SCHULZE, T. (Hg.): Aus Geschichten lernen: Zur Einübung pädagogischen Verstehens. Juventa Verlag, München.

BLUM, H.P. (1981): The forbidden guest and the analytic ideal: The superego and insight. Psychoanalytic Quarterly 50: 535-556.

BOESCH, E.E. (1983): Das Magische und das Schöne: Zur Symbolik von Objekten und Handlungen. Frommann-Holzboog, Stuttgart.

BONHEIM, H. (1975): Theory of narrative modes. Semiotica 14: 329-344.
BOOTHE, B. (1991): Die Alltagserzählung in der Psychotherapie. Bericht Nr. 28 aus der Abteilung Klinische Psychologie des Psychologischen Instituts der Universität Zürich.
BOOTHE, B. (1991a): Analyse sprachlicher Inszenierungen – Ein Problem der Psychotherapieprozeßforschung. Psychotherapie – Psychosomatik – Medizinische Psychologie 41: 22-30.
BOOTHE, B. (1992): Die Alltagserzählung in der Psychotherapie. (Überarbeitete und erweiterte Fassung des Institutsberichts Nr. 28). Berichte aus der Abteilung Klinische Psychologie Nr. 29/1, Psychologisches Institut der Universität Zürich.
BOOTHE, B. (1992a): Die Alltagserzählung in der Psychotherapie. Anwendung. Berichte aus der Abteilung Klinische Psychologie Nr. 29/2, Psychologisches Institut der Universität Zürich.
BREDELLA, L. (1980): Das Verstehen literarischer Texte. Kohlhammer, Stuttgart.
BRÉMOND, C. (1964): Logique du récit. Seuil, Paris.
BRISSETT, D.; EDGLEY, C. (Hg.)(1990): Life as theater (2. Auflage). Aldine, New York.
BROOKS, P. (1984): Reading for the plot: Design and intention in narrative. Knopf, New York.
BUCHHOLZ, M.B. (1990): Die Rotation der Triade. Forum der Psychoanalyse 6: 116-134.
BUCHHOLZ, M.B. (1993): Probleme und Strategien qualitativer Psychotherapieforschung in klinischen Institutionen. Psyche 47: 148-179.
BÜHLER, K. (1976): Die Axiomatik der Sprachwissenschaften. Klostermann, Frankfurt a. M.
BÜHLER, K. (1978): Sprachtheorie – Die Darstellungsfunktion der Sprache. Ullstein, Frankfurt a. M.
BUSSMANN, H. (Hg.)(1990): Lexikon der Sprachwissenschaft (2. Aufl.). Kröner, Stuttgart.
CHARNIAK, E. (1972): Towards a model of children's story comprehension (Ph. D. thesis). MIT, Cambridge, MA.
CHATMAN, S. (1978): Story and discourse. Cornell University Press, London.
CLARKE, D.D. (1982): The sequential analysis of action structure. In: VON CRANACH, M.; HARRÉ, R. (Hg.): The analysis of action. Cambridge University Press, Cambridge.
CREMERIUS, J. (1981): Die Konstruktion der biographischen Wirklich-

keit im analytischen Prozeß. Freiburger literaturpsychologische Gespräche, 1.
DORSCH, F. (Hg.)(1982): Psychologisches Wörterbuch (10. Aufl.). Huber, Bern.
EHLICH, K. (1980): Erzählen im Alltag. Suhrkamp, Frankfurt a.M.
ELMS, A. (1980): Freud, Irma, Martha: Sex and marriage in the »Dream of Irma's injection.«. Psychoanalytic Review 67: 83-108.
ERIKSON, E.H. (1955): Das Traummuster in der Psychoananlyse. Psyche 8: 561-604.
FISCHER, G. (1989): Dialektik der Veränderung in Psychoanalyse und Psychotherapie. Asanger, Heidelberg.
FISCHER, P.M. (1982): Inhaltsanalytische Auswertung von Verbaldaten. In: HUBER, G.L.; MANDL, H. (Hg.): Verbale Daten. Beltz, Weinheim.
FLADER, D.; GIESECKE, W. (1980): Erzählen im psychoanalytischen Erstinterview – eine Fallstudie. In: EHLICH, K. (Hg.): Erzählen im Alltag. Suhrkamp, Frankfurt a. M.
FLADER, D.; SCHRÖTER, K. (1982): Interaktionsanalytische Ansätze der Therapiegesprächsforschung. In: FLADER, D.; GRODZICKI, W.D.; SCHRÖTER, K. (Hg.): Psychoanalyse als Gespräch. Suhrkamp, Frankfurt a. M.
FLAUBERT, G. (1857/1976): Madame Bovary. Übersetzung, revidierte Fassung 1919 durch Arthur Schurig. Suhrkamp, Frankfurt a. M.
FRENZEL, E. (1966): Stoff-, Motiv- und Symbolforschung (2. Aufl.). Metzler, Stuttgart.
FREUD, S. (1899): Über Deckerinnerungen. GW I.
FREUD, S. (1900): Die Traumdeutung. GW II/III.
FREUD, S. (1909): Bemerkungen über einen Fall von Zwangsneurose. GW VII .
FREUD, S. (1913): Totem und Tabu. GW IX.
FREUD, S. (1914): Zur Geschichte der psychoanalytischen Bewegung. GW X.
FREUD, S. (1916-1917): Vorlesungen zur Einführung in die Psychoanalyse. GW XI.
FREUD, S. (1920): Jenseits des Lustprinzips. GW XIV.
GILL, M.M.; HOFFMANN, I.Z. (1982): A method for studying the analysis of aspects of the patient's experience of the relationship in psychoanalysis and psychotherapy. Journal of the American Psychoanalytic Assossiation 30: 137-168.
GOFFMAN, E. (1959): The presentation of self in everday life. Doubleday und Co., New York.

GOFFMAN, J. (1977): Rahmen-Analyse. Suhrkamp, Frankfurt a. M.

GÖRLICH, B. (1988): Das Szenische oder: Die Sozialität des Triebes. In: BELGRAD, J.; BUSCH, H.J.; GÖRLICH, B.; HAUBL, R.; KALCK, H.J. (Hg.): Sprache-Szene-Unbewußtes. Nexus, Frankfurt a. M.

GRAESSER, A.C. (1981): Prose comprehension beyond the word. Springer, New York.

GREENBERG, R.; PEARLMAN, C. (1978): If Freud only knew: A Reconsideration of psychoanalytic dream theory. International Review of Psychoanalysis 5: 71-75.

GREIMAS, A.J. (1965): Eléments pour une théorie de l'interprétation du récit mythique. Communications 8: 28-59.

GRINSTEIN, A. (1980): On Sigmund Freud's dreams. International University Press, New York.

GROLNICK, S.A. (1984): Play, myth, theater, and psychoanalysis. Psychoanalytic Review 7: 247-262.

GRUBRICH-SIMITIS, J. (1990): Freuds Moses-Studie als Tagtraum. Psyche 44: 479-515.

GRUNERT, J. (1975): Freud und Irma. Genetische Aspekte zum Initialtraum der Psychoanalyse, Psyche 29: 721-744.

GÜLICH, E. (1976): Ansätze zu einer kommunikationsorientierten Erzähltextanalyse. In: HAUBRICH, W. (Hg.): Erzählforschung I. Zeitschrift für Literaturwissenschaft und Linguistik, Beiheft 4.

GÜLICH, E.; RAIBLE, W. (1977): Linguistische Textmodelle. Fink, UTB 130, München.

GÜLICH, E. (1980): Konventionelle Muster und kommunikative Funktionen von Alltagserzählungen. In: EHLICH, K. (Hg.), Erzählen im Alltag. Suhrkamp, Frankfurt a.M.

GUMBRECHT, H.U. (1980): Erzählen in der Literatur – Erzählen im Alltag. In: EHLICH, K. (Hg.): Erzählen im Alltag. Suhrkamp, Frankfurt a. M.

HABERMAS, J. (1971): Vorbereitende Bemerkungen zu einer Theorie der kommunikativen Kompetenz. In: HABERMAS, J.; LUHMANN, N. (Hg.): Theorie der Gesellschaft oder Sozialtechnologie. Suhrkamp, Frankfurt a. M.

HABERMAS, J. (1981): Theorie des kommunikativen Handelns I und II. Suhrkamp, Frankfurt a. M.

HARTMAN, F.R. (1983): A reappraisal of the Emma episode and the specimen dream. Journal of the American Psychoanalytic Association 31: 555-585.

HERNARDI, P. (1980-1981): The erotics of retrospection: Historytelling, audience response, and the strategies of desire. New Literary History 12: 243-253.

HESELHAUS, H. (Hg.)(1984): Annette von Droste-Hülshoff. Werke in einem Band. Hanser, München.
HÖRMANN, H. (1976): Meinen und Verstehen. Suhrkamp, Frankfurt a. M.
HOFFMANN, S.O.; HOCHAPFEL, G. (1979): Einführung in die Neurosenlehre und psychosomatische Medizin. Schattauer, Stuttgart.
HOLYACK, K.J. (1982): An analogical framework for literary interpretation. Poetics 11: 105-126.
JOHNSON, M. (1987): The body in the mind. Chicago University Press, Chicago.
JOLLES, A. (1974): Einfache Formen. Legende, Sage, Mythos, Rätsel, Spruch, Kasus, Memorabile, Märchen, Witz. Niemeyer, Tübingen.
KALLMEYER, W.; SCHÜTZE, F. (1976): Konversationsanalyse. Studium Linguistik 1: 1-28.
KAPLAN, S.M. (1984-85): Narcissistic injury and the occurrence of creativity: Freud's Irma dream. The Annual of Psychoanalysis 12: 367-376.
KINTSCH, W. (1974): The representation of meaning in memory. Erlbaum, Hillsdale, N.J.
KINTSCH, W. (1977): Memory and cognition. Wiley, New York.
KLEIN, G.S. (1976): Psychoanalytic theory: an exploration of essentials. International University Press, New York.
KLESCZEWSKI, R. (1982): Erzählen als Kriegskunst. Zum Begriff ›Erzählstrategie‹ (mit Anwendung auf Texte von Apuleius und Boccaccio). In: LÄMMERT, E. (Hg.): Erzählforschung: Ein Symposium. Metzler, Stuttgart.
KLOTZ, V. (1982): Erzählen als Enttöten – Vorläufige Notizen zu zyklischem, instrumentalem und praktischem Erzählen. In: LÄMMERT, E. (Hg.): Erzählforschung: Ein Symposium. Metzler, Stuttgart.
KÖGLER, M. (1991): Die Verarbeitung des Inzesttraumas in der psychoanalytischen Behandlung. Forum der Psychoanalyse 7: 202-213.
KÖRNER, J. (1990): Die Bedeutung kasuistischer Darstellungen in der Psychoanalyse. In: JÜTTEMANN, G. (Hrsg.): Komparative Kasuistik. Asanger, Heidelberg.
KUPER, A.; STONE, A.A. (1982): The dream of Irma's injection: A structural analysis. The American Journal of Psychiatry 139 (10): 1225-1234.
LABOV, W.; WALETZKY, J. (1967): Narrative analysis: oral versions of personal experience. In: HELM, J. (Hg.): Essays on the verbal and visual arts. University of Washington Press, Seattle.
LABOV, W., FANSHEL, D. (1977): Therapeutic discourse. Academic Press, New York.

LAFFAL, J. (1987). Concept analysis of language in psychotherapy. In: RUSSELL, R.L. (Hg.): Language in psychotherapy. Strategies of discovery. Plenum Press, New York.

LAKOFF, G. (1987): Women, fire, and dangerous things. University of Chicago Press, Chicago.

LAKOFF, G.; JOHNSON, M. (1980): Metaphors we live by. University of Chicago Press, Chicago.

LAMNEK, S. (1988): Qualitative Sozialforschung. Bd 1: Methodologie. Psychologische Verlags Union, Weinheim.

LANGS, R. (1984): Freud's Irma dream and the origins of psychoanalysis. Psychoanalytic Review 71 (4): 591-617.

LANGS, R. (1982): Supervisory crises and dreams from supervisees. Contemporary Psychoanalysis 18: 575-612.

LAPLANCHE, J.; PONTALIS, J.-B. (1972): Das Vokabular der Psychoanalyse. Suhrkamp, Frankfurt a. M.

LEHMANN, A. (1983): Erzählstruktur und Lebenslauf. Campus, Frankfurt a. M.

LEUZINGER-BOHLEBER, M. (1990): ›Komparative Kasuistik‹ in der Psychoanalyse? In: JÜTTEMANN, G. (Hg.): Komparative Kasuistik. Asanger, Heidelberg.

LEVINE, F.J.; SLAP, J.W. (1985): G.S. Klein: psychoanalytic empirist. In: REPPEN, J. (Hg.): Beyond Freud. The Analytic Press, London.

LOCH, W. (1976): Psychoanalyse und Wahrheit. Psyche 30: 865-898.

LOEWALD, H.W. (1975): Psychoanalysis as an art and the fantasy character of the psychoanalytic situation. Journal of the American Psychoanalytic Association 23: 277-299.

LORENZER, A. (1970): Sprachzerstörung und Rekonstruktion. Vorarbeiten zu einer Metatheorie der Psychoanalyse. Suhrkamp, Frankfurt a. M.

LORENZER, A. (1974): Wittgensteins Sprachspiel-Konzept in der Psychoanalyse. Psyche 28: 833-852.

LORENZER, A. (1977): Sprachspiel und Interaktionsformen. Vorträge und Aufsätze zu Psychoanalyse, Sprache und Praxis. Suhrkamp, Frankfurt a. M.

LORENZER, A. (1983): Sprache und Verstehen in der psychoanalytischen Therapie. Universitas 38: 1167-1177.

LORENZER, A. (1983a): Sprache, Lebenspraxis und szenisches Verstehen in der psychoanalytischen Therapie. Psyche 37: 97-115.

LORENZER, A. (1984): Intimität und soziales Leid. Suhrkamp, Frankfurt a. M.

LORENZER, A. (1985): Der Analytiker als Detektiv, der Detektiv als Analytiker. Psyche 39: 1-11.

LÖW-BEER, M. (1990): Selbsttäuschung: philosophische Analyse eines psychologischen Problems. Alber, Freiburg.
LÖW-BEER, M.; THOMÄ, H. (1987): Kurative Veränderungen in einer Analyse. Osnabrücker Beiträge zur Sprachtheorie 37: 13-38.
LUBORSKY, L. (1977): Measuring a pervasive psychic structure in psychotherapy: The core conflictual relationship theme. In: FREEDMAN, N.; GRAND, S. (Hg.): Communicative structures and psychic structures. Plenum, New York.
LUBORSKY, L.; BARBER, J.P.; DIGUER, L. (1992): The meanings of narratives told during psychotherapy: The fruits of a new observational unit. Psychotherapy Research 2: 277-290.
LUBORSKY, L.; KÄCHELE, H. (1988): Der zentrale Beziehungskonflikt. Ein Arbeitsbuch. PSZ-Verlag, Ulm.
MAHONY, P.J. (1977): Towards a formalist approach to dreams. International Review of Psychoanalysis 4 (1): 83-98.
MANDLER, J.M. (1978): A code in the node: The use of story schemata in retrieval. In: REEDLE, R.O. (Hg.): Discourse processes (Vol.2). Ablex, Norwood, N.J.
MANDLER, J.M.; JOHNSON, N.S. (1977): Remembrance of things parsed: Story structure and recall. Cognitive Psychology 9: 111-151.
MASSON, J.M. (Hg.), (1986): Sigmund Freud. Briefe an Wilhelm Fliess. 1887-1904. Fischer, Frankfurt a. M.
MAUTNER, B. (1991): Freud's Irma dream: A psychoanalytic interpretation. The International Journal of Psychoanalysis 72: 275-286.
MAY, R. (1979): Freud and the phallic defense. Psychiatry 42: 147-156.
MAYRING, P. (1983): Qualitative Inhaltsanalyse. Beltz, Weinheim.
MENTZOS, S. (1982): Neurotische Konfliktverarbeitung. Kindler, München.
MERGENTHALER, E.E. (1986): Die Ulmer Textbank. PSZ, Ulm.
MESSINGER, S.; SAMPSON, H.; TOWNE, R.D. (1962): Life as theater: Some notes on the dramaturgical approach to social reality. Sociometry 25: 98-110.
MEYER, B.F. (1975): The organization of prose and its effects on memory. North Holland, Amsterdam.
MINSKY, M. (1975): A framework of representing knowledge. In: WINSTON, . (Hg.): The psychology of computer vision. McGraw Hill, New York.
MOSER, U.; VON ZEPPELIN, I.; SCHNEIDER, W. (1987): A la recherche d'une théorie perdue: Ein neues psychoanalytisches Regulierungsmodell kognitiv-affektiver Prozesse. Berichte aus der Interdiszipli-

nären Konfliktforschungsstelle Nr. 18, Soziologisches und Psychologisches Institut der Universität Zürich.

PASSWEG, I. (1992): Szenisches Verstehen. Eine Untersuchung von Szenen als Interaktionseinheiten in sechs psychoanalytischen Erstinterviews. Lizentiatsarbeit am Psychologischen Institut der Universität Zürich, Abteilung Klinische Psychologie.

PATTON, M.J.; MEARA, N.M. (1987): The analysis of natural language in psychological treatment. In: RUSSELL, R.L. (Hg.): Language in psychotherapy. Strategies of discovery. Plenum Press, New York.

PERREN, G. (1990): Posttraumatische Streß-Syndrome und deren Therapie. Unveröffent. Vortrag am Psychologischen Institut der Universität Zürich, Abteilung Klinische Psychologie, Januar 1990.

PROPP, V. (1968): Morphologie des Märchens. Suhrkamp, Frankfurt a. M.

QUASTHOFF, V.M. (1980): Gemeinsames Erzählen als Form und Mittel im sozialen Konflikt oder Ein Ehepaar erzählt eine Geschichte. In: EHLICH, K. (Hg.): Erzählen im Alltag. Suhrkamp. Frankfurt a. M.

QUASTHOFF, V.M. (1980a): Erzählen in Gesprächen. Niemeyer, Tübingen.

RATH, R. (1979): Kommunikationspraxis: Analysen zur Textbildung und Textgliederung im gesprochenen Deutsch. Vandenhoeck u. Ruprecht, Göttingen.

RATH, R. (1982): Erzählfunktionen und Erzählankündigungen in Alltagsdialogen. In: LÄMMERT, E. (Hg.): Erzählforschung. Ein Symposium. Metzler, Stuttgart.

RAUCHFLEISCH, U. (1989): Der thematische Apperzeptionstext (TAT) in Diagnostik und Therapie. Enke, Stuttgart.

REHBEIN, J. (1980): Sequentielles Erzählen. In: EHLICH, K. (Hg.), Erzählen im Alltag. Suhrkamp, Frankfurt a. M.

ROHDE-DACHSER, C. (1979): Das Borderline-Syndrom. Huber, Bern.

ROHDE-DACHSER, C. (1991): Expedition in den dunklen Kontinent. Springer, Berlin.

RITTER VON BAEYER, W.; HÄFNER, H.; KISKER, K.P. (1964): Psychiatrie der Verfolgten. Springer, Berlin.

RUMELHART, D.E. (1975): Notes on a schema for stories. In: BOBROW, D.G.; COLLINS, A. (Hg.): Representation and understanding. Academic Press, New York.

RUST, H. (1983): Inhaltsanalyse. Urban und Schwarzenberg, München.

RYLE, G. (1969): Der Begriff des Geistes. Reclam, Stuttgart.

SANDLER, A. (1981): Frühkindliches Erleben und Psychopathologie des Erwachsenen. Psyche 35: 305-318.

SCHAFER, R. (1970): The psychoanalytic vision of reality. International Journal of Psycho-Analysis 51: 279-297.
SCHAFER, R. (1979): The appreciative analytic attitude and the construction of multiple histories. Psychoanalysis and Contemporary Thought 2: 3-24.
SCHAFER, R. (1980): Action and narration in psychoanalysis. New Literary History 12: 6l-85.
SCHAFER, R. (1985): Self-deception, defense, and narration. Psychoanalysis and Contemporary Thought 10: 319-346.
SCHANK, R.; ABELSON, R. (1977): Scripts, plans, goals and understanding. Erlbaum, Hillsdale, N.J.
SCHELLING, W.A. (1983): Erinnern und Erzählen. Wege zum Menschen 35: 416-422.
SCHISCHKOFF, G. (Hg.)(1961): Philosophisches Wörterbuch (16. Aufl.). Kröner, Stuttgart.
SCHNOTZ, W. (1982): Rekonstruktion von individuellen Wissensstrukturen. In: HUBER, G.L.; MANDL, H. (Hg.): Verbale Daten. Beltz, Weinheim.
SCHRÖTER, K. (1979): Einige formale Aspekte des psychoanalytischen Dialogs. In: LADER, D.; WOADAK-LEODOLTER, R. (Hg.); Therapeutische Kommunikation. Scriptor, Königsstein.
SCHULTE-SASSE, J.; WERNER, R. (1977): Einführung in die Literaturwissenschaft. Fink, München.
SCHUR, M. (1966): Some additional ›day residnes‹ of the specimen dream of psychoanalysis'. In: LOEWENSTEIN, R.M. et al. (Hg.), Psychoanalysis – a general psychology. International University Press, New York.
SCHÜTZE, F. (1976): Zur soziologischen und linguistischen Analyse von Erzählungen. Internationales Jahrbuch für Wissens- und Religionssoziologie 10: 7-41.
SCHÜTZE, F. (1982): Narrative Repräsentation kollektiver Schicksalsbetroffenheit. Erzählforschung 7: 568-590.
SCHÜTZE, F. (1984): Kognitive Figuren des autobiographischen Stegreiferzählens. In: KOHLI, M.; ROBERT, G. (Hg.): Biographie und soziale Wirklichkeit. Metzler, Stuttgart.
SEARLE, J.R. (1971). Sprechakte. Suhrkamp, Frankfurt a. M.
SEARLE, J.R. (1987): Intentionalität. Suhrkamp, Frankfurt a. M.
SHARPE, E.F. (1978): Traumanalyse. Klett-Cotta, Stuttgart.
SLOTERDIJK, P. (1978): Literatur und Organisation von Lebenserfahrungen. Hanser, München.
SOEFFNER, H. (1982). Beiträge zu einer empirischen Sprachsoziologie. Narr, Tübingen.

SPENCE, D.P. (1982): Narrative truth and theoretical truth. The Psychoanalytic Quarterly 1: 43-69.

SPENCE, D.P. (1982a): Narrative truth and historical truth. Meaning and interpretation in psychoanalysis. Norton, New York.

SPENCE, D.P. (1983): Narrative persuasion. Psychoanalysis and Contemporary Thought 6: 457-481.

SPOTNITZ, H.; MEADOW, P.W. (1976): Treatment of the narcissistic neuroses. Manhattan Center for Advanced Psychoanalytic Studies, New York.

STANZEL, F.K. (1988): Theorie des Erzählens (2. Aufl.). Vandenhoeck u. Ruprecht, Göttingen.

STEMPEL, F. (1980): Alltagsfiktion. In: EHLICH, K. (Hg.): Erzählen im Alltag. Suhrkamp, Frankfurt a. M.

STIERLE, K. (1979): Erfahrung und narrative Form. In: KOCKA, J.; NIPPERDEY, T. (Hg.): Theorie und Erzählung in der Geschichte. Deutscher Taschenbuchverlag, München.

STRAUB, J. (1989): Historisch-psychologische Biographieforschung. Asanger, Heidelberg.

TAYLOR, C. (1985): Philosophical papers. Cambridge University Press, Cambridge.

TAYLOR, C. (1989): Sources of the self: The making of modern identity. Cambridge University Press, Cambridge.

TELLER, V. (1988): Artificial Intelligence as a basic science for psychoanalytic research. In: DAHL, H.; KÄCHELE, H.; THOMÄ, H. (Hg.): Psychoanalytic process research strategies. Springer, New York.

THOMAE, H. (1988): Das Individuum und seine Welt. 2., völlig neu bearbeitete Auflage. Hogrefe, Göttingen.

THOMÄ, H.; KÄCHELE, H. (1985): Lehrbuch der psychoanalytischen Therapie. Bd. I. Heidelberg, Springer.

THOMANN, B. (1990): Zum Begriff des Ereignisses in der Psychotherapie. Bericht Nr. 27 aus der Abteilung Klinische Psychologie des Psychologischen Instituts der Universität Zürich.

THORNDYKE, P.W. (1975): Cognitive structures in human story comprehension and memory. (Ph.D. Thesis.). Stanford University, Stanford.

TODOROV, T. (1966): Les catégories du récit littéraire. Communications 8: 125-151.

TODOROV, T. (1974): Poetik der Prosa. Suhrkamp, Frankfurt a. M.

UEDING, G. (1976): Einführung in die Rhetorik. Metzler, Stuttgart.

VAN DIJK, T.A. (1972): Some aspects of text grammar. Mouton, Den Haag.

VAN DIJK, T.A. (1973): Text grammar and text logic. In: PETÖFI, J.S.; RIESER, H. (Hg.): Studies in text grammar. Reidel, Dordrecht.
VAN DIJK, T.A. (1974): »Relevance« in text grammar and text logic. In: Papers Intern. Congress of Relevance Logics, St. Louis, USA.
VAN DIJK, T.A. (1974-1975): Action, action-description and narrative. New Literary History 6: 273-294.
VAN DIJK, T.A. (1976): Philosophy of action and theory of narrative. Poetics 5: 287-338.
VAN DIJK, T.A. (1976a): Narrative macro-structures. Logical and cognitive foundations. PTL 1: 547-568.
VAN DIJK, T.A. (1980): Textwissenschaft. Deutscher Taschenbuchverlag, München.
VAN DIJK, T.A.; PETÖFI, J.S. (Hg.), (1977): Grammars and descriptions. de Gruyter, New York.
VOLKART, R. (1989): Affekt und Beziehungsregulierung bei Borderline-Persönlichkeitsstörung und neurotischer Depression. Dissertation, Universität Zürich.
VON CRANACH, M.; KALBERMATTEN, U.; INDERMÜHLE, K.; GUGLER, B. (1980): Zielgerichtetes Handeln. Huber, Bern.
VON MATT, P. (1983): Die Herausforderung der Literaturwissenschaft durch die Psychoanalyse. Eine Skizze. In: SCHÖNAU, W. (Hg.), Literaturpsychologische Studien und Analysen (Bd. 17). Rodpi, Amsterdam.
VON ZEPPELIN, I.; MOSER, U. (1987): Träumen wir Affekte? Teile I und II. Forum der Psychoanalyse 3: 143-152 und 227-237.
WALTER, H.J. (1986): Erzählen im psychoanalytischen Gespräch. Überlegungen auf dem Hintergrund von Untersuchungen konversationellen Erzählens im Alltag. Texte zur Theorie und Praxis der Psychoanalyse 6: 153-184.
WAHRIG, G. (Hg.)(1980): Deutsches Wörterbuch: Mit einem »Lexikon der deutschen Sprachlehre«. Mosaik, Hamburg.
WEGNER, P.; HENSELER, H. (1991): Die Anfangsszene des Erstinterviews im Prisma einer Analytikergruppe. Forum der Psychoanalyse 7: 214- 224.
WEINRICH, H. (1985): Tempus. Erzählte und besprochene Welt (3. Aufl.). Kohlhammer, Stuttgart.
WEISS, J.; SAMPSON, H. (1986): The psychoanalytic process. Guilford, New York.
WERLING, . (1989): Handlung im Drama. Lang, Bern.
WHITMAN, R.M.; KRAMER, M.; BALDRIDGE, B.J. (1969): Dreams about the patient: An approach to the problem of countertransference. Jorunal ot the American Psychoanalytic Association 17: 702-727.

WIEDEMANN, P.M. (1986): Erzählte Wirklichkeit. Psychologie Verlags Union, Weinheim.

WINDISCH, U. (1990): Speech and reasoning in everyday life. Cambrigde University Press, Cambridge.

WINOGRAD, T. (1972): Understanding natural language. Academic Press, New York.

WITTCHEN, H.U.; SASS, H.; ZEUDIG, M.; KOEHLER, K. (1989): Diagnostisches und Statistisches Manual Psychischer Störungen DSM-III-R (2.,korr. Aufl.). Beltz Verlag, Weinheim.

WITTGENSTEIN, L. (1967): Philosophische Untersuchungen. Suhrkamp, Frankfurt a. M.

ZEPF, S.; WEIDENHAMMER, B.; BAUR-MORLOK, J. (1986): Realität und Phantasie. Anmerkungen zum Traumabegriff Sigmund Freuds. Psyche 40: 124-144.

ZEPF, S.; WEIDENHAMMER, B. (1987): Vorläufige Überlegungen zur Struktur subjektiver Krankheitstheorien von psychoneurotischen und psychosomatischen Kranken. Forum der Psychoanalyse 4: 40-59.